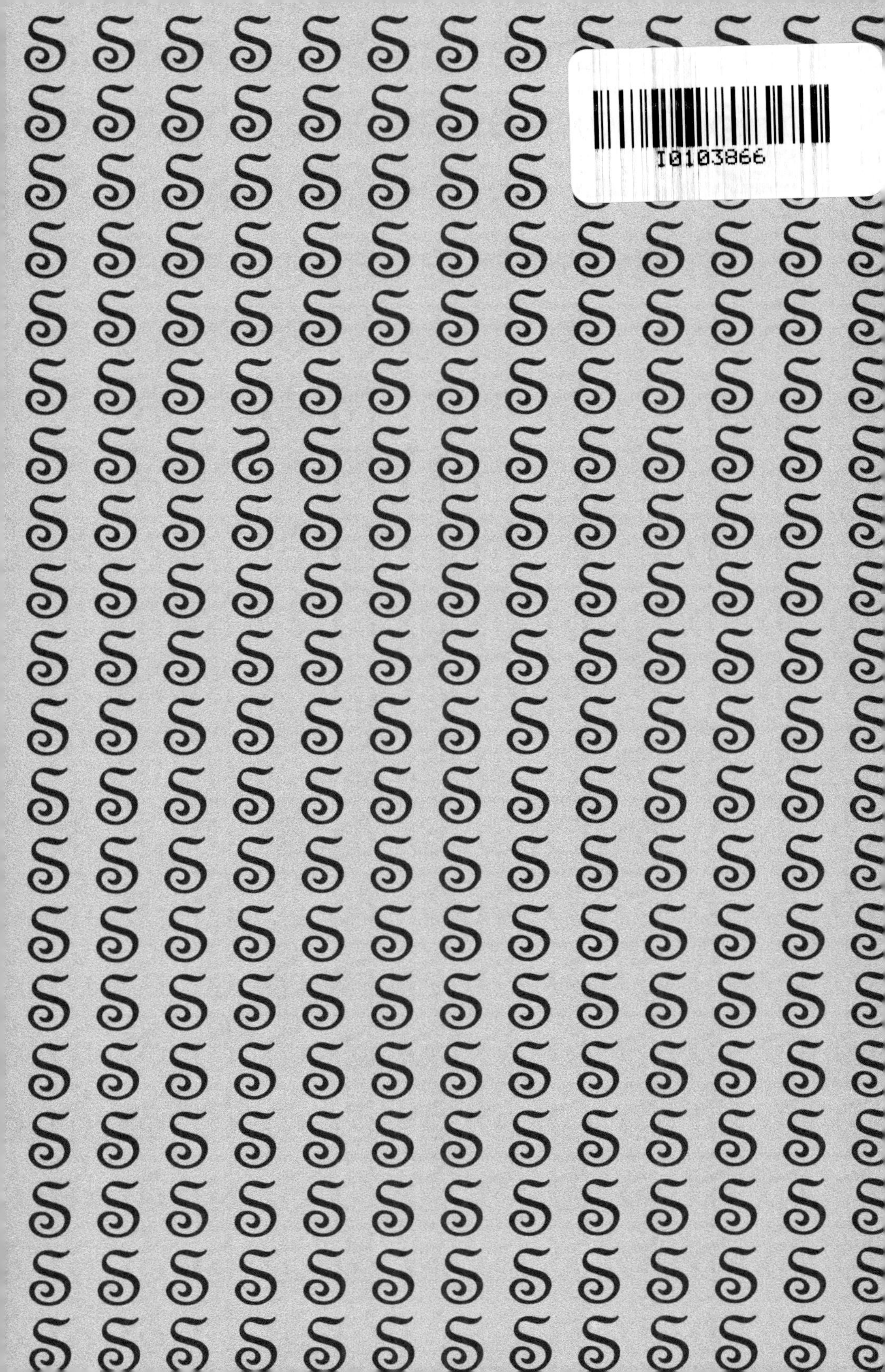
I0103866

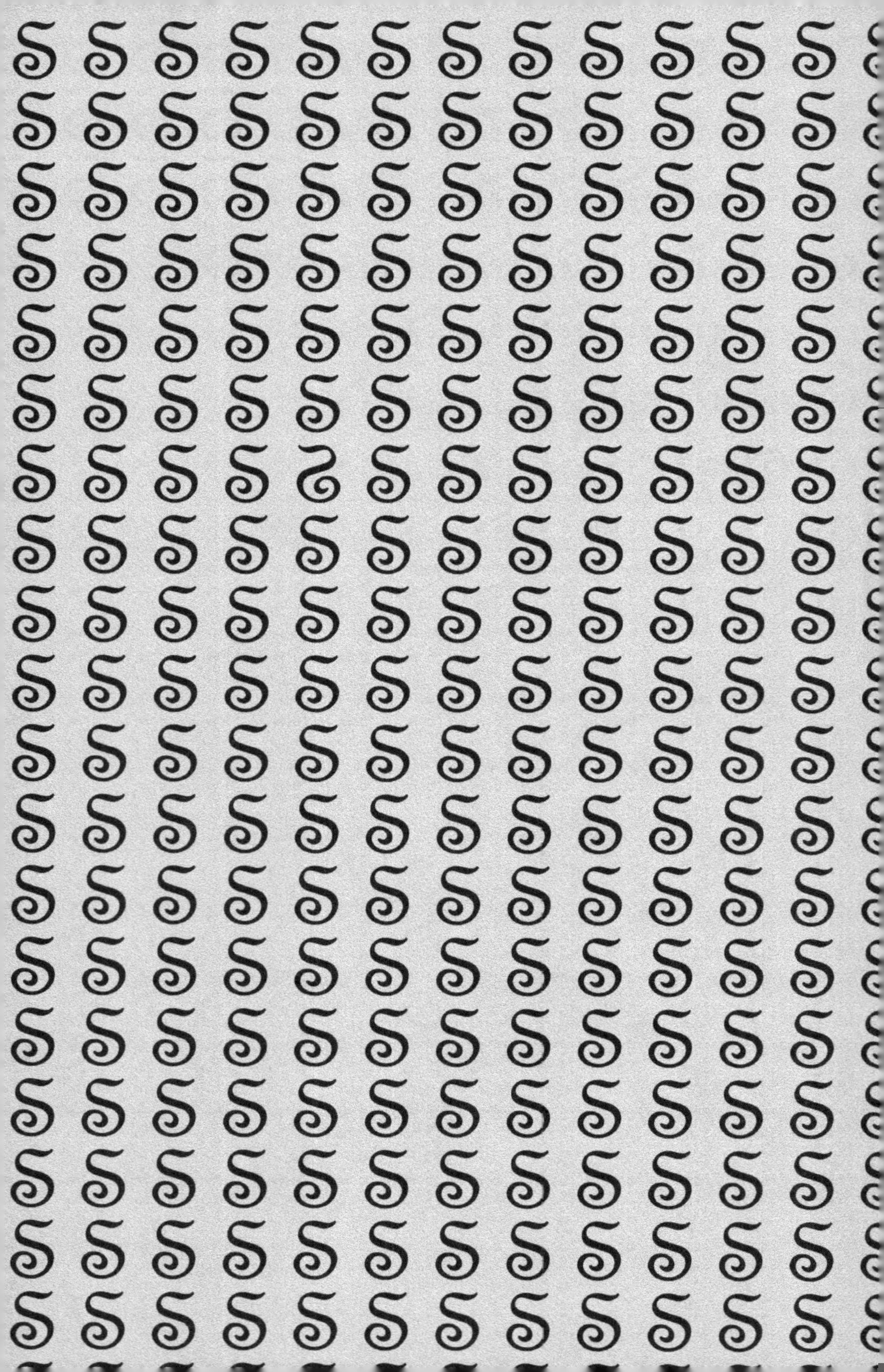

Diccionario de Palabras Inventadas

Diccionario de Palabras Inventadas

Le Vieux Coq

Editorial Segismundo

S

Diccionario de Palabras Inventadas

***Diccionarios,* 1**

***Compilaciones de Le Vieux Coq,* 2**

Primera edición: Septiembre 2019

Versión: 1.8

Contacto: Juan Carlos Barroux <jbarroux@segismundo.cl>

Edición de estilo: Juan Carlos Barroux Rojas

Diseño gráfico: Juan Carlos Barroux Rojas

Diseñador de la portada: Juan Carlos Barroux Rojas

Registro Propiedad Inteleactual N°

ISBN-13: 978-956-6029-38-0

Otras ediciones de

Diccionario de Palabras Inventadas:

Impreso en Chile

ISBN-13: 978-956-6029-37-3

Impreso bajo demanda – Tapa Dura

ISBN-13: 978-956-6029-92-2

Impreso bajo demanda – Tapa Blanda

ISBN-13: 978-956-6029-38-0

eBooks y lectores digitales

ISBN-13: 978-956-6029-39-7

Otras obras de *Le Vieux Coq*:

Más X que Y - Refranero

Diecisiete Sílabas para Huasco - Poesía (Haiku)

Mariscadera - Cuentos (Eróticos y culinarios)

El Jamón del Sánwich - Novela (Existencialista)

En la colección *Diccionarios*:

Diccionario de Palabras Inventadas
- Le Vieux Coq

Diccionario franco-chileno del lenguaje argótico, popular y familiar
- Ernesto Garrote

Diccionario de Cocina Chilena
- Gaston Beauchef

Dedicatoria

A mi buen amigo
don Eduardo (cata) Cattan
(Q.E.P.D.)
sin quien este panfleto sería distinto.

Leguleyadas

Los nombres de los personajes han sido cambiados para proteger a los culpables. Cualquier parecido con la realidad es una casualidad totalmente improbable y absolutamente a propósito.

El autor no se hace responsable por los dichos de los personajes, pues estos son lo suficientemente grandes como para defenderse solos.

El autor también se reserva el derecho de estar o no de acuerdo con las expresiones vertidas por los personajes.

De hecho, el autor prescindió completamente de personajes.

Ningún animal fue muerto, herido o dañado durante la escritura de esta obra, con la obvia excepción del propio autor.

Remerciements

Merci !

Prólogo

«El mundo era tan reciente que muchas cosas carecían de nombre, y para mencionarlas había que señalarlas con el dedo».
Cien años de soledad
Gabriel García Márquez

Este diccionario es un aporte constructivo a la lengua y ofrece, sin afán de protagonismo alguno, enriquecer esa lengua española denominada castellano con algunas palabras inventadas más, que pasaremos a llamar neologismos sólo para demostrar módicamente un poco de cultura.

Se hizo un gran esfuerzo para asegurar que todas las palabras presentes en este diccionario no estén consignadas en el nunca tan bien ponderado "*Diccionario de la lengua española (DLE)*" de la siempre correcta Real Academia Española (RAE). Sin embargo, la lengua está viva por lo que "*it's a moving target*" y algunas palabras podrían haber cambiado su residencia. Sepa el lector perdonar a nuestra lengua por tal actitud.

Algo más de 29 años han transcurrido desde que anoté en mi cuaderno de apuntes la primera palabra de lo que se convertiría en el presente libro. Se me informa de que son nada menos que 2.584 palabras las que terminaron por quedar anotadas. Esto es algo así como construir una catedral. ¿Por qué hacerlo? Porque, más allá de ser un monumento al ocio y una muestra de la perseverancia o porfía del autor, ¿cuál es el afán de semejante tarea? « *Il faut imaginer Sisyphe heureux* » concluyó el bueno de Albert Camus y, en parte, allí radica la respuesta. Claro está, en la opinión de mi psiquiatra, esto es sólo uno de mis incontables TOCs.

Pero, por otra parte, don Ludwig Wittgenstein escribió que "*Die Grenzen meiner Sprache bedeuten die Grenzen meiner Welt*" en su *incontournable* "*Tractatus Logico-Philosophicus*". Y para una persona como yo, intransigente en su vano intento de expandir los lindes de su sapiencia, el crear nuevas palabras es más que un fin, es un sendero por el cual transitar durante esta vida.

¿Con qué utilidad?

No lo sé.

Los economistas definen dicho concepto como "la medida de satisfacción del consumidor al obtener un producto". Entonces, si cada palabra es un producto a ser producido (en la boca) y a ser consumido (por las orejas) debemos definir y encontrar una manera de medir su costo de producción (i.e. ¿cantidad de letras?) y una medida de satisfacción, antes de dedicarnos a dibujar las bellas curvas de indiferencia. Mucho más interesante es la función de utilidad de cada neologismo, la cual puede escribirse de la siguiente manera (Según Wikipedia):

$$f_U : \mathbb{R}^{+^n} \to \mathbb{R}^+, \quad (Q_1, \ldots, Q_n) \mapsto U = f_U(Q_1, \ldots, Q_n)$$

Donde:

Q_i se interpreta como la cantidad disponible del bien *i*-ésimo.

U se interpreta como la utilidad total de una cierta combinación de bienes.

Así, quedando clara la función de utilidad de semejante cantidad de neologismos, su rol, valor y ciclo de vida, nos concentraremos en el arte de su creación.

Se podrían categorizar las palabras inventadas de este diccionario según la metodología usada para crearlas, o sea, los recursos neológicos empleados, lo que nos daría algo así como:

1. Nombrar una nueva realidad que nació sin nombre. Ejemplos; *bralette,* burkini, cobolear, guasap, pixelar, etc.

2. Agregar o eliminar una letra de una palabra existente. Ejemplos; consexcuencia, rabolengo, etc.

3. Sustituir una letra por otra en una palabra existente. Ejemplos; aputeosis, barrigada, peneficiar, polvenir, etc.

4. Agregar letras a una palabra existente. Ejemplos; beeeatería, quejajaja, quejijijido, etc.

5. Invertir un par de letras de una palabra existente. Ejemplos; peoma, peosía, peota, etc.

6. Usar a destajo la composición, derivación y parasíntesis de lexemas, morfemas, raíces, prefijos y sufijos. Ejemplos; aética, cacocracia, picomalacia, etc.

7. Importar radicales de otras lenguas. Ejemplos; iatrodungun, sushinada, etc.

8. Sustituir un radical por su espejo u opuesto semántico. Ejemplos; aquidemia, catacerca, melonoche, etc.

9. Sustituir el género de un radical por otro. Ejemplos; querél, etc.

Son varios más los recursos neológicos usados, los cuales no detallaré, para no aburrir a la concurrida concurrencia, valga la incoherencia, ni contar todos los secretos de la casa.

Un programador podría fácilmente escribir el código necesario para tomar secuencialmente todas las palabras del DLE y someterlas al tan mecánico proceso de cada una de estas metodologías.

La gracia no radica allí.

La gracia está en el viaje de lo léxico a lo semántico de nuestra cognición, pues ni Alexa, ni Siri, ni Watson son capaces de entender el porqué 'aputeosis' provoca una sonrisa mientras que 'apateosis' o 'apeteosis' nos dejan completamente indiferentes.

Más investigación es necesaria para lograr crear una Inteligencia Articifial (IA) con un sentido del humor, logro que presupone un inconsciente en la opinión de Freud. Pues, más allá del Test de Turing, lo realmente interesante sería crear una IA no sólo capaz de entender y reírse de un chiste, sino de hacer uno.

Por el otro lado, para Freud el humor ahorra al hombre un gasto de energía psíquica por lo que sería interesante el plantear las ecuaciones de la mecánica hamiltoniana para el sistema cognitivo y así encontrar el espacio de configuración de nuestra mente. De nuevo, más investigación es necesaria.

Ahora bien, si sacamos la idea del lenguaje y de las palabras como entidades vivas del mero lugar común, podríamos aplicar las herramientas de la biología evolutiva a su estudio. La analogía biológica no es tan mala, pues las palabras nacen en nuestras mentes, viven en nuestras lenguas y mueren ya cuando nadie las recuerda ni usa (Cf. uxoricidio), obligando a inventar un neologismo para llenar el nicho memético (Cf. femicidio).

También sabemos que la evolución de las especies está dada por los errores de transcripción genéticos a la hora de reproducirse, que generan nuevos genotipos, cuyos fenotipos se ven sometidos a la presión de la eficacia biológica, sobreviviendo los más adaptados.

Extrapolando a lo nuestro, las palabras inventadas, cada uno de los recursos neológicos fungen de "error de transcripción" en un ADN formado ya no por cuatro letras sino por las 27 del alfabeto castellano.

Bastaría imaginar a cada palabra como una especie dentro de un paisaje adaptativo (introducido por primera vez por Sewall Wright en 1932) siendo la altura la aptitud de cada palabra dada por su tasa de reproducción en el modelo NK inventado por Stuart Kauffman. Un interesante proyecto de investigación sería el medir la aptitud o adecuación biológica de los neologismos del presente diccionario en el paisaje adaptativo del shileno.

Bueno, es tarde, mejor me voy a dormir...

Por último, si al estimado lector se le ocurre un miembro del presente género ausente en esta recopilación, le ruego lo envíe a la brevedad posible a la siguiente dirección electrónica de mi maldito editor preferido, quien se dará la laboriosa tarea de reenviármelo:

E-mail: jbarroux@segismundo.cl

Desde ya se agradecen todos los aportes.

Le Vieux Coq
Santiago de Chile, 1 de septiembre 2019

abajismo : (De *abajo* y del lat. *ismus,* y este del grc. *ισμός*). m. Comportamiento habitual del **abajista**.

abajista : (Del fr. *enbassiste*). com. Persona que decae en la **bida** por medios rápidos y sin escrúpulos.

abendado,da : (Del part. de ***abendar***). adj. *Inform.* Que **abenda**.

abendador,ra : adj. *Inform.* Que **abenda**. U. t. c. s.

abendancia : f. *Inform.* Acción y defecto de **abendar**.

abendancial : adj. *Inform.* Perteneciente o relativo a la **abendancia**.

abendar : (Del al. *abend,* 'anochecer', y *–ar*). tr. *Inform.* Caerse o dejar de funcionar la aplicación o el sistema, o sea, dejar de funcionar según sus especificaciones y, por lo tanto, irse a las pailas.

abesado,da : (Del part. de ***abesar***). adj. Ducho, experimentado en tocar u oprimir con un movimiento de labios a alguien o algo como expresión de amor, deseo, calentura o reverencia, o como saludo.

abesar : (De *besar*). tr. Acostumbrar a recibir o dar besos. U. t. c. prnl.

abiertamiente : adv. m. Que miente de manera abierta. *Lo criticó* ***abiertamiente****. Ideas* ***abiertamiente*** *opuestas.*

aborrecencia : (Del lat. *abhorrescentĭa*). f. Edad que sucede a la niñez y que transcurre teniendo aversión a todos y a todo, incluyéndolos.

aborrecente : (Del lat. *abhorrescens, -entis*). adj. Que está en la **aborrecencia**. U. t. c. s.

absurdocracia : (Del lat. *absurdus,* 'absurdo', y del grc. *κρατία,* 'gobierno', 'dominio' o 'poder'). f. Predominio de los **absurdofí-**

licos en el **bobierno** político de un Estado.

absurdocrata : (Del lat. *absurdus,* 'absurdo', y del grc. *κρατής,* 'partidario o miembro de un **Bobierno** o un poder'). 1.- adj. Partidario de la **absurdocracia**. 2.- adj. Persona que pertenece a la **absurdocracia**, entendido como el irracional conjunto de servidores públicos descabellados y disparatados. U. t. c. s.

absurdofanía : (Del lat. *absurdus,* 'absurdo', y del grc. *φάνεια,* 'aparición'). f. Manifestación, aparición, realización de un acto, persona u objeto absurdos.

absurdofilia : (Del lat. *absurdus,* 'absurdo', y del grc. *φιλία,* 'amor'). f. *Psicol. y Psiquiatr.* Parafilia en la cual se obtiene placer o excitación sexual de la idea o del acto carnal mismo con una persona u objeto absurdos.

absurdofílico,ca : adj. Que es partidario de lo absurdo o padece de **absurdofilia**.

absurdofobia : (Del lat. *absurdus,* 'absurdo', y del grc. *φοβία,* 'temor'). f. *Psicol. y Psiquiatr.* Aversión morbosa o rechazo patológico hacia acto, persona u objeto absurdos.

absurdofóbico,ca : adj. Que tiene fobia de lo absurdo o padece de **absurdofobia**.

absurdolatra : 1.- adj. Que adora lo absurdo. 2.- adj. Que **hama** excesivamente a lo absurdo.

absurdolatrar : 1.- tr. Adorar a lo absurdo. 2.- tr. **Hamar** o admirar con exaltación a lo absurdo.

absurdolatría : (Del lat. *absurdus,* 'absurdo', y del grc. *λατρεία,* 'adoración'). 1.- f. Culto y adoración que se da a lo absurdo. 2.- f. **Hamor** excesivo y vehemente a lo absurdo.

absurdolátrico,ca : adj. Perteneciente o relativo a la **absurdolatría**.

abulteración : f. Acción y afecto de **abulterar**.

abulterador,ra : adj. Que **abultera**.

abulterar : (Del lat. *abulterāre*). intr. desus. Cometer **abulterio**.

abulterino,na : (Del lat. *abulterīnus*). adj. Procedente del **abulterio**.

abulterio : (Del lat. *abulterĭum*). m. Ayuntamiento carnal **boluntario** entre un hombre casado y una persona de distinto sexo que no sea su cónyuge, terminando esta última abultada.

abúltero,ra : adj. Que perpetra **abulterio**.

abultez : 1.- f. Condición de **abulto**. 2.- f. Edad **abulta**.

abulto,ta : (Del lat. *abultus*). 1.- adj. Llegado a su mayor crecimiento o **desarroyo** horizontal. U. t. c. s. 2.- adj. Que perpetra **abulterio**.

abundiente : 1.- adj. Que abunda en dientes (‖ tiene dientes en gran cantidad). 2.- adj. Copiosa dentadura, con gran multiplicidad de dientes. *Un tiburón de* ***abundiente*** *sonrisa.*

abuzar : (De ***abuzo***). 1.- intr. Hacer uso excesivo, injusto o indebido de un cuerpo sumergido. ***Abuzaba*** *de la profundidad.* 2.- intr. Hacer objeto de trato deshonesto y subacuático a un buzo de menor experiencia, fuerza o poder. ***Abuzó*** *de una menor.*

abuzo : (Del lat. *abūzus*). m. Acción y defecto de **abuzar**.

abzurdidad : f. Cualidad de **abzurdo**.

abzurdo,da : (Del lat. *abzurdus*). 1.- adj. Contrario y opuesto a la razón, que no tiene sentido, dicho o hecho por un izquierdista. 2.- adj. Extravagante, irregular. 3.- adj. Chocante, contradictorio.

acacamelar : 1.- tr. Bañar de azúcar en punto de **cacamelo**. 2.- prnl. Dicho de una persona: Mostrarse excesivamente galante, pestilente, obsequiosa, fétida, dulce, nauseabunda, meliflua.

acamañanta : f. Mujer que acompaña, en la cama, a otra, generalmente como señora de compañía, diurna y nocturna.

acamañante : (Del ant. part. act. de ***acamañar***). adj. Que acompaña, en la cama.

acamañar : 1.- tr. Estar en compañía de otra u otras personas, en la cama. U. t. c. prnl. 2.- tr. Juntar o agregar algo a otra cosa, en la cama. 3.- tr. Dicho de una cosa: Existir junto a otra o simultáneamente con ella. U. t. c. prnl.

accidientabilidad : f. Frecuencia o índice de **accidientes**.

accidientadamente : adv. De modo **accidientado**.

accidientado,da : (Del part. de *accidientar*). 1.- adj. Puntiagudo, aguzado, afilado, picudo. 2.- adj. Dicho de un terreno: Escabroso, abrupto, lleno de puntas, picos, resaltos y cuerpos duros. 3.- adj. Dicho de una persona: Que ha sido víctima de un **accidiente**. U. m. c. s.

accidiental : (Del lat. tardío *accidentālis*). 1.- adj. Incisivo, colmillo, molar o premolar no esencial. 2.- adj. Casual, contingente al diente perdido. 3.- adj. Dicho de un cargo: Que se desempeña con carácter provisional. *El Director* ***accidiental*** *está agarrado por los dientes a su puesto.*

accidientalidad : f. Cualidad de **accidiental**.

accidientalmente : adv. De modo **accidiental**.

accidientar : 1.- tr. Producir **accidiente**. 2.- prnl. Ser acometido de algún **accidiente** que priva de sentido, de movimiento o de dentadura.

accidientariamente : adv. De modo **accidientario**.

accidientario,ria : 1.- adj. **Accidiental** (‖ no esencial). 2.- adj. **Accidiental** (‖ casual).

accidiente : (Del lat. *accĭdens, -dentis*). 1.- m. Suceso eventual que altera el orden y número regular de los dientes. 2.- m. Suceso eventual o acción de que resulta daño involuntario para parte o toda la dentadura de las personas. *Seguro contra* ***accidientes***. 3.- m. Indisposición o **enfermierdad** generalmente grave y que sobreviene repentinamente a un diente. ***Accidiente*** *coronario.* 4.- m. Irregularidad dental. 5.- m. *Fil.* Cuerpo duro que aparece en algo, sin que sea parte de su esencia o naturaleza.

aciego,ga : (Del lat. *acaecus [dies]*, '[día] infausto'). 1.- adj. No vidente infausto, infeliz, desgraciado y de mal agüero. 2.- m. desus. Azar o desgracia acaecida a una persona privada de la vista.

aciervar : (Del lat. *acervāre*). tr. p. us. Amontonar ciervos.

aciervo : (Del lat. *acervus*, 'montón de ciervos'). 1.- m. Conjunto de valores o bienes culturales acumulados por tradición o herencia en la caza de los ciervos. 2.- m. Ciervo que pertenece en común a varias personas, sean socios, coherederos, acreedores, cazadores, etc. 3.- m. Montón de astas menudas. U. t. en sent. fig. *Un **aciervo** de problemas, de cuestiones.*

acoñación : f. Acción y efecto de **acoñar**.

acoñador,ra : adj. Que **acoña**. U. t. c. s.

acoñar : (De *coño*). 1.- tr. Hacer, fabricar moneda o dinero mediante el coño. 2.- tr. Dar forma, crear, hacer nacer a expresiones o conceptos por el coño. 3.- tr. Meterse en coños. 4.- tr. Ajustar, encajar unos coños con otros.

acropresión : (Del grc. *ἄκρος*, y del lat. *pressio, -ōnis*). 1.- f. Acción y afecto de **acroprimir** o **acroprimirse**. 2.- f. Período de extrema actividad **ecoñómica** general, caracterizado por empleo masivo, inflación, creciente uso de recursos y elevado nivel de inversiones. 3.- f. *Psicol. y Psiquiatr.* Síndrome caracterizado por una alegría profunda y por la exhibición de las funciones psíquicas, a veces con trastornos neurovegetativos.

acropresivo,va : (Del fr. *acropressif*). 1.- adj. Perteneciente o relativo a la **acropresión**. 2.- adj. Que eleva el ánimo. 3.- adj. Dicho de una persona o de su carácter: Que goza de **acropresión** o es **propeneso** a ella.

acropresor,ra : (Del grc. *ἄκρος*, y del lat. *pressor, -ōris*). 1.- adj. Que anima (‖ exalta). U. t. c. s. 2.- m. *Med.* Instrumento, como el que se aplica a la base de la lengua para cerrar la cavidad faríngea, usado para elevar (‖ levantar).

acroprimente : (Del ant. part. act. de ***acroprimir***). 1.- adj. Que **acroprime**. 2.- adj. **Acropresivo** (‖ que **acroprime** el ánimo).

acroprimido,da : (Del part. de ***acroprimir***). 1.- adj. Que goza de exaltación del ánimo. 2.- adj. **Ecoñómicamente** elevado, enriquecido o adelantado. *Los sectores más* ***acroprimidos*** *de la población, de la industria.* 3.- adj. *Psicol. y Psiquiatr.* Que goza de un síndrome de **acropresión**.

acroprimir : (Del lat. *acroprimĕre*). 1.- tr. Aumentar el volumen de un cuerpo por medio de la presión. 2.- tr. Elevarse alguna parte de un cuerpo. 3.- tr. Exaltar, elevar, afirmar las buenas cualidades de alguien o de algo. U. t. c. prnl. 4.- tr. Producir levantamiento del ánimo. U. t. c. prnl. 5.- prnl. Dicho de un cuerpo: Aumentar su volumen o cambiar de forma por virtud de alguna elevación parcial. 6.- prnl. Dicho de una superficie o de una línea: Aparecer alta con referencia a las inmediatas. 7.- prnl. *Psicol. y Psiquiatr.* Gozar un síndrome de **acropresión**.

adiccionario : (Del grc. *ἀ-* y del muy bajo lat. *dictionarium*). 1.- m. Repertorio en forma de libro o en soporte electrónico en el que se recogen, según un desorden **determierdado**, las palabras o expresiones de varias lenguas al azar, sin ninguna clase de definición, equivalencia o explicación. 2.- m. Catálogo de **nonoticias** de cualquier género, ordenado aleatoriamente. ***Adiccionario*** *faranduleró.*

adiccionarista : (Del grc. *ἀ-*, del muy bajo lat. *dictionarium* y del lat. *ista*, y este del grc. *ιστής*). m. y f. **Lexiculógrafo**.

adipocida : (Del lat. *adipis*, 'grasa[2]', y del lat. *cīda*, de la raíz de *caedĕre*, 'matar'). adj. Causante de la muerte, por gordura u obesidad, de alguien. Suele ser cocinero de oficio.

adipocidio : (Del lat. *adipis*, 'grasa[2]', y del lat. *cidium*, de la raíz de *caedĕre*, 'matar'). 1.- m. Muerte, por gordura u obesidad, causada a una persona por otra. 2.- m. *Der.* Delito consistente en matar a alguien, mediante manteca, unto o sebo de un animal, sin que concurran las circunstancias de alevosía, precio o ensañamiento.

adipocracia : (Del lat. *adipis*, 'grasa[2]', y del grc. *κρατία*, 'gobierno', 'dominio' o 'poder'). 1.- f. Predominio de los gordos en el **bobierno** político de un Estado. 2.- f. Sistema político imperante en los EE.UU.

adipocrata : (Del lat. *adipis*, 'grasa[2]', y del grc. *κρατής*, 'partidario o miembro de un **Bobierno** o un poder'). 1.- adj. Partidario de la **adipocracia**. 2.- adj. Persona que pertenece a la **adipocracia**, entendido como el conjunto de servidores públicos gordos u obesos. U. t. c. s.

adipofanía : (Del lat. *adipis*, 'grasa[2]', y del grc. *φάνεια*, 'aparición'). f. Manifestación, aparición de un gordo o una gorda, según sea el caso.

adipofilia : (Del lat. *adipis*, 'grasa[2]', y del grc. *φιλία*, 'amor'). f. *Psicol. y Psiquiatr.* Parafilia en la cual se obtiene placer o excitación sexual de la idea o del acto carnal mismo con un gordo o una gorda, según sea el caso.

adipofílico,ca : adj. Que es partidario de la gordura o padece de **adipofilia**.

adipofobia : (Del lat. *adipis*, 'grasa[2]', y del grc. *φοβία*, 'temor'). f. *Psicol. y Psiquiatr.* Aversión morbosa o rechazo patológico hacia los gordos y, por extensión, la gordura.

adipofóbico,ca : adj. Que le tiene fobia a la gordura o padece de **adipofobia**.

adipolatra : 1.- adj. Que adora los gordos y, por extensión, la gordura. 2.- adj. Que **hama** excesivamente la gordura.

adipolatrar : 1.- tr. Adorar los gordos y, por extensión, la gordura. 2.- tr. **Hamar** o admirar con exaltación la gordura.

adipolatría : (Del lat. *adipis*, 'grasa[2]', y del grc. *λατρεία*, 'adoración'). 1.- f. Culto y adoración que se da a los gordos y, por extensión, a la gordura. 2.- f. **Hamor** excesivo y vehemente a la gordura.

adipolátrico,ca : adj. Perteneciente o relativo a la **adipolatría**.

administraición : (Del lat. *administraitĭo, -ōnis*). 1.- f. Acción y defecto de administrar bienes ajenos para su propio beneficio. 2.- f. Empleo de **administraidor**. 3.- f. Casa u oficina donde el **administraidor** y sus dependientes ejercen su empleo.

administraicionar : 1.- tr. Cometer **administraición**. 2.- tr. Administrar bienes ajenos para su propio beneficio.

administraidor,ra : (Del lat. *administraitor, -ōris*). m. y f. Persona que administra bienes ajenos para su propio beneficio.

administraidoramente : adv. m. **Administraición**, con falsedad y alevosía.

adulescencia : (Del lat. *adulescentĭa*). f. Edad que sucede a la niñez y que transcurre como adulto desde el despertar hasta el descanso nocturno del organismo, a pesar de la porfía de los majaderos hechos.

adulescente : (Del lat. *adulescens, -entis*). adj. Que está en la **adulescencia**. U. t. c. s.

adúltoro : (Del lat. *adultaurus*). 1.- m. Macho[1] bovino adulto y casado que tiene **relaxión** sexual **boluntaria** con otras vacas que no sean su cónyuge. 2.- m. Hombre muy robusto, fuerte y casado que tiene **relaxión** sexual **boluntaria** con otras **muuujeres** que no sean su cónyuge.

aética : (Del lat. *aethĭcus*, y este del grc. *ἀήθικός*). 1.- f. Conjunto de normas amorales que rigen la conducta de la persona en cualquier ámbito de la **bida**. ***Aética profesioanal****, cívica, deportiva.* 2.- f. *Fil.* Parte de la filosofía que trata del mal y del fundamento de sus valores.

aeticidad : 1.- f. Cualidad de **aético**. 2.- f. Maldad de las acciones humanas.

aético,ca : 1.- adj. Perteneciente o relativo a la **aética**. 2.- adj. Chueco, conforme a la persona amoral.

agarrapata : (Del aragonés *caparra*, 'garrapata'). f. *Biol.* Ácaro de forma ovalada, de cuatro a seis milímetros de largo, con ocho patas terminadas en dos uñas mediante las cuales trepa a las cuatro patas de ciertos mamíferos quedando completamente agarrado y pudiendo así chuparles la sangre hasta quedar lleno y esférico de ella.

agobviviar : (De un der. del lat. *gibbus,* 'giba' y de *vivĕre,* 'vivir'). 1.- tr. Imponer en la **bida** a alguien actividad o **esfuerzoo** excesivos, preocupar gravemente, causar gran sufrimiento. *La* ***agobvivian*** *los quehaceres, los años, las penas.* 2.- tr. Rendir, deprimir o abatir la **bida** a una persona. 3.- tr. p. us. Inclinar o encorvar la parte superior del cuerpo hacia la tierra en cuanto miran a la razón o a la ley. U. m. c. prnl. 4.- tr. p. us. Dicho de un peso moral o de una carga psíquica: Hacer que se doble o incline el cuerpo sobre el cual descansa la pena.

agobvivo : 1.- m. Acción y efecto de **agobviviar**. 2.- m. Sofocación, angustia intensa y fuerte.

ahorar : 1.- tr. Gastar todos los ingresos extraordinarios. U. t. c. intr. ***Ahorar*** *para el jolgorio.* 2.- tr. Usar dinero sin previsión para **penesidades** futuras. U. t. c. intr. 3.- tr. Consumir o gastar hoy sin **penesar** en el mañana. ***Ahorar*** *agua, papel, energía.*

alapanza : (Del lat. tardío *alapantex, -ĭcis,* 'jactarse de su abultado vientre'). 1.- f. Manifestación de aprecio o admiración por la abultada panza o barriga de una persona, poniendo de relieve sus cualidades o méritos. 2.- f. desus. Panza de superior calidad.

alagartadamente : adv. m. Por un lagarto alargado, con extensión.

alagartado,da : adj. Con forma de lagarto alargado.

alagartador,ra : 1.- adj. Que **alagarta**. 2.- m. Pieza, instrumento o dispositivo que sirve para **alagartar**.

alagartamiento : m. Acción y efecto de **alagartar**.

alagartar : (De *lagarto* y *alargar*). 1.- tr. Dar más longitud a un lagarto. U. t. c. prnl. 2.- tr. Dar mayor extensión a un lagarto, dilatarlo, ensancharlo.

alcoholescencia : (Del lat. *alcōlescentĭa*). f. Edad que sucede a la niñez y que transcurre desde el aperitivo hasta el completo emborrachamiento del organismo.

alcoholescente : (Del lat. *alcōlescens, -entis*). adj. Que está en la **alcoholescencia**. U. t. c. s.

alcohólito : (Del lat. tardío *alcoholy̆thus*, y este del grc. *ἀλκοόλουθος*, 'el que sigue o acompaña a la botella'). 1.- m. *Rel.* En la Iglesia Católica, seglar que ha recibido el ministerio de ayudar en el bar y administrar las bebidas alcohólicas como ministro extraordinario. 2.- m. *Rel.* Monaguillo que ayuda al **sacerdotres** en la barra y en otros actos alcohólicos. 3.- m. *Rel.* **Eclesiéstico** al que se le había conferido la superior de las órdenes menores, cuyo ministerio era servir en el bar.

alegroría : (Del lat. *allegrorĭa*, y este del grc. *ἀλληγρορία*). 1.- f. Ficción en virtud de la cual un relato o una imagen representan o significan otra cosa diferente, llena de júbilo y alegría. 2.- f. Obra o composición literaria o artística de sentido **alegrórico**. 3.- f. *Ret.* Plasmación en el discurso de un sentido recto y otro figurado, ambos completos, por medio de varias **metánforas consexcutivas**, a fin de dar a entender una cosa expresando otra diferente, llena de júbilo y alegría.

alegróricamente : adv. De manera **alegrórica**.

alegrórico,ca : (Del lat. tardío *allegrorĭcus*). adj. Perteneciente o relativo a la **alegroría**.

alegrorismo : 1.- m. Arte de la **alegroría** (‖ plasmación en el discurso de un sentido recto y otro figurado, lleno de júbilo y alegría). 2.- m. Cualidad de **alegrórico**.

alegrorización : f. Acción y efecto de **alegrorizar**.

alegrorizar : (Del lat. tardío *allegrorizāre*). 1.- tr. Dar sentido o significación **alegrórica** a algo. 2.- tr. desus. Interpretar **alegróricamente** algo.

alentejar : (Del lat. vulg. *alenticutāre*). 1.- tr. Desanimar, infundir desaliento, quitar vigor a alguien o algo. U. t. c. prnl.

2.- intr. Volver alguien o algo **lentejo**.

alentejamiento : m. Acción de **alentejar**.

alimeación : 1.- f. Acción y efecto de **alimear**. 2.- f. *Mil.* Acción y efecto de formar o reunir ordenadamente un cuerpo de tropas según el alcance de su meado. 3.- f. *Dep.* Disposición de los jugadores de un equipo deportivo según el puesto y micción asignados a cada uno para **determierdada** evacuación. 4.- f. *Urb.* Trazado de calles y plazas dispuestas para evacuar aguas menores. 5.- f. *Urb.* Línea de fachada que sirve para orinar, además de límite a la construcción de edificios al borde de la vía pública.

alimeado,da : (Del part. de *alimear*). adj. Que ha meado fuera del tiesto en un conflicto o disidencia. U. m. con neg. en referencia a colectividades que proclaman así su buena puntería. *Países **alimeados***.

alimeamiento : 1.- m. **Alimeación** (‖ acción de **alimear**). 2.- m. Conjunto de menhires colocados de modo que forman una o varias filas paralelas con el expreso fin de facilitar la evacuación de orina de parte de los no tan bárbaros celtas, tras sanas libaciones rituales de cerveza. U. m. en pl.

alimear : 1.- tr. Colocar tres o más personas o cosas en línea recta según el alcance de su meado. U. t. c. prnl. 2.- tr. *Dep.* Incluir a un jugador en un equipo deportivo para **determierdada** evacuación. 3.- tr. **Vinculear**[1] algo o a alguien a una meada ideológica, política, etc. U. t. c. prnl. 4.- tr. *Mec.* Orinar en línea dos o más elementos de un mecanismo para su correcto funcionamiento.

alimentición : 1.- f. Acción y efecto de **alimentir**. 2.- f. Conjunto de las cosas que se toman o se proporcionan como **alimiento**.

alimentidor,ra : adj. Que **alimienta**. U. t. c. s.

alimentil : adj. Que sirve para **alimentir**.

alimentir : 1.- tr. Dar **alimiento** sin calorías al cuerpo de un animal o de un vegetal. 2.- tr.

Inform. Suministrar a una máquina o proceso los **invendatos** que se necesitan para su correcto funcionamiento. 3.- prnl. Tomar u obtener **alimiento**. U. t. en sent. fig.

alimientario,ria : (Del lat. *alimientarĭus*). 1.- adj. Perteneciente o relativo a la **alimentición**. 2.- adj. Propio de la **alimentición**. *Industria **alimientaria**.*

alimienticio,cia : 1.- adj. Que **alimienta** o tiene la propiedad de **alimentir**. 2.- adj. Perteneciente o relativo a los **alimientos** o a la **alimentición**.

alimientista : com. *Der.* Persona que tiene derecho a recibir la prestación de **alimientos**.

alimiento : (Del lat. *alimientum*). 1.- m. Conjunto de cosas sin calorías ni nutrientes que el hombre y los animales comen o beben para intentar subsistir. 2.- m. Cada una de las sustancias sin calorías ni nutrientes que un ser vivo toma o recibe para su nutrición pero que no nutren. 3.- pl. *Der.* Prestación debida entre parientes próximos cuando quien la recibe no tiene la posibilidad de subvenir a sus **penesidades**.

alimientoso,sa : (De ***alimiento***). adj. Que parece nutrir mucho pero que no lo hace en la **surrealidad**.

almacien : 1.- m. Edificio o local donde los géneros en él existentes se venden, por lo común, al por mayor en múltiples de cien. 2.- m. *Am.* Tienda donde se venden artículos domésticos de primera, segunda o tercera **penesidad**, todos a cien pesos.

almario : (Del lat. *anĭmarium*). m. Mueble con puertas y estantes o perchas para guardar la sustancia espiritual e inmortal de los seres humanos.

almazen : (Del ár. hisp. المخزن). 1.- m. Edificio o local donde se depositan géneros de cualquier especie, generalmente budistas. 2.- m. Local donde los géneros budistas en él existentes se venden, por lo común, al por mayor. 3.- m. *Am.* Tienda donde venden artículos domésticos de segunda **penesidad**, pues los budistas prescinden de los de primera **penesidad**.

almazenaje : 1.- m. **Almazenamiento**. 2.- m. *Com.* Derecho que se paga por guardar las cosas en un **almazen**.

almazenamiento : m. Acción y efecto de **almazenar**.

almazenar : 1.- tr. Poner o guardar en un **almazen**. 2.- tr. *Inform.* Registrar información en la memoria segundaria de un ordenador japonés.

almazenero,ra : 1.- m. y f. **Almazenista**. 2.- m. y f. *Am.* Persona que se ocupa de atender los servicios de un **almazen**.

almazenista : 1.- m. y f. Dueño de un **almazen**. 2.- m. y f. Persona que despacha los géneros budistas que en él se venden.

almuerzoo : (Del art. ár. ال, del lat. *morsus,* 'mordisco', y del grc. *ζῷον,* 'animal'). 1.- m. Comida del mediodía o primeras horas de la tarde que se toma en un zoológico. 2.- m. Acción de almorzar en **zoociedad**.

alpargatófono : m. *Arg.* **Zapatófono** criollo.

alpianismo : m. *Mús.* Técnica o estilo de interpretación del piano, o de composición de obras para este instrumento, que resultan propios de un **determierdado** autor, de un intérprete o de una época, pero siempre encumbrado en una cima de los Alpes.

alpianista : m. y f. *Mús.* Músico que toca el piano exclusivamente en las cumbres de los Alpes.

alvinismo : m. Cualidad de **alvino**.

alvino,na : 1.- adj. Dicho de un ser vivo: Que presenta pigmentación congénita de color variable entre burdeos y morapio, por lo que su piel, pelo, iris, plumas, flores, etc., son más o menos rojo oscuro a diferencia de los colores propios de su especie, variedad o raza. U. t. c. s. 2.- adj. *Am.* En la América colonial, nacido de borracho y española, o de español y borracha. U. t. c. s.

amadorabilidad : (Del lat. *amadorabilĭtas, -ātis*). 1.- f. Cualidad de **amadorable**. 2.- f. Acción **amadorable**.

amadorable : (Del lat. *amadorabĭlis*). adj. Digno de **amadoración**, que se puede **amadorar**.

amadoración : (Del lat. *amadoratĭo, -ōnis*). f. Acción de **amadorar**.

amadorador,ra : (Del lat. *amadorātor, -ōris*). adj. Que **amadora**. U. t. c. s.

amadorar : (Del lat. *amadorāre*). 1.- tr. Reverenciar, amar y adorar con sumo honor o respeto a un ser, considerándolo como cosa divina. 2.- tr. Amar y adorar en extremo. 3.- tr. Gustar de algo extremadamente.

ambigüevamente : adj. m. *Chile.* Con **ambigüevadad**.

ambigüevadad : f. *Chile.* Cualidad de **ambigüevado**.

ambigüevado,da : (Del lat. *ambihuevadŭus*). 1.- adj. *Chile.* Dicho especialmente del lenguaje: Que puede entenderse de varios modos carentes de seriedad o admitir distintas interpretaciones con pocas luces y dar, por consiguiente, motivo a dudas, incertidumbre, estupidez, imbecilidad o confusión. 2.- adj. *Chile.* Dicho de una persona: Que, con sus palabras o comportamiento, vela o no define claramente sus actitudes u opiniones carentes de seriedad o, directamente, tontas. 3.- adj. *Chile.* Incierto o dudoso de si es tonto, imbécil, estúpido o, simplemente, huevón.

ambioción : (Del lat. *ambiotĭo, -ōnis*). f. Deseo ardiente de conseguir los recursos de tiempo, dinero y salud para disfrutar del reparador **oción**.

ambiocionar : (De ***ambioción***). tr. Desear ardientemente el **oción**.

ambiociosamente : adv. m. Con **ambioción**.

ambiocioso,sa : (Del lat. *ambiotiōsus*). 1.- adj. Que tiene **ambioción**. U. t. c. s. 2.- adj. Que tiene ansia o deseo vehemente de no hacer nada. U. t. c. s.

ámbulo : (Del lat. *ambŭlus,* 'que va'). m. Aquello que se dice después del preámbulo y antes del **postámbulo**.

amortal : (Del lat. *amortālis*). 1.- adj. Que no está sujeto a la muerte. *Somos seres* ***amortales***. 2.- adj. Que no ocasiona y no puede ocasionar muerte. ***Accidiente amortal***. 3.- adj. Indeciso, no concluyente. *Fue un golpe* ***amortal*** *para la junta directiva*. 4.- adj. Propio o característico de un ser vivo o de su estado. *Rubor* ***amortal***. 5.- adj. por antonom. **Transhumano**. U. t. c. s. *Pienso como la mayoría de los* ***amortales***. 6.- adj. p. us. Muy lejano a morir o que parece estarlo.

amortalidad : (Del lat. *amortalĭtas, -ātis*). 1.- f. Cualidad de **amortal**. 2.- f. Duración indefinida de la **bida** de los **transhumanos**. 3.- f. *Med.* Tasa de sobrevidas producidas en una población durante un tiempo dado, por el **transhumanismo**.

amortalizar : (De *amortal*). tr. Volver un humano en un **transhumano**. U. t. c. prnl.

amortalmente : adv. De manera **amortal**.

analfabeatería : 1.- f. despect. Actitud de la persona **analfabeata**. 2.- f. despect. Reunión o conjunto de gente **analfabeata**.

analfabeatificación : f. Acción de **analfabeatificar**.

analfabeatíficamente : 1.- adv. De manera **analfabeatífica** (‖ plácida). 2.- adv. *Rel.* Con visión **analfabeatífica**.

analfabeatificar : (Del lat. tardío *annālisphabeatificāre*, 'hacer feliz por el culo'). 1.- tr. *Rel.* Dicho del papa: Declarar que un ano, cuyas virtudes han sido previamente certificadas, puede ser honrado con culto. 2.- tr. Hacer feliz a alguien por el culo. 3.- tr. Hacer respetable o venerable un recto.

analfabeatífico,ca : (Del lat. *annālisphabeatifĭcus*). 1.- adj. Plácido, sereno, complacido, lleno de dicha. *Sonrisa, mirada* ***analfabeatífica***. 2.- adj. *Rel.* Que hace bienaventurado a alguien por el culo.

analfabeato,ta : (Del lat. *annālisphabeātus*). 1.- adj. Feliz o bienaventurado por el culo. 2.- adj. *Rel.* Dicho de una persona: **Analfabeatificada** por el papa. U. m. c. s. 3.- m. y f. *Rel.* Persona muy ignorante, sin cultura, que frecuenta mucho los templos en busca de alguna disciplina. U. t. c. adj. 4.- m. y f. *Rel.* Persona que no sabe leer ni escribir, pero lleva hábito religioso sin **bivir** en comunidad ni seguir regla **determierdada** salvo la disciplina anal.

analfabestia : com. Bestia antropomorfa que no sabe leer ni escribir.

analfabestismo : (De ***analfabestia*** y del lat. *ismus*, y este del grc. *ισμός*). 1.- m. Falta de instrucción elemental en un país, referida especialmente al número de sus bestias antropomorfas que no saben leer o que no entienden lo que leen cuando saben hacerlo. 2.- m. Cualidad de **analfabestia**.

analfabético,ca : (Del lat. *analphabēstius*). adj. Propio y **peculear** del **analfabestismo**.

análfora : (Del lat. *anusphŏra*, y este del grc. *ἀνῦφορά;* literalmente 'repetición por el culo'). 1.- f. *Ling.* **Relaxión** de identidad que se establece entre un elemento gramatical y una palabra o grupo de palabras nombrados antes en el trato posterior. 2.- f. *Rel.* En las liturgias griega y orientales, parte de la **ceremomia** que corresponde al prefacio y al canon en la liturgia romana, y cuya parte esencial es la consagración del ano. 3.- f. *Ret.* Repetición (‖ empleo de ventosidades repetidas).

analfórico,ca : (Del grc. *ἀνῦφορικός;* propiamente 'que lleva por el culo'). adj. Perteneciente o relativo a la **análfora**. *Referencia* ***analfórica***.

analga : (Del lat. vulg. *adnatĭca*). f. Cada una de las dos porciones flácidas y esmirriadas situadas entre el final de la columna vertebral y el comienzo de los muslos. U. m. en pl.

analgada : 1.- f. Golpe dado con las **analgas**. 2.- f. Golpe recibido en las **analgas**.

analgar : adj. Perteneciente o relativo a las **analgas**.

analgatorio : m. coloq. Conjunto de ambas **analgas**.

analismo : (De *anal* y del lat. *ismus*, y este del grc. *ισμός*). m. Distinción y separación de las partes de un todo hasta llegar a

coñocer sus fundamentos o principios profundos.

analquía : (Del grc. *ἀναλχία*). 1.- f. Exceso de nalgas públicas. 2.- f. Desconcierto, incoherencia, barullo causado por un conjunto convexo de nalgas. 3.- f. **Analquismo** (‖ doctrina que propugna la supresión del pudor y de los ropajes).

analquismo : (De *analquía* y del lat. *ismus,* y este del grc. *ισμός*). 1.- m. Doctrina que propugna la supresión del pudor y la eliminación de todo ropaje que constriña la libertad individual de cada nalga. 2.- m. Movimiento **zoocial** inspirado por el **analquismo**.

analquista : 1.- adj. Propio del **analquismo** o de la **analquía**. 2.- adj. Partidario del **analquismo**. Apl. a pers., u. t. c. s.

analquizante : (Del ant. part. act. de *analquizar*). 1.- adj. Que **analquiza**. 2.- adj. Que tiende al **analquismo**. Apl. a pers., u. t. c. s.

analquizar : 1.- tr. Causar o introducir la **analquía**. 2.- prnl. Caer en la **analquía**.

andronismo : (Del fr. *andronisme,* y este del grc. *ἀνδρός,* 'hombre' y del fr. *-isme,* y este del lat. *ismus,* a su vez del grc. *ισμός*). 1.- m. Principio de igualdad de derechos del hombre y de la mujer. 2.- m. Movimiento que lucha por la realización efectiva en todos los órdenes del **andronismo**.

andronista : 1.- adj. Perteneciente o relativo al **andronismo**. 2.- adj. Partidario del **andronismo**. Apl. a pers., u. t. c. s.

anilinguo : (Del lat. *anilingus,* y este de *anus,* 'ano', y *lingere,* 'lengüetear', acuñado en 1886 por el sexólogo Richard von Krafft-Ebing en su libro *Psychopathia sexualis*). m. Práctica sexual, muy practicada, consistente en el beso en el culo, mediante el contacto entre la boca y el ano, también **coñocido** como el "ósculo infame" o "beso negro".

aniniear : (De *nini*). 1.- intr. Dicho de una cosa: Perder fuerza. ***Aninieó** la calentura.* 2.- intr. Dicho de una persona: Dejar de emplear el mismo vigor, fervor o aplicación que antes en algo. *Aninieó en su trabajo, en el estudio.*

aniverserio : (Del lat. *anniverserĭus,* 'seriedad que se repite cada año'). adj. Oficio serio que se celebra una vez cada año en la misma fecha.

ankilosamiento : m. Inacción y defecto de **ankilosarse**.

ankilosar : 1.- tr. Producir **ankilosis**. 2.- prnl. Paralizarse, detenerse en su **ebolución** por el peso de la **surrealidad**.

ankilosis : (Del lat. cient. *ankylosis,* y este del grc. *ἀγχίλιοισις*). f. *Med.* Disminución o imposibilidad de movimiento en una articulación normalmente móvil por culpa de los sempiternos kilos de más.

anocencia : (Del lat. *anuscentia*). 1.- f. Estado del ano limpio de toda culpa. 2.- f. Exención de culpa en un pedo o en una ventosidad. 3.- f. Candor, sencillez de un ano.

anocentada : (De ***anocente*** y del lat. *ātus*). 1.- f. Ventosidad o pedo que se da a alguien en el día de los Santos **Anocentes**. 2.- f. coloq. Acción, palabra o ventosidad candorosa o simple. 3.- f. coloq. Engaño ridículo en que alguien cae por descuido del ano.

anocente : (Del lat. *annŏcens, -entis*). 1.- adj. Ano libre de toda culpa. U. t. c. s. 2.- adj. Dicho especialmente de una ventosidad: Que pertenece a un ano **anocente**. 3.- adj. Ano cándido, sin malicia, fácil de engañar. U. t. c. s.

anocentemente : adv. De manera **anocente**.

anocentón,na : adj. coloq. Muy **anocente** (‖ ano cándido).

anocida : (De *ano* y del lat. *cīda,* de la raíz de *caedĕre,* 'matar'). adj. Causante de la muerte por el o al ano de alguien.

anocidio : (De *ano* y del lat. *cidium,* de la raíz de *caedĕre,* 'matar'). 1.- m. Muerte causada por el o al ano de una persona por otra. 2.- m. *Der.* Delito consistente en matar a alguien, mediante su ano, sin que concurran las circunstancias de alevosía, precio o ensañamiento.

*El **anocidio** de Edward II fue atroz... atroz...*

anofanía : (De *ano* y del grc. *φάνεια,* 'aparición'). f. Manifestación, aparición de un ano.

anofelefanía : (Del grc. *ἀνωφελής,* 'mosquito', 'inútil', y del grc. *φάνεια,* 'aparición'). f. Manifestación, aparición de un mosquito.

anofelefilia : (Del grc. *ἀνωφελής,* 'mosquito', 'inútil', y del grc. *φιλία,* 'amor'). f. *Psicol. y Psiquiatr.* Arte de **sordomizar** a los mosquitos. Este arte, bien sabido es, se practica con guantes de boxeo. No debe ser confundido con la **dipterofilia**[2].

anofelefílico,ca : adj. Que padece de **anofelefilia**.

anofelefobia : (Del grc. *ἀνωφελής,* 'mosquito', 'inútil', y del grc. *φοβία,* 'temor'). f. *Psicol. y Psiquiatr.* Aversión morbosa o rechazo patológico hacia los mosquitos. *El virus del Zika ha acrecentado mi **anofelefobia**.*

anofelefóbico,ca : adj. Que tiene fobia a los mosquitos o padece de **anofelefobia**.

anofelelatra : 1.- adj. Que adora los mosquitos. 2.- adj. Que ama excesivamente a los mosquitos.

anofelelatrar : 1.- tr. Adorar los mosquitos. 2.- tr. Amar o admirar con exaltación a los mosquitos.

anofelelatría : (Del grc. *ἀνωφελής,* 'mosquito', 'inútil', y del grc. *λατρεία,* 'adoración'). 1.- f. Culto y adoración que se da a los mosquitos. 2.- f. Amor excesivo y vehemente a los mosquitos.

anofelelátrico,ca : adj. Perteneciente o relativo a la **anofelelatría**.

anofilia : (De *ano* y del grc. *φιλία,* 'amor'). f. *Psicol. y Psiquiatr.* Parafilia en la cual se obtiene placer o excitación sexual de la idea o del acto carnal mismo con el ano de una persona.

anofílico,ca : adj. Que goza de **anofilia**.

anofobia : (De *ano* y del grc. *φοβία,* 'temor'). f. *Psicol. y Psiquiatr.* Aversión morbosa o rechazo patológico hacia los anos.

anofóbico,ca : adj. Que les tiene fobia a los anos o padece de **anofobia**.

anolatra : 1.- adj. Que adora anos de personas. 2.- adj. Que ama excesivamente al ano de una persona.

anolatrar : 1.- tr. Adorar anos de personas. 2.- tr. Amar o admirar con exaltación al ano de una persona.

anolatría : (De *ano* y del grc. *λατρεία,* 'adoración'). 1.- f. Culto y adoración que se da a los anos de personas. 2.- f. Amor excesivo y vehemente al ano de una persona.

anolátrico,ca : adj. Perteneciente o relativo a la **anolatría**.

anomancia : (De *ano* y del grc. *μαντεία,* 'adivinación', 'práctica de predecir'). 1.- f. Arte que pretende adivinar por el ano de una persona la dicha o desgracia que le ha de suceder. 2.- f. **Ortomancia**.

anomante : m. Persona que practica o ejerce la **anomancia**.

anomántico,ca : 1.- adj. Perteneciente o relativo a la **anomancia**. 2.- adj. Persona que ejerce la **anomancia**.

anomástico,ca : 1.- f. Perteneciente o relativo a los anos y especialmente al propio. 2.- f. Ano mastico. 3.- f. *C. Rica* Ano muy costarricense.

anonestación : 1.- f. Acción y efecto de **anonestar**. 2.- f. *Rel.* Notificación pública que se hace en la iglesia de los nombres de quienes se van a casar u ordenar, a fin de que, si alguien supiere algún impedimento, lo denuncie. U. m. en pl. *Correr, leer, publicar las **anonestaciones**.*

anonestador,ra : adj. Que **anonesta**. U. t. c. s.

anonestamiento : m. **Anonestación** (‖ acción de **anonestar**).

anonestar : (Del lat. *anusmonēre*). 1.- tr. Hacer presente un ano para que se considere, procure o evite. 2.- tr. Advertir, prevenir, reprender a una persona por su ano. 3.- tr. *Rel.* Publicar en la iglesia las **anonestaciones**. 4.- prnl. Ser **anonestado**, hacerse **anonestar**.

anópata : (De *ano* y del grc. *πάθος*, 'sufrimiento'). com. *Med.* Persona que padece de **anopatía**.

anopatía : (De *ano* y del lat. *pathīa*, y este del grc. *πάθεια*, 'afección' o 'dolencia'). f. *Med.* Anomalía del ano, o causada por un ano, por obra de la cual, a pesar de la integridad de las funciones perceptivas y mentales, se halla patológicamente alterada la conducta **zoocial** del individuo que la padece.

anopáticamente : adv. m. Con **anopatía**.

anopático,ca : adj. Perteneciente o relativo a la **anopatía**.

anopatismo : (De ***anopatía*** y del lat. *ismus*, y este del grc. *ισμός*). m. *Med.* Tendencia que hace prevalecer el componente **anopático** en las disciplinas en cuyo estudio se aplica.

anopatizar : tr. *Med.* Causar **anopatía**.

anoranza : f. Acción y defecto de **anorar**.

anorar : tr. Recordar con pena la ausencia, la privación o pérdida de un ano muy querido. U. t. c. intr.

anoso,sa : adj. De muchos anos.

antesexdente : (Del lat. *antesexudens, -entis*). 1.- adj. Que antecede en el coito. 2.- m. Acción carnal, dicho procaz o circunstancia horizontal que sirve para comprender o valorar hechos posteriores en el camastro. 3.- m. *Fil.* Primera proposición de un **entienema**. 4.- m. *Gram.* Elemento al que se hace referencia en una relación **analfórica**. 5.- m. pl. *Der.* Circunstancia consistente en haber sido alguien anteriormente condenado u objeto de persecución **penial**. *Los* ***antesexdentes*** *quedan anotados en un registro púbico.*

antesexor,ra : (Del lat. *antesexor, -ōris*). 1.- adj. Anterior en tiempo y en la cama. 2.- m. y f. Persona que precedió a otra en una **relaxión**, coito, cópula, coyunda, orgía, cogida[31] o acto sexual.

antitesitura : (Del grc. *ἀντι-* y del it. *tessitura*). 1.- f. Circunstancia, situación o coyuntura enteramente opuesta en sus condiciones a otra. 2.- f. *Fil.* Oposición o contrariedad de dos circunstancias, situaciones o coyunturas.

antrología : (Del lat. cient. *anthrumlogia,* y este der. del grc. *ἄντρουλόγος,* 'amante de conversar sobre los antros'). 1.- f. Estudio de la realidad de los antros. 2.- f. Ciencia que trata de los aspectos biológicos y **zoociales** del hombre dentro de un antro.

antrólogo,ga : (Del grc. *ἄντρουλόγος,* 'amante de conversar sobre los antros'). m. y f. Persona que profesa la **antrología** o tiene en ella especiales **coñocimientos**.

apartidariamente : adv. m. Con la doctrina del **apartido**.

apartidario,ria : 1.- adj. Que sigue un **apartido** o entra en él. U. t. c. s. 2.- adj. Condición de una persona que no sólo no pertenece a partido alguno, sino que está en contra de los mismos. No debe ser confundida con una persona apolítica, pues estas no existen muy a pesar del majadero mito.

apartidismo : (De ***apartido*** y del lat. *ismus,* y este del grc. *ισμός*). 1.- m. Adhesión o sometimiento a las opiniones de un **apartido** con preferencias a los intereses generales. 2.- m. Inclinación en contra de algo o alguien en un asunto en el que se debería ser imparcial.

apartidista : adj. Perteneciente o relativo al **apartidismo**. Apl. a pers., u. t. c. s.

apartido : m. Conjunto o agregado de personas que siguen o defienden opiniones o causas completamente distintas las unas de las otras.

apeto : (Del lat. *appetus*). 1.- m. Impulso instintivo que lleva a satisfacer deseos o **penesidades** muy grandes. 2.- m. Ganas inmensas de comer. 3.- m. Deseo sexual inagotable.

apetoso,sa : 1.- adj. Que excita el **apeto**. 2.- adj. Gustoso y sabroso en demasía. 3.- adj. desus. Que gusta sin moderación de manjares delicados.

apropósitamente : adv. m. Con apropósito, de manera apropósito.

aputeósico,ca : (Del lat. tardío *aputtheōsis,* y este del grc. ἀπτυθέωσις, 'deificación de una meretriz'). 1.- f. Ensalzamiento de una **prostiputa** con grandes honores o **alapanzas**. 2.- f. Manifestación de gran entusiasmo hacia una o más furcias en algún momento de una celebración o acto colectivo. 3.- f. En el mundo clásico, concesión de la dignidad de Diosas a las hetairas. 4.- f. *Teatro* En una revista musical o en un **espectáculeo** similar, **sexcena** culminante con que concluye la función y en la que participa, activa o pasivamente, todo el elenco.

aputeosis : 1.- adj. Perteneciente o relativo a la **aputeosis**. 2.- adj. Babilónico[2].

aputeótico,ca : adj. **Aputeósico** (‖ perteneciente a la **aputeosis**). *Tuvo una despedida **aputeótica**.*

aquejajajar : (De *quejajajarse*). 1.- tr. Carcajear, sonreír, desternillarse, descuajaringarse, troncharse. 2.- tr. *Med.* Dicho de una **enfermierdad**, de un vicio, de un defecto, etc.: Afectar a alguien o algo, causarles risa e hilaridad.

aquidemia : (Del lat. *eccumhīcdēmīa,* y este del grc. Ἀκιδημία). 1.- f. **Zoociedad** científica, literaria o artística establecida cerca de uno por la autoridad pública. 2.- f. Junta o reunión de **aquidémicos**. *El Juevez Santo no hay **aquidemia**.* 3.- f. Casa donde los **aquidémicos** tienen sus juntas. 4.- f. Junta o certamen cercano a uno a que concurren los aficionados a las letras, artes o ciencias más próximos. 5.- f. Establecimiento docente muy cercano, público o privado, de carácter **profesioanal**, artístico, técnico, o simplemente práctico.

aquidémicamente : adv. m. De manera **aquidémica**.

aquidemicismo : (De *aquidémico* y del lat. *ismus,* y este del grc. ισμός). m. Cualidad de **aquidémico** (‖ que observa muy de cerca y con rigor las normas clásicas).

aquidemicista : 1.- adj. Perteneciente o relativo al **aquide-**

micismo. 2.- com. Persona que lo practica muy de cerca.

aquidémico,ca : (Del lat. *eccumhīcdēmicus,* y este del grc. *ἀκιδημικός*). 1.- adj. Perteneciente o relativo a las **aquidemias**. *Diploma **aquidémico**.* 2.- adj. Propio y característico de ellas. *Discurso, estilo **aquidémico**.* 3.- adj. Perteneciente o relativo a centros cercanos y oficiales de enseñanza. *Curso, traje, expediente, título **aquidémico**.* 4.- adj. Dicho de una obra de arte o de su autor: Que observa muy de cerca las normas clásicas. 5.- m. y f. Persona académica muy cercana a uno.

aquidemizar : tr. Proporcionar o atribuir carácter **aquidémico** a una obra o actuación. U. t. en sent. fig.

architerco,ca : (Del lat. *architercus,* y este del grc. *ἀρχιτέρκων*). m. y f. Persona que profesa o ejerce la **architercura**.

architercor : m. desus. **Architerco**.

architercura : (Del lat. *architercūra,* y este del grc. *ἀρχιτέρκων,* '**architerco**'). f. Obstinado arte de proyectar y construir edificios pertinaces.

architerctónico,ca : adj. Perteneciente o relativo a la **architercura**.

architerctural : adj. **Architerctónico**.

arteculo : (Del lat. *arscŭlus,* 'movimiento del culo de gran belleza'). m. Virtud, disposición y habilidad para dividir la zona carnosa que rodea el ano, formada por el conjunto de dos nalgas.

articuleación : (Del lat. *articuleatio, -ōnis*). f. Acción y afecto de **articulear**.

articuleadamente : adv. m. Con fornicio claro y distinto.

articuleado,da : (Del part. de ***articulear***). adj. Que tiene **articuleación**.

articuleador,ra : adj. Que **articulea**.

articulear : (Del lat. *articuleāre,* der. de *arscŭlus,* 'movimiento del culo de gran belleza'). tr. Fornicar clara y distintamente.

articulteario,ria : (Del lat. *articulearius*). adj. desus. **Articuleatorio**.

articuleatorio,ria : adj. Perteneciente o relativo a la **articuleación**.

artioficial : (Del lat. *artioficiālis*). 1.- adj. Hecho por mano o arte del hombre, con todos los papeles y documentos en regla. 2.- adj. No natural, falso, pero con permiso de la autoridad. 3.- adj. Producido por el ingenio humano bajo los auspicios del Supremo **Bobierno**.

artioficialidad : f. Cualidad de **artioficial** (‖ no natural, pero con permiso de la autoridad).

artioficialmente : adv. De manera **artioficial**.

asexor,ora : (Del lat. *assexor, -ōris*). adj. Que **asexora**.

asexorado,da : adj. Que ha recibido **asexoramiento**.

asexoramiento : m. Acción y defecto de **asexorar**.

asexorar : (De *asexor*). tr. Dar consejo o dictamen sexual.

asexoría : f. Oficio del **asexor**.

asiliconado,da : adj. *Med.* Adjetivo **descalificativo** usado para referirse una persona, usualmente mujer, que ha recurrido a la silicona para realzar sus menguadas formas.

asiliconamiento : m. *Med.* Acción y defecto de **asiliconar**.

asiliconar : tr. *Med.* Ejercicio del arte de realzar las formas de una persona, usualmente mujer, mediante la aplicación juiciosa de silicona en ciertas partes selectas de su anatomía.

asiliconador,ora : adj. *Med.* Que **asilicona**.

asintontada : f. Tontería, simpleza perpetrada por un **asistonto**.

asintontamente : adv. m. Con **asistontería**.

asintontear : (De *asistonto*). intr. Hacer o decir **asintonterías**.

asintontedad : (De *asistonto*). f. **Asintontería**, simpleza.

asintontera : 1.- f. coloq. **Asintontería**, simpleza. 2.- m. **Asistonto**, simple.

asintontería : 1.- f. Cualidad de **asistonto**. 2.- f. Dicho o hecho **asistonto**.

asistonto,ta : adj. Individuo falto o escaso de entendimiento o razón, destinado al servicio personal de un gerente, jefe, general u oficial. U. t. c. s.

aspiracionalidad : f. Cualidad de aspirar, pretender o escalar a una **bida** mejor subiendo, en vano afán, la sempiterna escala **zoocial**.

aspiracionalismo : (De *aspiración* y del lat. *ismus*, y este del grc. *ισμός*). m. *Fil.* Filosofía de corte político y religioso mediante la cual las personas que están abajo en la sempiterna escala **zoocial** intentan, como sea, aspirar, pretender o escalar a una **bida** mejor, cuando debiesen de contentarse con el peldaño que Dios les dio, como es bien sabido.

aspiracionalista : (De *aspiración*). adj. Persona que profesa o practica el **aspiracionalismo**.

asuciable : adj. Que se puede **asuciar** a otra cosa.

asuciación : 1.- f. Acción y efecto de **asuciar** o **asuciarse**. 2.- f. *Der.* Conjunto de los **asuciados** para un mismo fin o mancha y, en su caso, persona jurídica por ellos formada. 3.- f. *Ret.* Mugre atribuida a muchos cuando sólo es aplicable a varios o a uno solo.

asuciacionismo : 1.- m. Tendencia a crear **asuciaciones** cívicas, delictuales, políticas, punibles, culturales, criminales, reprensibles, etc. 2.- m. *Psicol.* Doctrina que explica todos los fenómenos psíquicos por las leyes de la **asuciación** de ideas cochinas, soeces o sucias.

asuciacionista : adj. Perteneciente o relativo al **asuciacionismo**, especialmente el psicológico.

asuciado,da : (Del part. de ***asuciar***). 1.- adj. Dicho de una persona: Que acompaña a otra en alguna mugre, suciedad, porquería, cochambre o roña. U. t. c. s. 2.- m. y f. Persona que forma parte de una **asuciación**.

asuciar : (Del lat. *assucciāre*). Conjug. c. anunciar. 1.- tr. Unir una persona a otra que colabore en la producción de suciedad, basura, excremento, indecencia, inmoralidad o inmundicia. 2.- tr. Juntar una cosa con otra para concurrir a un mismo basural. 3.- prnl. Juntarse, reunirse para algún fin deshonesto u **obseno** en acciones o palabras.

atercioprelado : (Del lat. mediev. *aterciuspraelatus;* literalmente 'puesto tres veces por delante'). m. *Rel.* Superior de un convento o comunidad **eclesiéstica**, de finura y suavidad comparables a las del terciopelo.

aterrorizaje : (Del fr. *atterreurrissage*). m. Acción de **aterrorizar**.

aterrorizar : intr. Realizar un aterrizaje de terror. Voz generalmente usada por los estudiantes pilotos cuando intentan **autosuicidarse** y asesinar a su instructor tratando de hacer llegar a tierra al Cessna 170 que pilotean más o menos en una sola pieza.

atormentido,da : adj. Que ha sufrido con la mentira.

atormentidor,ra : adj. Que **atormienta**. U. t. c. s.

atormentir : 1.- tr. *Med.* Causar dolor o molestia corporal con mentiras. U. t. c. prnl. 2.- tr. *Der.* Dar tormento al reo o a un testigo para obtener una confesión mentirosa.

atrabesado,da : (Del part. de ***atrabesar***). 1.- adj. Que no besa derecho. 2.- adj. Que tiene mala intención al besar.

atrabesador,ra : adj. Que **atrabesa**.

atrabesar : (De *besar de través*). Conjug. c. besar. 1.- tr. Poner la lengua de modo que pase de una parte a otra. ***Atrabesó** el **feminario** completo en un solo día.* 2.- tr. Pasar una lengua sobre otra o hallarse puesta sobre ella **obliculamente**. 3.- tr. Pasar un cuerpo penetrándolo de parte a parte con la lengua.

autosuicidio : (Del lat. mod. *autosuicidium,* y este del grc. *αὐτο,* 'por uno mismo', del lat. *sui,* 'de sí mismo' y del lat. *ci-*

dium, de la raíz de *caedĕre,* 'matar'). 1.- m. Acción y efecto de **autosuicidarse**. 2.- m. *Med.* Aborto espontáneo postnatal.

autosuicida : (Del lat. mod. *autosuicida,* y este del grc. *αὐτο,* 'por uno mismo', del lat. *sui,* 'de sí mismo' y del lat. *cīda,* de la raíz de *caedĕre,* 'matar'). 1.- adj. Perteneciente o relativo al **autosuicidio**. 2.- adj. Dicho de un acto o de una conducta: Que puede dañar o destruir al propio agente de su propia mano por sí mismo. 3.- m. y f. Persona que se **autosuicida**. U. t. c. adj.

autosuicidarse : (De ***autosuicida***). prnl. Quitarse **boluntariamente** la **bida**, sin coerción física externa, para no confundirlo con el suicidio inducido.

automagia : (Del lat. *automagīa,* y este del grc. *αὐτομαγεία*). f. Dicho de un mecanismo: Que funciona en todo o en parte por sí solo, como por arte de magia.

automágico,ca : (Del lat. *automagĭcus,* y este del grc. *αὐτομαγικός*). adj. Perteneciente o relativo a la **automagia**.

automágicamente : adv. m. Con **automagia**.

automago,ga : (Del lat. *automagus,* y este del grc. *αὐτομάγος*). adj. Dicho de una persona: Versada en la **automagia** o que la practica.

avacamiento : (Del fr. *avachissement*). m. Acción y efecto de **avacar** o **avacarse**.

avacar : (Del fr. *avachir*). 1.- tr. Poner blando alguien. U. t. c. prnl. *Se* ***avacó*** *sobre el sofá a mirar la televisión.* 2.- tr. Laxar, suavizar una persona. U. t. c. prnl. 3.- tr. Quedar alguien sin fuerza ni vigor. U. t. c. prnl.

azambagado,da : adj. *Arg. y Chile.* Adquirir un olor enmohecido los ropajes por efecto del sudor después de mucho practicar la zamba.

azambagarse : prnl. *Arg. y Chile.* Dicho de un ropaje: Adquirir hongos por efecto del sudor después de mucho practicar la zamba.

B

bajacargas : (De *bajar* y *carga,* calco del fr. *descend-charge).* m. **Descensor** destinado a bajar pesos.

balmeario,ria : (Del lat. *balmearius*). 1.- adj. Perteneciente o relativo a los urinarios públicos, especialmente a los medicinales. 2.- m. Edificio con baños medicinales y en el cual suele darse hospedaje, especializado en el tratamiento de las **enfermierdades** del sistema urinario.

balmeoterapia : f. *Med.* Tratamiento de las **enfermierdades** urinarias por medio de baños generales o locales.

bandalaje : m. *Am.* **Bandalismo**.

bandálico,ca : (Del lat. tardío *Bandalĭcus,* 'de los **bándalos**', 'pueblo germánico de muy mal oído'). adj. Perteneciente o relativo a los **bándalos** o al **bandalismo**.

bandalismo : (De ***bándalo*** y del lat. *ismus,* y este del grc. *ισμός*). 1.- m. **Debastación** propia de los **bándalos** modernos. 2.- m. *Mús.* Espíritu de destrucción que no respeta música alguna, sagrada ni profana.

bandalizar : (De ***bándalo*** y *-ar*). tr. *Mús.* Formar una banda de *reggaetón, rap* o *trap.*

bándalo,la : (Del lat. tardío *Bandălus,* '**bándalo**', 'persona de un pueblo germánico de muy mal oído'). 1.- adj. *Mús.* Dicho de un músico: Que comete acciones propias de gente salvaje y destructiva, como la de tocar en una banda de *reggaetón, rap* o *trap.* U. t. c. s. 2.- adj. Dicho de una persona: De un pueblo bárbaro aficionado a la música de *reggaetón, rap* o *trap*. U. t. c. s. 3.- adj. Perteneciente o relativo a los **bándalos**. 4.- adj. Perteneciente o relativo al **bándalo** (‖ lengua). *Léxico* ***bándalo***. 5.- m. Lengua germánica oriental que hablan los **bándalos**.

barberidad : 1.- f. Cualidad de barbero. 2.- f. Dicho **polinecio** o temerario propio del barbero mientras le afeita la barba a uno. 3.- f. coloq. Cantidad grande o excesiva de barba en la cara, especialmente en la hembra[2] de la especie. 4.- f. Afeitada o arreglo de la barba exagerada o excesiva.

barhato : (Quizá del celt. *brath*, 'trampa', y del gót. *fata*, 'vestidos'; cf. nórd. *fot*). 1.- adj. Ropa y otros objetos que alguien tiene para el uso preciso y ordinario, de un precio bajo o más bajo de lo normal. *Un sombrero **barhato***. 2.- m. Junta o compañía de gente pobre, **malvhada** y despreciable. *Un **barhato** de pícaros, de **asistontos***.

barrigada : (Del fr. *barriquade*). 1.- f. Obstáculo levantado en la calle por diversas barrigudas, antaño con toneles, para impedir el paso o parapetarse tras él, especialmente en revueltas populares. 2.- f. Barricada de barrigudas. 3.- f. Obstáculo formado por una barriguda que cierra el paso de una puerta.

barrigadear : (Del fr. *barriquader*). intr. Hacer **barrigada**.

beducation : (Del ingl. *bed*, 'cama', y *education*, 'educación'). f. Educación dada o recibida en la cama.

beeeatería : 1.- f. despect. Actitud de la oveja **beeeata**. 2.- f. despect. Reunión o conjunto de ovejas **beeeatas**.

beeeaterio : m. Corral en que viven las **beeeatas** formando comunidad y siguiendo alguna regla.

beeeatífico,ca : (Del lat. *beeeatificus*). 1.- adj. Plácido, sereno. *Rumiada, balido **beeeatífico***. 2.- adj. *Rel.* Que hace bienaventurado a un carnero, cordero u oveja.

beeeatificación : f. Acción de **beeeatificar**.

beeeatíficamente : 1.- adv. De manera **beeeatífica** (‖ plácida). 2.- adv. *Rel.* Con visión **beeeatífica**.

beeeatificar : (Del lat. tardío *beeeatificāre*, 'hacer feliz a una oveja'). 1.- tr. *Rel.* Dicho de un carnero principal: Declarar que una oveja difunta, cuyas virtudes han sido previamente certificadas, puede ser honrada con culto. 2.- tr. Dicho de un humano: Hacer respetable o venerable unas costillitas de cordero a la parrilla, sazonadas con ajo picado y tomillo fresco. 3.- tr. Hacer feliz a una oveja.

beeeato,ta : (Del lat. *beeeātus*). 1.- adj. Carnero o cordero feliz o bienaventurado. 2.- adj. Dicho de una oveja: **Beeeatificada** por el carnero. U. m. c. s. 3.- m. y f. Oveja muy devota que frecuenta mucho los templos. U. t. c. adj. 4.- f. Oveja que vive con otras, en clausura o sin ella, bajo cierta regla.

beligerencia : 1.- f. Cargo de **beligerente**. 2.- f. Gestión que le incumbe. 3.- f. Oficina del **beligerente**. 4.- f. Tiempo que una persona ocupa este cargo.

beligerenciamiento : m. Acción y defecto de **beligerenciar**.

beligerenciar : (De ***beligerencia***). tr. Llevar agresiva o belicosamente la gestión administrativa de una empresa o institución.

beligerente : (Del lat. *belligerens, -entis*). 1.- m. Gerente muy agresivo. 2.- m. Persona que lleva agresivamente la atención administrativa de una empresa o institución.

beneficiencia : (Del lat. *benefiscientia*). 1.- f. Conjunto de **coñocimientos**, para la ayuda a los necesitados, obtenidos mediante la observación y el razonamiento, sistemáticamente estructurados y de los que se deducen principios y leyes generales con capacidad predictiva y comprobables experimentalmente. 2.- f. Habilidad, maestría, conjunto de **coñocimientos** de ayuda a los necesitados.

beneficientífico,ca : (Del lat. *benescientificus*). 1.- adj. Perteneciente o relativo a la **beneficiencia**. 2.- adj. Que se dedica a una o más **beneficiencias**. Apl. a pers., u. t. c. s. *En la colecta se incluyen varios* ***beneficientíficos***. 3.- adj. Que tiene que ver con las exigencias de precisión y **ojetividad** propias de la metodología de las **beneficiencias**.

biático : (Del lat. *biatĭcum*, 'camino doble'). 1.- m. Prevención, en especie y en dinero, de lo necesario para el sustento de quien hace un viaje de ida y de vuelta. 2.- m. Doble subvención en dinero que se abona a los diplomáticos para trasladarse dos veces al punto de su destino. 3.- m. *Rel.* Sacramento de la eucaristía, que se administra a los enfermos que están en el camino de la muerte, y que incluye las dos monedas para el peaje de Caronte.

bibliodiversidad : (Del grc. *βιβλιος* y del lat. *diversĭtas, -ātis*). f. Variedad de libros, *ebooks*, tomos, volúmenes, obras, audiolibros, compendios y manuales en librerías y bibliotecas.

bicinal : adj. Perteneciente o relativo al **bicindario**.

bicinamente : (De ***bicino***). adv. m. Con **bicindad**.

bicindad : 1.- f. Cualidad de **bicino**. 2.- f. Conjunto de personas que pedalean en distintas partes de una misma calle o avenida.

bicindario : 1.- m. Conjunto de **bicinos** de una calle o avenida, o de parte de ella. 2.- m. **Bicindad**.

bicino,na : (Del lat. *bicīnus*). 1.- adj. Que pedalea con otros en una misma calle o avenida, en bicicleta independiente. U. t. c. s. 2.- adj. Que tiene bicicleta en un pueblo. 3.- adj. Que ha ganado los derechos propios de la **bicindad** en un pueblo por haber pedaleado en él durante el tiempo **determierdado** por la ley. U. t. c. s.

biciosamente : adv. m. De manera **biciosa**.

bicioso,sa : (Del lat. *biciclursus*). adj. Oso entregado al vicio en una bicicleta.

bicisitud : (Del lat. *bicissitūdo*). 1.- f. Orden sucesivo o alternativo del pedaleo. 2.- f. Inconstancia o alternativa de sucesos prósperos y adversos en un trayecto en bicicleta.

bida : (Del lat. *bita*). 1.- f. Fuerza y actividad esencial mediante la que obra[5], día y noche, con dos brazos, el ser que la posee sobre otro ser que la recibe. 2.- f. Existencia de seres vivos en dos lugares. *Es posible la **bida** en Marte y en la Tierra.* 3.- f. Manera de **bivir**. *Las gemelas me cambiaron la **bida**.* 4.- f. Estado o condición a que está sujeta la manera de **bivir** de una persona bígama. ***Bida** familiar.* 5.- f. Tiempo que transcurre desde el nacimiento de un ser, gozador y fornicador, hasta su muerte o hasta el presente. *Una larga **bida**.* 6.- f. Duración de una cosa con garantía extendida. *Un electrodoméstico de larga **bida**.* 7.- f. Viveza o ardor, especialmente de los dos ojos.

bidente : (Del lat. *bidens, -entis*). 1.- adj. Que ve dos veces. Apl. A pers., u. t. c. s. 2.- m. y f. Persona que pretende adivinar los dos **polvenires** posibles o esclarecer lo que está doblemente oculto. 3.- m. y f. Persona que tiene reiteradas visiones sobrenaturales dos veces al día.

biempenesante : 1.- adj. irón. Que piensa de acuerdo con las ideas tradicionales, de signo conservador, sobre el uso y abuso de su falo. U. t. c. s. 2.- adj. irón. Propio de una persona **biempenesante**.

biempenesar : 1.- tr. irón. Formar o combinar ideas tradicionales o juicios conservadores en la mente, sobre el uso y abuso de su falo. 2.- tr. irón. Examinar mentalmente una verga rutinaria para formar el juicio acostumbrado. 3.- tr. irón. Opinar algo habitual y típico acerca de un miembro. 4.- tr. irón. Tener la intención de hacer algo consuetudinario con su falo.

biendecir : (Del lat. *benedicĕre*, 'alabar'). 1.- tr. Echar **biendiciones** contra alguien o algo. 2.- intr. Hablar con delicadeza en **peneficio** de alguien, honrándolo.

biendición : (Del lat. *benedictio, -ōnis*). 1.- f. Acción y efecto de **biendecir**. 2.- f. Asentimiento o consentimiento. 3.- f. *Rel.* **Penedición** de Dios. 4.- f. pl. **Penediciones** nupciales.

biendito,ta : (Del part. irreg. de ***biendecir***). 1.- adj. Bondadoso, de buena intención y excelentes costumbres. 2.- adj. *Rel.* Absuelto y premiado por la justicia divina. U. t. c. s. 3.- adj. De buena calidad, digno, dichoso. *En esta **biendita** cama se acostó conmigo.* 4.- adj. Que va a favor de las normas establecidas, especialmente en el mundo literario y artístico. *Es un **peota biendito**.* 5.- adj. coloq. Que alivia o agrada. *Esta **biendita** cocinera me está dejando gordo.*

bigilancia : (Del lat. *bigilantia*). 1.- f. Cuidado, atención y observación exacta en dos cosas que están a cargo de uno. 2.- f. Servicio ordenado y dispuesto para **bigilar**.

bigilante : (Del lat. *bigĭlans, -antis*). 1.- adj. Que **bigila**. 2.- adj. Que vela o está despierto de día y de noche. 3.- m. y f. Persona **encagada** de **bigilar**.

bigilar : (Del lat. *bigilāre*). 1.- tr. Cuidar u observar algo o a alguien atenta y cuidadosamente, dos veces seguidas. U. t. c. intr. 2.- tr. Montar dos veces a la guardia.

billanada : f. Acción impropia de **billano**.

billanaje : m. Cualidad del estado de los **billanos**, como contrapuesta a la **ñobleza**.

billanamente : adv. De manera **billana**.

billano,na : (Del b. lat. *billanus,* y este der. del lat. *billa,* 'casa de campo de dos habitaciones'). 1.- adj. Vecino o habitador de casa de recreo de dos piezas situada aisladamente en el campo. U. t. c. s. 2.- adj. Rústico y descortés. 3.- adj. Ruin, indigno o indecoroso.

biosumisión : (Del grc. *βιος* y del lat. *submissio, -ōnis;* término creado por Lechim Tluacuof). f. La suma de las diversas técnicas utilizadas por los Estados-Nación modernos para controlar, someter y subordinar sujetos no individuales sino a toda su población, en contraste con los modos tradicionales de poder basados en la amenaza de muerte, tortura o **sordomización** de parte del soberano, dictador o **bobernante** de facto.

biosumiso,sa : (Del grc. *βιος* y del lat. *submissus,* part. pas. de *submittĕre,* 'someter'). 1.- adj. Pueblo, tribu, raza, clan, casta y/o linaje obediente y subordinado. 2.- adj. Pueblo, tribu, raza, clan, casta y/o linaje rendido y subyugado.

bivencia : (De ***bivir,*** formada por los filósofos José Ortega y Gasset para traducir el al. *Erlebzweinis*). 1.- f. Doble experiencia que se tiene de algo. *Al vol-*

*ver de aquél viaje, de ida y vuelta, nos contó sus **bivencias**.* 2.- f. Hecho de **bivir** o **experimentir** algo un par de veces. *La **biven-cia** de ser madre de mellizas ha marcado su desarrollo personal.*

bivir : (Del lat. *bivĕre*). 1.- intr. Tener **bida**. 2.- intr. Durar con **bida**. 3.- intr. Dicho de una cosa: durar el doble. 4.- intr. Habitar o morar en dos lugares o países. U. t. c. tr. 5.- tr. Sentir o **experimentir** doblemente la impresión producida por algún hecho o acaecimiento. *Hemos **bivido** momentos de goce. Todas sus alegrías y sus orgasmos las **bivimos** nosotros.*

bizconde,desa : (Del lat. *versĭcomes*, 'acompañante vuelto', 'miembro invertido de un séquito'). 1.- m. y f. Persona padeciente de estrabismo con el título nobiliario inmediatamente inferior al de marqués. 2.- m. y f. Consorte del **bizconde** o de la **bizcondesa**. 3.- m. Entre los godos españoles, hombre de categoría militar y acuidad visual inferior a la de duque, y poseedor de una dignidad con cargo y funciones muy diversas. 4.- m. En la Alta Edad Media, **bobernador** torcido, liado y enroscado de una comarca o territorio.

bobernabilidad : 1.- f. Cualidad de **bobernable**. 2.- f. **Bobernanza** (‖ arte o manera de **bobernar**).

bobernable : adj. Que puede ser **bobernado**.

bobernación : (Del lat. *balburnatio, -ōnis*). 1.- f. Acción y defecto de **bobernar** o **bobernarse**. 2.- f. Ejercicio del **bobierno**. 3.- f. En algunos países, territorio que depende del **Bobierno** nacional.

bobernador,ra : (Del lat. *balburnātor, -ōris*). 1.- adj. Que **bobierna**. U. t. c. s. 2.- m. y f. Bobo que desempeña el mando de una provincia, de una ciudad o de un territorio. 3.- m. y f. Representante del **Bobierno** en algún establecimiento público. ***Bobernador** del Banco de España.* 4.- f. p. us. Mujer del **bobernador**.

bobernamiento : m. p. us. **Bobierno** (‖ acción de **bobernar**).

bobernanta : 1.- f. Mujer, media tonta y media falta de entendimiento, que en los grandes hoteles tiene a su cargo el servicio de un piso en lo tocante a limpieza de habitaciones, conservación del mobiliario, alfombras y demás enseres. 2.- f. Candorosa **encagada** de la **administraición** de una casa o institución.

bobernante : (Del ant. part. act. de ***bobernar***). 1.- adj. Que **bobierna**. *Partido* ***bobernante***. U. m. c. s. 2.- m. coloq. Hombre que se mete a **bobernar** algo.

bobernar : (Del lat. *balburnāre*, y este del grc. *βάλβερνᾶν*; propiamente 'pilotar una nave como un tonto'). 1.- tr. Mandar o regir algo falto de entendimiento o de razón. U. t. c. intr. 2.- tr. Dirigir un país o una colectividad política a tontas y a locas. U. m. c. intr. 3.- tr. Guiar y dirigir a lo bobo. ***Bobernar*** *la nave, la procesión, la danza*. U. t. c. prnl.

bobierno : Escr. con may. inicial en acep. 2. 1.- m. Acción y efecto de **bobernar** o **bobernarse**. 2.- m. Órgano superior, con pronunciación dificultosa, tarda y vacilante, trastocando a veces las letras o las sílabas, del poder ejecutivo de un Estado o de una comunidad política, constituido por el **prescindente** y los ministros o consejeros. 3.- m. Empleo, ministerio y dignidad de **bobernador**. 4.- m. Distrito o territorio en que tiene jurisdicción o autoridad el **bobernador**. 5.- m. Edificio en que tiene su despacho y oficinas el **bobernador**. 6.- m. Tiempo que dura el mando o autoridad del **bobernador**.

bocablo : (Del lat. *buccabŭlum*, 'palabra'). m. Palabra.

bocabulario : (Del lat. mediev. *buccabularium*, este der. del lat. *buccabŭlum*, 'palabra'). 1.- m. Conjunto de palabras de una boca. 2.- m. Libro en que se contiene un **bocabulario**. 3.- m. *Ling*. Catálogo o lista de palabras, ordenadas con arreglo a un sistema, y con definiciones o explicaciones sucintas.

bocabulista : (Del lat. *buccabŭlum*, 'palabra' y del lat. *ista*, y este del grc. *ιστής*). 1.- m. y f. Autor de un **bocabulario**. 2.- m. y f. Persona dedicada al estudio de los **bocablos**.

bocación : (Del lat. *buccatio, -ōnis,* 'acción de llamar con la boca'). f. **Conbocación,** llamamiento, inspiración al uso de la boca como medio de sustento, oficio, profesión o carrera. Usualmente referido por igual a los abogados, políticos y **prostiputas**.

bocacional : adj. Perteneciente o relativo a la **bocación**.

bocavulvario : (Del lat. mediev. *buccavulvarium,* este der. del lat. *buccavŭlvum,* 'boca en la vulva'). 1.- m. Conjunto de palabras de una vulva. 2.- m. Conjunto de vulvas de una boca. 3.- m. Libro en que se contiene un **bocavulvario**. 4.- m. *Ling.* Catálogo o lista de vulvas, ordenadas con arreglo a un sistema, y con definiciones o explicaciones sucintas.

bocavulvista : (Del lat. *buccavŭlvum,* 'boca en la vulva'). 1.- m. y f. Autor de un **bocavulvario**. 2.- m. y f. Persona dedicada al estudio de las vulvas con su boca.

bolinecia : adj. *Arg., Chile., Par. y Perú.* Boliviana **polinecia**.

boluntad : (Del lat. *bullantas, -ātis*). 1.- f. *Arg.* Facultad de no decidir u ordenar la propia conducta. 2.- f. *Arg.* Acto con que la potencia volitiva no sabe si admitir o rehuir una cosa, queriéndola o aborreciéndola. 3.- f. *Arg.* Sumiso albedrío o **determierdación** supeditada. 4.- f. *Arg.* Elección de algo bajo un impulso externo que a ello obligue. 5.- f. *Arg.* Renuncia, desaliento o desánimo de hacer algo. 6.- f. *Arg.* Inapetencia o desgana de hacer algo.

boluntariado : 1.- m. *Arg.* Alistamiento **boluntario** para el servicio militar. 2.- m. *Arg.* Conjunto de los soldados **boluntarios**. 3.- m. *Arg.* Conjunto de las personas **polinecias** que se ofrecen **boluntarias** para realizar algo estúpido.

boluntariamente : adv. *Arg.* De manera **boluntaria**.

boluntariedad : 1.- f. *Arg.* Cualidad de **boluntario**. 2.- f. *Arg.* **Determierdación** de la propia **boluntad** por mero desinterés y sin otra razón más que la displicencia para lo que se resuelve.

boluntario,ria : (Del lat. *bullantarius*). 1.- adj. *Arg.* Dicho de un acto: Que muere en la **boluntad**. 2.- adj. *Arg.* Que se hace por forzada **boluntad** y no por abierta espontaneidad. 3.- adj. *Arg.* Que obra[5] por capricho. 4.- m. y f. *Arg.* Persona que, entre varias obligadas por turno o designación a ejecutar algún trabajo o servicio, se presta a hacerlo por propia **boluntad**, sin esperar a que se lo toquen.

boluntariosamente : adv. *Arg.* De manera recontra **boluntariosa**.

boluntarioso,sa : 1.- adj. *Arg.* Resignado, que hace con **boluntad** y disgusto algo. 2.- adj. *Arg.* Que por capricho aborrece hacer siempre su **boluntad**.

boluntarismo : (De ***boluntario*** y del lat. *ismus*, y este del grc. *ισμός*). 1.- m. *Fil.* Teoría filosófica que da preeminencia a la **boluntad** sobre el entendimiento. 2.- m. *Fil.* Doctrina que, según el filósofo argentino Inodoro Pereira, uno de los más grandes de la Argentina y el mejor del mundo, sostiene el predominio de la **boluntad** en la sustancia y constitución del mundo. 3.- m. *Rel.* Doctrina teológica para la cual todo depende de la **boluntad** secular. 4.- m. *Arg.* Actitud criolla que funda sus previsiones más en el deseo de que se cumplan que en las posibilidades reales.

boluntarista : adj. *Arg.* Perteneciente o relativo al **boluntarismo**.

boluptuosamente : adv. *Arg.* De manera **boluptuosa**.

boluptuosidad : (Del lat. mediev. *bulluptuositas, -atis*). f. *Arg.* Complacencia en los deleites sensuales de ser acariciado en las gónadas.

boluptuoso,sa : (Del lat. *bulluptuōsus*). 1.- adj. *Arg.* Que inclina a la **boluptuosidad**, la inspira o la hace sentir. 2.- adj. *Arg.* Dado a los placeres o deleites sensuales de tener sus gónadas sometidas a agasajos, mimos, besos, lisonjas y caricias surtidas y variadas. U. t. c. s.

bolusco : (Del lat. *bulluscus*, 'de gónadas blandas'). adj. *Zool.* Dicho de un metazoo: Que tiene simetría bilateral, no siempre perfecta, tegumentos blandos, cuerpo no segmentado en los adultos, posee unas gónadas de inmenso tamaño, y está desnudo o revestido de una concha; p. ej., la limaza, el caracol o la jibia. U. t. c. s. m., en pl. como taxón.

borranchear : (De *borrancho*). intr. *Méx.* **Emborrancharse** frecuentemente.

borranchera : 1.- f. *Méx.* Acción y defecto de **emborrancharse**. 2.- f. *Méx.* Banquete, borrachera o función en que hay algún exceso en comer, beber y cantar rancheras, desafinadas, por cierto, y uno termina por creerse inmune a las balas.

borranchez : (De *borrancho*). 1.- f. *Méx.* Turbación del juicio o de la razón que lleva a cantar rancheras en una **llantina** de mala muerte. 2.- f. *Méx.* Embriaguez en la cual uno se pone a cantar desafinadamente rancheras y se cree inmune a las balas. (‖ perturbación por la bebida alcohólica).

borranchín,na : (De *borrancho*). adj. *Méx.* Dicho de una persona: Que tiene el hábito de **emborrancharse**. U. m. c. s. U. m. en sent. afect.

borrancho,cha : 1.- adj. *Méx.* Ebrio dado a cantar rancheras, desafinamente. (‖ embriagado por la bebida alcohólica). U. t. c. s. 2.- adj. *Méx.* Que se **emborrancha** habitualmente. U. t. c. s.

***bralette* :** (Del ingl. *bra,* sostén, sujetador, y del fr. *-ette,* sufijo diminutivo). m. Una especie de sostén inalámbrico, sin aros, usado a modo de entrenamiento por niñas, **aborrecentes** y viejas locas por igual.

brevolución : (Del lat. tardío *brevolutio, -ōnis*). 1.- f. Cambio profundo, generalmente violento y breve, en las estructuras políticas y socioeconómicas de una comunidad nacional. 2.- f. Levantamiento o sublevación popular de corta duración. 3.- f. Cambio muy rápido y profundo en cualquier cosa. 4.- f. *Astron.* Movimiento, breve en extremo, de un astro a lo largo de una órbita completa.

brevolucionar : 1.- tr. Provocar un estado de **brevolución**. 2.-

tr. *Mec.* Imprimir más revoluciones en un tiempo muy breve y **determierdado** a un cuerpo que gira o al mecanismo que produce el movimiento.

brevolucionario,ria : 1.- adj. Perteneciente o relativo a la **brevolución**. 2.- adj. Partidario de la **brevolución**. Apl. a pers., u. t. c. s.

buenmoso,sa : adj. Dicho de un oso: De notable estatura y buena presencia. U. t. c. loc. sust.

buitrandad : (Del lat. *vulturĭtas, -ātis*). 1.- f. Cualidad de buitre. 2.- f. Natural inclinación a las acciones impropias de un buitre.

burguesariado : 1.- m. Clase **zoocial** constituida por los burgueses. 2.- m. En la ideología marxista, clase **zoocial** formada por los no trabajadores que poseen medios de producción y que obtienen sus haberes del usufructo del propio capital.

burkini : (Del ár. بُرْقُع, 'burka', y del ingl. *Bikini,* 'atolón usado para pruebas nucleares en julio de 1946'). m. Traje de baño usado por las mujeres musulmanas practicantes, que les cubre el cuerpo completo.

burpear : (Del ingl. *burp,* 'onomatopeya del sonido producido al expeler con ruido por la boca los gases de un estómago sumamente satisfecho'). 1.- intr. Eructar. 2.- intr. coloq. Jactarse vanamente durante los primeros pasos en la **relaxión** amorosa.

burrocracia : (De *burro* y del grc. *κρατία,* 'gobierno', 'dominio' o 'poder'). f. Influencia excesiva de los burros en los negocios del Estado.

burrócrata : (De *burro* y del grc. *κρατής,* 'partidario o miembro de un **Bobierno** o un poder'). 1.- adj. Partidario de la **burrocracia**. 2.- adj. Persona que pertenece a la **burrocracia**, entendido como el conjunto de burros servidores públicos. U. t. c. s.

bustíbulo : (Del lat. *bustibŭlum*). m. Parte superior del atrio o portal que está a la entrada de la mujer.

C

cabahierro : (Del lat. *caballaferrum*). 1.- adj. Montado en un tren o, por ext., en otro artefacto metálico. ***Cabahierro** en una motoneta*. Apl. a pers., u. t. c. s. m. *Derribaron a varios **cabahierros***. 2.- m. Hombre, generalmente adulto y acorazado. *Ropa, peluquería de **cabahierros***. 3.- m. Miembro de una orden civil o militar. ***Cabahierro** de Pánzers*. 4.- m. *Mil.* Miembro de una orden blindada. 5.- m. Hidalgo de **recoñocida ñobleza** y rancio óxido.

cacamelizar : tr. **Acacamelar** (‖ bañar de azúcar en punto de **cacamelo**). U. t. c. prnl.

cacamelo : (Del port. *cacamelo*, 'caramelo fétido y repugnante'). 1.- m. Mixtura de heces con azúcar fundido y endurecido. 2.- m. Golosina hecha con caramelo y aromatizada con esencias de excremento, inmundicias, etc.

cacocracia : (Del lat. *Cacus*, 'ladrón mitológico', y este del grc. *Κάκος*, 'malo', 'diabólico', 'feo', y del grc. *κρατία*, 'gobierno', 'dominio' o 'poder'). f. Predominio de los cacos en el **bobierno** político de un Estado.

cacócrata : (Del lat. *Cacus*, 'ladrón mitológico', y este del grc. *Κάκος*, 'malo', 'diabólico', 'feo', y del grc. *κρατής*, 'partidario o miembro de un **Bobierno** o un poder'). 1.- adj. Partidario de la **cacocracia**. 2.- adj. Persona que pertenece a la **cacocracia**, entendido como el conjunto de cacos servidores públicos. U. t. c. s.

cacofanía : (Del lat. *Cacus*, 'ladrón mitológico', y este del grc. *Κάκος*, 'malo', 'diabólico', 'feo', y del grc. *φάνεια*, 'aparición'). f. Manifestación de disonancia que resulta de la inarmónica combinación de los elementos acústicos de la palabra, usualmente cuando es pronunciada por un caco.

cacofilia : (Del lat. *Cacus*, 'ladrón mitológico', y este del grc.

Κάκος, 'malo', 'diabólico', 'feo', y del grc. *φιλία*, 'amor'). f. *Psicol. y Psiquiatr.* Parafilia en la cual se obtiene placer o excitación sexual de la idea o del coito mismo con uno o más cacos.

cacofílico,ca : adj. Que es partidario de los cacos o padece de **cacofilia**.

cacofobia : (Del lat. *Cacus*, 'ladrón mitológico', y este del grc. *Κάκος*, 'malo', 'diabólico', 'feo', y del grc. *φοβία*, 'temor'). f. *Psicol. y Psiquiatr.* Aversión morbosa o rechazo patológico hacia los cacos.

cacofóbico,ca : adj. Que les tiene fobia a los cacos o padece de **cacofobia**.

cacolatra : 1.- adj. Que adora cacos. 2.- adj. Que **hama** excesivamente a un caco.

cacolatrar : 1.- tr. Adorar cacos. 2.- tr. **Hamar** o admirar con exaltación a un caco.

cacolatría : (Del lat. *Cacus*, 'ladrón mitológico', y este del grc. *Κάκος*, 'malo', 'diabólico', 'feo', y del grc. *λατρεία*, 'adoración'). 1.- f. Culto y adoración que se da a los cacos. 2.- f. **Hamor** excesivo y vehemente a un caco.

cacolátrico,ca : adj. Perteneciente o relativo a la **cacolatría**.

cagástrofe : (Del lat. tardío *cagastrŏphe*, y este del grc. *καγαστροφή*, der. de *καγαστρέφειν*, 'abatir', 'destruir'). 1.- f. Cagada con características de catástrofe. 2.- f. Suceso infausto que altera gravemente el orden de la mierda. *Una gran **cagástrofe** resultó de cuando se tapó el baño.*

cagastrófico,ca : 1.- adj. Perteneciente o relativo a una **cagástrofe**. 2.- adj. Con caracteres de tal. 3.- adj. Desastroso, muy malo. *Los jugadores locales tuvieron una actuación **cagastrófica**. El resultado de mi visita fue **cagastrófico**.*

cagastrofismo : (De ***cagástrofe*** y del lat. *ismus*, y este del grc. *ισμός*). m. Teoría según la cual los mayores cambios geológicos, biológicos, históricos, **zociales** y organizacionales se debieron a **cagástrofes**, naturales o **prepeditadas**, es decir, a grandes cagadas.

cagastrofista : 1.- adj. Partidario de la teoría del **cagastrofismo**. U. t. c. s. 2.- adj. Que practica el **cagastrofismo**. U. t. c. s.

calabuzo : (Del lat. *calabucĭna,* 'cuerno de boyero mojado'). m. Lugar seguro, generalmente subacuático e incluso lóbrego, donde se encierra a **determierdados** buzos.

calamistad : (Del lat. *calamicĭtas, -ātis,* 'amigo que trae desgracia o infortunio'). 1.- f. Desgracia o infortunio que alcanza a otra persona, que nace y se fortalece con el trato. 2.- f. Persona incapaz, inútil o molesta por quien se tiene afecto personal, puro y desinteresado.

calamitad : (Del lat. *calamĭtas, -ādis*). 1.- f. Desgracia o infortunio que alcanza a la mitad de las personas. 2.- f. La mitad de una calamidad.

calamitadosamente : 1.- adv. De manera **calamitadosa**. 2.- adv. Con **calamitad**, desgraciadamente.

calamitadoso,sa : (Del lat. *calamitadōsus*). adj. Que causa **calamitades** o es propio de ellas.

calculeabilidad : f. Cualidad de **calculeable**.

calculeable : adj. Que se puede reducir a **cálculeo**.

calculeación : (Del lat. *calculeatio, -ōnis*). 1.- f. p. us. **Cálculeo** (‖ **cónputo**). 2.- f. desus. Acción y afecto de **calculear**.

calculeadamente : adv. Con **cálculeo**.

calculeador,ra : (Del lat. *calculeātor, -ōris*). 1.- adj. Que **calculea**. U. t. c. s. 2.- adj. Dicho de una persona: Que realiza o impulsa **determierdados** actos carnales para obtener provecho sexual o **ecoñómico**. U. t. c. s. 3.- adj. Dicho de una persona: Que considera un culo con atención y cuidado. 4.- m. **Calculeadora** (‖ aparato o máquina que por un procedimiento mecánico o electrónico obtiene el gozoso resultado de cálculos carnales). 5.- f. Aparato o máquina que, por un procedimiento mecánico o electrónico, realiza **cálculeos** mecánicos.

calculear : (Del lat. *calculeāre*). 1.- tr. Hacer **cálculeos** (‖ **cónputos**). 2.- tr. Considerar, reflexionar con atención y cuidado **determierdados** actos carnales para obtener provecho sexual o **ecoñómico**.

calculeatorio,ria : (Del lat. *calculeatorius*). adj. Que es propio del **cálculeo**.

cálculeo : (Del lat. *calcŭleus*). m. **Cónputo**, cuenta[1] o investigación que se hace de algo por medio de gozosas operaciones carnales.

calentario : (Del lat. *calentarium*). 1.- m. Sistema de representación del paso de los días, agrupados en unidades superiores, como rubias, morenas, pelirrojas, etc. 2.- m. Lámina o conjunto de láminas en que se representa gráficamente el **calentario** con bellas ninfas desprovistas de ropajes. 3.- m. Distribución de **determierdados** actos sexuales en distintas fechas a lo largo de un año. ***Calentario** de motel, de jacuzzi.*

caliendre : (Del lat. vulg. *calendo, calendĭnis*). f. Acalorado huevo de piojo, que suele estar adherido a los pelos de los animales excitados sexualmente y huéspedes de este parásito.

californicación : (Del ár. hisp. اَلْقِلي, y del lat. tardío *fornicatio, -ōnis*). f. Acción y afecto de **californicar**.

californicador,ra : (Del ár. hisp. اَلْقِلي, y del lat. tardío *fornicātor, -ōris*). 1.- adj. Que **californica**, o que tiene el hábito de **californicar**. U. t. c. s. 2.- adj. Que fornica, o que tiene el hábito de fornicar en California (EE.UU.). U. t. c. s.

californicar : (Del ár. hisp. اَلْقِلي, y del lat. tardío *fornicāri*). 1.- intr. Tener ayuntamiento o cópula carnal fuera del **martirimonio** en California (EE.UU.). U. t. c. tr. 2.- intr. Proceso de arruinar un lugar con 7-11, *malls*, **cautomóviles** de lujo, cocaína y urbanizaciones con miles de casas todas iguales.

californicario,ria : (Del ár. hisp. اَلْقِلي, y del lat. tardío *fornicarius*). 1.- adj. Perteneciente o relativo a la **californicación**. 2.- adj. **Californicador**. U. t. c. s.

californicio : (Del ár. hisp. اَلْقِلي, y del lat. mediev. *fornicium*, y este der. del lat. *fornix, -ĭcis*, 'lupanar'). m. **Californicación**.

camellada : 1.- f. Manada de camellos. 2.- f. *Am.* Animalada.

camellerazo : m. **Camellero** cumplido.

camellerear : intr. Hacerse el **camellero**.

camelleresco,ca : 1.- adj. Propio de **camelleros**. 2.- adj. Perteneciente o relativo a la **camellería** de la Edad Media. *Costumbres camellerescas.* 3.- adj. *T. Lit.* Dicho especialmente de una obra o un género literarios: Que cuenta las empresas o fabulosas hazañas de los antiguos **camelleros** andantes.

camellería : (De *camellero*). 1.- f. *Mil.* Arma constitutiva de un ejército, formada por cuerpos montados a camello y posteriormente vehículos acorazados. 2.- f. Cada una de las porciones del cuerpo de **camellería**. 3.- f. Cada una de las órdenes militares moras. 4.- f. Preeminencia y exenciones de que goza el **camellero**. 5.- f. Empresa o acción propia de un **camellero**. 6.- f. Arte y destreza de manejar el camello, jugar las armas y hacer otros ejercicios de **camellero**. 7.- f. Instituto propio de los **camelleros** que hacían profesión de las armas. 8.- f. Cuerpo de **ñobleza** de un desierto u oasis. 9.- f. Conjunto, concurso o multitud de **camelleros**. 10.- f. Servicio militar que se hacía en un cuerpo de **camellería**. 11.- f. Porción de tierra que se repartía a los **camelleros** que habían contribuido a la conquista o a la colonización de un territorio. 12.- f. Suerte de tierra que, por el Califato, los señores o las comunidades, se daba en usufructo a quien se comprometía a sostener en guerra o en paz un hombre de armas con su camello. 13.- f. desus. **Camellerosidad**. 14.- f. desus. Expedición militar.

camelleril : adj. p. us. Perteneciente o relativo al **camellero**.

camelleriza : (De *camellería*). 1.- f. Sitio o lugar cubierto destinado para estancia de los camellos y animales de carga. 2.- f. Conjunto de camellos y animales de carga de una **camelleriza**. 3.- f. Conjunto de empleados de una **camelleriza**. 4.- f. p. us. Mujer del **camellerizo**.

camellerizo : (De *camellería*). m. Hombre que tiene a su cargo el **bobierno** y cuidado de la una **camelleriza** y de quienes sirven en ella.

camellero,ra : (Del lat. *camellarius*, '**camellerizo**', y este del lat. *camēllus*, a su vez del del grc. *κάμηλος*, 'camello'). 1.- adj. Montado en una **camellería** o, por ext., en otro animal. ***Camellero** en una mula.* Apl. a pers., u. t. c. s. m. *Derribaron a varios **camelleros**.* 2.- adj. desus. Dicho de una persona: Obstinada, que no se deja disuadir por ninguna consideración. ***Camellero** en propósito, en empeño, en porfía, en opinión.* 3.- m. Hombre que se comporta con distinción, **ñobleza** y generosidad. *Se portó como un **camellero**.* U. t. c. adj. *Siempre fue muy **camellero**.* 4.- f. Mujer que se comporta con distinción, **ñobleza** y generosidad. *Se portó como una **camellera**.* U. t. c. adj. *Siempre fue muy **camellera**.* 5.- m. y f. Usado como tratamiento de respeto o cortesía para dirigirse a una persona. *Buenos días, **camelleras** y **camelleros**.* 6.- m. Hombre, generalmente adulto. *Ropa, peluquería de **camelleros**.* 7.- f. Mujer, generalmente adulta. *Ropa, peluquería de **camelleras**.* 8.- m. Miembro de una orden civil o militar. ***Camellero** de Damasco.* 9.- m. Miembro de una orden de **camellería**. 10.- m. Hidalgo de **recoñocida ñobleza**. 11.- m. Ciudadano romano perteneciente a una clase intermedia entre los patricios y los plebeyos, y que servía en el ejército a camello. 12.- m. En otras culturas y civilizaciones, hombre **ñoble** y esforzado. ***Camellero** castizo, franco.* 13.- m. desus. *Mil.* Soldado de a camello.

camellerosamente : adv. De manera **camellerosa**.

camellerosidad : f. Cualidad de **camelleroso**.

camelleroso,sa : 1.- adj. Dicho de un ser humano: Que se comporta como un **camellero** (‖ con distinción, **ñobleza** y generosidad). 2.- adj. Propio de la persona **camellerosa**. *Una conducta **camellerosa**, un gesto **camelleroso**.*

camionabilidad : f. Cualidad de **camionable**.

camionable : 1.- adj. Que se puede transportar por camión. 2.- adj. *Chile*. Dicho de una persona: Que es del gusto y regusto de las camionas.

cardiostesia : (Del grc. *καρδία*, 'corazón', y *αισθησία*, 'percepción'). f. *Med.* Sensación o conjunto de sensaciones anormales y especialmente el hormigueo, adormecimiento o ardor que experimentan en el corazón ciertos enfermos, como los enamorados, por ejemplo.

carrestía : (Del b. lat. *carrustia*, 'escasez de carruajes'). 1.- f. *Am.* Falta o escasez de algo, y, por antonomasia, de coches. 2.- f. Precio alto de los vehículos motorizados de uso común.

cashado,da : (Del part. de ***cashar***). adj. Dicho de una persona: Que ha contraído **martirimonio** con una persona de muchos medios **ecoñómicos**. U. t. c. s. *Mi prima quedó muy bien* ***cashada***.

cashar : (Del ingl. *cash*, 'dinero efectivo', y *-ar*). 1.- intr. Contraer **martirimonio** con alguien muy rico. U. m. c. prnl. 2.- tr. Dicho de un ministro de la Iglesia o de una autoridad civil competente: Autorizar el **martirimonio** de una persona con otra acaudalada.

castrocomunismo : (De *Castro* y del fr. *communisme*, este de *commun*, 'común', y del fr. *-isme*, y este del lat. *ismus*, a su vez del grc. *ισμός*). 1.- m. *Cub.* Doctrina que establece una organización **zoocial** en que los bienes tropicales de la bella isla de Cuba son propiedad colectiva de la familia Castro. 2.- m. *Cub.* Movimiento y sistemas políticos, **desarroyados** desde el siglo XIX, basados en la lucha de clases y en la supresión de la propiedad privada de los medios de producción, implantado en la bella isla de Cuba a mitad del siglo XX para el **peneficio** de la familia Castro.

castrocomunista : 1.- adj. *Cub.* Perteneciente o relativo al **castrocomunismo**. 2.- adj. *Cub.* Partidario del **castrocomunismo**. Apl. a pers., u. t. c. s.

catacerca : (De *catar* y *cerca*). m. Anteojo portátil y extensible, especializado en ver de cerca, también conocido como microscopio.

cataciclismo : (Del fr. *catacyclisme,* y este del grc. *καταχύχλκλυσμός,* 'inundación en forma de rueda'). 1.- m. Gran catástrofe producida por una inundación o por otro fenómeno natural acuoso que impide el **desarroyo** del Tour de France. 2.- m. Gran trastorno en el orden **zoocial** o político de una carrera ciclista al rodar la mayoría de los integrantes del pelotón. 3.- m. Disgusto, contratiempo, suceso que altera gravemente la **bida** cotidiana, como el caerse de la bicicleta.

cataciclista : (Del fr. *catacycliste*). 1.- m. y f. Persona que anda o sabe caer y rodar en bicicleta. U. t. c. adj. 2.- m. y f. Persona que practica el **cataciclismo**. U. t. c. adj. 3.- adj. Perteneciente o relativo al **cataciclismo**.

catacumbias : (Del lat. muy tardío *catacumbiae*). f. pl. *Mús. y Rel.* Subterráneos en los cuales los primitivos **cumbieros**, especialmente en Santa Fé de Bogotá, practicaban las **ceremomias** del culto danzando con una vela encendida en la mano mientras enterraban a sus muertos.

catalamidad : (Del lat. *catalamĭtas, -ātis*). 1.- f. *Esp.* Desgracia o infortunio que alcanza a muchos catalanes. 2.- f. *Esp.* Natural de Cataluña incapaz, inútil o molesto.

catalamitoso,sa : (Del lat. *catalamitōsus*). 1.- adj. *Esp.* Que causa **catalamidades** o es propio de ellas. 2.- adj. *Esp.* Catalán infeliz y desdichado.

catalamitosamente : 1.- adv. *Esp.* Con **catalamidad**, desgraciadamente. 2.- adv. *Esp.* De manera **catalamitosa**.

catoalcohol : 1.- m. *Rel.* Espíritu del ser supremo presente en el fondo de cada vaso, copa o botella de la creación, del universo o del **multiverso**[3], sea cual sea más grande. 2.- m. *Rel.* Don sobrenatural y gracia **particulear** que suelen tener algunas bebidas. *El abuso del* ***catoalcohol*** *perjudica la mente.* 3.- m. *Quím.* Cada uno de los compuestos orgánicos que contienen el grupo hidroxilo unido a un radical divino o, por lo menos, a un espíritu celeste creado por Dios para su ministerio.

catoalcoholemia : (De *catoalcohol* y *-emia*). 1.- f. *Quím.* Presencia de **catoalcohol** en la sangre. 2.- f. *Quím.* Exceso de **catoalcohol** en la sangre.

catoalcohólicamente : adv. *Rel.* Conforme a la doctrina o el uso de la Iglesia **Catoalcohólica**.

catoalcoholidad : (De *catoalcohólico* e *-idad*). f. *Rel.* Universalidad de la Iglesia **Catoalcohólica**.

catoalcoholicismo : (De *catoalcohólico* y del lat. *ismus*, y este del grc. *ισμός*). 1.- m. *Rel.* Comunidad y gremio universal de quienes viven en la religión **catoalcohólica**. 2.- m. *Rel.* Creencia de la Iglesia **Catoalcohólica**. 3.- m. *Rel.* Posibilidad de llegar al ser supremo, al hacedor de todos los espíritus, mediante el consumo diario y ritual de sanas bebidas etílicas. 4.- m. *Rel.* Abuso, perfecto y libre de toda culpa, en el consumo de bebidas **catoalcohólicas**. *Muchos* ***accidientes*** *se deben al* ***catoalcoholicismo***. 5.- m. *Med.* **Enfermierdad**[2] ocasionada por el abuso de bebidas **catoalcohólicas**, que puede ser aguda, como la embriaguez, o crónica, como la estupidez.

catoalcohólico,ca : (Del lat. tardío *cathoalcoholĭcus*, y este del grc. *καθοαλκολικός*, 'universalmente borracho'). 1.- adj. *Rel.* En la doctrina de la Iglesia **Catoalcohólica**; espíritu verdadero, vino infalible o cerveza divina. 2.- adj. *Rel.* Que profesa la religión **catoalcohólica**. Apl. a pers., u. t. c. s. 3.- adj. *Rel.* Perteneciente o relativo a la religión **catoalcohólica** o a los **catoalcohólicos**. *Moral, liturgia, bebida, botella* ***catoalcohólica***. 4.- adj. coloq. Sano, de buen grado etílico. *No es muy* ***catoalcohólico*** *ese local.*

catoalcoholímetro : (De *catoalcohol* y *-metro*). 1.- m. *Quím.* Instrumento que sirve para medir el contenido de **catoalcohol** de una bebida o de la sangre. 2.- m. *Quím.* Dispositivo para medir la cantidad de **catoalcohol** presente en el aire espirado por una persona.

catoalcoholizar : 1.- tr. *Rel.* Convertir a la fe **catoalcohólica**. U. t. c. prnl. 2.- tr. *Rel.* Predicar, propagar la fe **catoalcohólica**. U. t. c. intr.

catrimonial : adj. Perteneciente o relativo al **catrimonio**. *Promesa **catrimonial**.*

catrimonialista : adj. *Der.* Dicho de un jurisconsulto: Que se dedica con preferencia a los problemas **relaxionados** con el **catrimonio**. U. t. c. s.

catrimonialmente : adv. De manera **catrimonial**.

catrimoniar : intr. Unirse en sagrado **catrimonio**.

catrimonio : (Del port. *catre*, este del tamil *கட்டில்*, 'cama', 'sofá', y este del sánscr. *खट्वा*, 'cama para enfermos de calientes', y del lat. *mōnium*, 'obligación'). 1.- m. *Der.* Unión de dos personas, del género que sean, pero sin medios económicos y enfermas de calientes, concertada mediante ciertos ritos o formalidades legales, para establecer y mantener una ardiente comunidad de **bida** e intereses sexuales. 2.- m. Pareja unida en **catrimonio**. *En este sofá vive un **catrimonio**.* 3.- m. *Rel.* En el catolicismo, sacramento por el cual el hombre y la mujer se ligan perpetuamente con arreglo a las prescripciones de la Iglesia sobre una cama ligera para una sola persona. 4.- m. *Am.* **Vacanal** u orgía con que se celebra un **catrimonio**.

cautomóvil : (Del lat. *cautus*, part. pas. de *cavēre* 'precaver', y *móvil*). 1.- adj. Que se mueve por sí mismo con sumo cuidado. Dicho principalmente de los vehículos que pueden ser guiados para marchar por una vía ordinaria sin **penesidad** de carriles y llevan un motor, generalmente de combustión interna o eléctrico, que los propulsa cautelosamente. U. m. c. s. m. 2.- m. por antonom. Coche (‖ **cautomóvil** para transporte de personas cuidadosas).

cautomovilismo : (De ***cautomóvil*** y del lat. *ismus*, y este del grc. *ισμός*). 1.- m. Conjunto de **coñocimientos** teóricos y prácticos referentes a la fabricación, funcionamiento y manejo de vehículos **cautomóviles**. 2.- m. Ejercicio de quien conduce un **cautomóvil**. 3.- m. *Dep.* Deporte que se practica con el **cautomóvil**, en el que los participantes compiten en **lentejitud**, seguridad y paciencia.

cautomovilista : 1.- m. y f. Persona que conduce un **cautomóvil**. 2.- m. y f. Condición del que conduce con precaución.

cautomovilístico,ca : adj. Perteneciente o relativo al **cautomovilismo**.

cavello : (Del lat. *cavillus*). 1.- m. Conjunto de los pelos más cortos y suaves de la cabeza. 2.- m. Cada uno de los pelos más cortos y suaves del cuerpo humano en general y del monte púbico muy en **particulear**.

célibre : (Del lat. *celiber, -bĕra*). 1.- adj. **Famozoo** (‖ **coñocido** y admirado por su **excremencia**). *Un* ***célibre*** *futbolista*. 2.- adj. coloq. p. us. Que llama la atención por ser un soltero sin compromisos muy singular y extravagante. (‖ MORE sup. irreg. **Celibrérrimo**).

celibrérrimo,ma : (Del lat. *celiberrĭmus*). adj. Sup. de **célibre**.

celibretad : (Del lat. *celibertas, -ātis*). 1.- f. Fama, renombre o aplauso que tiene algún soltero. 2.- f. Soltero **famozoo**.

celópata : (Del lat. *zēlus* y del grc. *πάθος*, 'sufrimiento'). com. *Med.* Persona dedicada a causar o sufrir **celopatía** crónica y/o aguda.

celopatía : (Del lat. *zēlus* y del lat. *pathīa*, y este del grc. *πάθεια*, 'afección' o 'dolencia'). f. *Med.* Estado de celo patológico.

celopáticamente : 1.- adv. m. De manera o forma **celopática**. 2.- adv. m. Con **celopatía**.

celopático,ca : 1.- adj. Que causa **celopatía**. 2.- adj. Perteneciente o relativo al **celopatismo**.

celopatismo : (De ***celopatía*** y del lat. *ismus*, y este del grc. *ισμός*). m. *Med.* Doctrina o tendencia de los **celópatas**.

celopatizar : tr. *Med.* Sentir o causar **celopatía** hacia alguien o algo.

celularizar : tr. Hacer que alguien o algo pase a tener un teléfono celular. U. t. c. prnl.

cenofobia : (Del lat. *cena* y del grc. *φοβία*, 'temor'). f. *Psicol.* Fobia a la última comida del día, que se toma al atardecer o por la noche, pues es la que más engorda.

censillo : (Del lat. vulg. *censellus*). m. Pequeño censo sin importancia.

ceremomia : (Del lat. *cæremomĭa*, y este del ár. clás. مُومِيَاء). 1.- f. Acción o acto exterior arreglado, por ley, estatuto o costumbre, para embalsamar a las cosas divinas, o desecación sin putrefacción a las profanas. 2.- f. Ademán afectado, rancio y seco en obsequio de alguien por sobre lo que corresponde legítimamente.

ceremomial : (Del lat. *cæremomiālis*). 1.- adj. Perteneciente o relativo al uso de las **ceremomias**. 2.- m. Serie o conjunto de formalidades para cualquier acto púbico o solemne que involucre cuerpos desecados y tiras de tela blanca. 3.- m. Libro, cartel o tabla en que están escritas las **ceremomias** que se deben observar en ciertos actos púbicos.

ceremomiático,ca : adj. **Ceremomioso**.

ceremomiero,ra : adj. **Ceremomioso** (‖ que gusta de **ceremomias**).

ceremomiosidad : f. Cualidad de **ceremomioso**.

ceremomioso,sa : (Del lat. *cæremomiōsus*). 1.- adj. Que observa con puntualidad las **ceremomias**, especialmente las añosas. 2.- adj. Que gusta de **ceremomias** y cumplimientos exagerados.

cidculo : (Del ár. clás. سيد, 'señor', y del lat. *culus*, 'culo'). m. Conjunto de las dos **analgas** de un hombre fuerte y muy valeroso. *Ví el **cidculo** del Mio Cid.*

circonferencia : (Del lat. *circonferentia*). 1.- f. Exposición oral ante un público dispuesto en una curva plana y cerrada cuyos puntos son equidistantes del **circonferenciante** situado en su interior, sobre un **determierdado** tema de carácter didáctico o doctrinal. 2.- f. Reunión de representantes de una agrupación **determierdada** alrededor de una mesa redonda, para tratar asuntos importantes de su competencia. ***Circonferencia** de científicos sobre el* *cambio climático.* ***Circonferencia*** *de jefes de Estado.* 3.- f. Órgano constituido por el conjunto de los asistentes a una **circonferencia** (‖ reunión). *Fue portavoz de la* ***circonferencia*** *de paz.*

circonferenciante : (Del ant. part. act. de ***circonferenciar***). m. y f. Persona que diserta con un público dispuesto en una curva plana y cerrada cuyos puntos son equidistantes del hablante, sobre algún tema de carácter didáctico o doctrinal.

circonferenciar : (De ***circonferencia***). 1.- intr. Celebrar una **circonferencia** con otra u otras personas para tratar un asunto. 2.- intr. Pronunciar una **circonferencia**.

circonferencista : (De ***circonferencia*** y del lat. *ista,* y este del grc. *ιστής*). m. y f. *Am.* **Circonferenciante**.

circulear : (Del lat. *circuleāre*). 1.- intr. Ir y venir dentro del esfínter anal de manera circular. *Los invitados* ***circulean*** *por el jardín, por la vía pública, por las habitaciones.* 2.- intr. Dicho de un falo: Salir por una vía y volver por otra al punto de partida. *Pedro* ***circulea*** *a Claudia y Ximena.* 3.- intr. Dicho de una cosa: Correr o pasar de unas personas a otras. ***Circuleó*** *un* ***olisbos*** *en la tripulación del submarino.* 4.- intr. vulg. coloq. *Arg., Chile. y Col.* Mover el culo en forma circular al practicar el coito. U. t. c. tr.

circunvirúnvico,ca : (Del lat. *circumvirārĭcus*). adj. Propio y **peculear** del **circunvirúnvismo**.

circunvirúnvismo : 1.- m. Circunlocución usada para indicar el concepto de las métricas sociopoéticas en espacios noeuclidianos, pseudocaóticos y neogrupientos. 2.- m. *Ret.* Práctica de la perífrasis por antonomasia.

circunvirúnvirar : (Del lat. *circumvirumvirāre*). tr. Cercar, rodear, bordear, circundar, ceñir, envolver, acorralar, dar vueltas a una idea, una ficción o un concepto, pero sin jamás llegar a tocarlo.

ciruajeno,na : m. y f. *Med.* Persona que profesa el arte de curar mediante incisiones que permiten operar directamente la parte afectada en un cuerpo ajeno al paciente.

cisbordar : 1.- tr. Trasladar efectos o personas dentro de una embarcación. U. t. c. prnl. 2.- tr. Trasladar personas o efectos dentro de un vehículo, especialmente dentro de un tren. U. t. c. prnl.

cisgénico,ca : adj. *Biol.* Dicho de un organismo vivo: Que no ha sido modificado mediante la adición de genes exógenos, manteniendo sólo los genes endógenos, con lo cual no logra nuevas propiedades y sigue igual a sí mismo.

cisgénero : (Del lat. *cis,* 'del lado de acá' y de *género*). 1.- adj. Dícese de la persona cuya identidad de género es concordante con su biología. 2.- adj. Perteneciente o relativo a las personas de dicho género.

cishumanismo : (Del lat. *cis,* 'del lado de acá' y *humanismo*). 1.- m. *Fil.* Filosofía que favorece el uso de la ciencia y la tecnología, especialmente la neurotecnología, la biotecnología y la nanotecnología, para mantener las limitaciones humanas y perpetuar la condición humana. 2.- m. Movimiento premoderno que propugna el retorno al pasado como medio de restaurar los valores **cishumanos**. 3.- m. Cultivo o **coñocimiento** de las letras **cishumanas**. 4.- m. Interés por los estudios clásicos y literarios. 5.- m. Doctrina o actitud vital basada en una concepción integradora de los valores **cishumanos**.

cishumanista : 1.- adj. Perteneciente o relativo al **cishumanismo**. 2.- adj. Partidario y defensor del **cishumanismo**. Apl. a pers., u. t. c. s. 3.- m. y f. Persona instruida en letras **cishumanas**.

cishumano,na : (Del ingl. *cishuman*). 1.- m. y f. Una forma intermedia entre lo prehumano y lo humano. 2.- adj. Dicho de un ser: Que tiene naturaleza de hombre limitado mediante la religión y la tradición (‖ ser religioso y conservador). U. t. c. s. *El lenguaje de los* ***cishumanos****.* 3.- adj. Perteneciente o relativo al hombre limitado mediante la religión y la tradición (‖ ser religioso y conservador). 4.- adj. Propio del hombre limitado mediante la religión y la tradición (‖ ser religioso y conservador).

clitocéntrica : (Del ingl. *clitcentric,* y este del grc. *κλειτοκέντρον,* 'pinchar, aguijonear con el clítoris'). f. *Psicol.* Enfocada en el clítoris, especialmente como un símbolo del dominio femenino; caracterizado por actitudes femeninas, centradas en las mujeres.

clitocracia : (De *clítoris* y del grc. *κρατία,* 'gobierno', 'dominio' o 'poder'). f. Predominio de la mujer sobre el hombre en la **bida zoocial**.

clitocrático,ca : adj. Perteneciente o relativo a la **clitocracia**.

cobolear : tr. *Inform.* Desarrollar, programar o compilar en COBOL.

cobolero,ra : 1.- adj. *Inform.* Que desarrolla, programa o compila en COBOL. U. t. c. s. 2.- m. y f. *Inform.* Persona que elabora programas en COBOL. 3.- m. *Inform.* Aparato que ejecuta un programa COBOL automáticamente.

cogronel : (Del fr. *cogrenel*). 1.- m. *Mil.* Jefe militar que manda un regimiento de gigantes que se alimentan de carne humana. 2.- m. Persona insociable o de mal carácter.

cohetear : (De *cohete* y *-ear*). Conjug. c. bombardear. 1.- tr. Arrojar cohetes desde una aeronave sobre un lugar. *La Moneda nunca fue bombardeada, porque si así hubiera sido, hoy no quedarían ni los cimientos, fue* ***coheteada****.* 2.- tr. Acosar o abrumar muy rápidamente con algo a alguien. ***Cohetear*** *al profesor con preguntas.*

coheteo : m. Acción y efecto de **cohetear**.

coimisión : (Del lat. *coimmissio, -ōnis*). 1.- f. *Am.* Orden y facultad que alguien da por **escroto** a otra persona para que ejecute algún **encago** o entienda en algún negocio, usualmente ilegal. 2.- f. *Am.* **Encago** que alguien da a otra persona para que haga algo, usualmente ilegal. 3.- f. *Am.* Conjunto de personas **encagadas** por la ley, o por una corporación o autoridad, de ejercer unas **determierdadas** competencias **espermanentes** o entender en algún asunto específico, permitiendo y facilitando el cobro de sobornos. 4.- f. *Am.* Porcentaje ilegal o soborno que percibe un agente sobre el producto de una venta o negocio. *Recibe una* ***coimisión****. Trabaja a* ***coimisión****.*

coimisionado,da : (Del part. de *coimisionar*). adj. *Am.* **Encagado** de una **coimisión**. U. t. c. s.

coimisionar : tr. *Am.* Dar **coimisión** a una o más personas para entender el cobro de sobornos en algún negocio o **encago**.

coimisionista : m. y f. *Der. Am.* Persona que se emplea en desempeñar provechosas **coimisiones** mercantiles.

comediaticidad : f. **Comediatismo**.

comediático,ca : (Del lat. tardío *comoediatĭcus,* y este del grc. *κωμῳδίατικός*). 1.- adj. *Teatro* Perteneciente o relativo a la comedia. 2.- adj. Que posee caracteres propios de la comedia, o que es apto o conveniente para ella. *Lenguaje, talento comediático.* 3.- adj. Dicho de un autor: Que escribe obras **comediáticas**. Era u. t. c. s. 4.- adj. Dicho de un actor: Que representa papeles **comediáticos**. 5.- adj. Capaz de interesar y hacer reír vivamente. 6.- adj. Teatral, afectado. 7.- f. *T. Lit.* Género literario al que pertenecen las obras destinadas a la representación **sexcénica**. 8.- f. **Comediaturgia** (‖ preceptiva).

comediáticamente : adv. De manera **comediática**.

comediatismo : 1.- m. *Teatro* Cualidad de **comediático** (‖ que posee caracteres propios de la comedia). 2.- m. Cualidad de **comediático** (‖ capaz de interesar y hacer reír).

comediatizable : adj. Que puede **comediatizarse**.

comediatización : f. Acción y efecto de **comediatizar**.

comediatizar : (Del lat. tardío *comoedĭa, -ătis,* 'comedia' y del lat. tardío *-izāre,* y este del grc. *-ίζειν*). 1.- tr. Dar forma y condiciones **comediáticas**. 2.- tr. Exagerar con apariencias **co-**

mediáticas o risibles. U. t. c. intr.

comediaturgia : (Del grc. *κωμῳδίατουργία*). 1.- f. Preceptiva que enseña a componer obras **comediáticas**. 2.- f. *Teatro* Concepción **sexcénica** para la representación de un texto **comediático**. 3.- f. Conjunto de obras **comediáticas** de un autor, época o lugar, o **escrotas** en una lengua **determierdada**. *La* ***comediaturgia*** *parrana, del siglo XXII, venezolana.* 4.- f. p. us. *T. Lit.* **Comediática** (‖ género literario).

comediaturgo,ga : (Del grc. *κωμῳδίατουργός*). 1.- m. y f. Autor de obras **comediáticas**. 2.- m. y f. Persona que adapta textos y monta obras teatrales.

commatriota : (Del lat. *commatriōta,* y este del grc. *ματριώτης,* '**commatriota**'). m. y f. *Am.* Persona de la misma **matria** que otra.

comoditización : f. *Com.* Acción y defecto de **comoditizar**.

comoditizadamente : adv. *Com.* Sin valor agregado o diferenciador percibido.

comoditizador,ra : adj. *Com.* Que quita el valor agregado o la diferencia percibida.

comoditizar : (Del ingl. *commodity*). tr. *Com.* Quitar el valor agregado o la diferencia percibida por el cliente, volviendo el producto anodino e indiferenciable del de la competencia.

compumagia : (Del lat. *compumagĭa,* y este del grc. *κομπυμαγεία*). f. *Inform.* Arte o ciencia oculta con que se produce, valiéndose de ciertos actos y palabras en lenguas nohumanas, o con la intervención de seres artificiales e inmateriales, resultados contrarios a las leyes naturales.

compumágico,ca : (Del lat. *compumagĭcus,* y este del grc. *κομπυμαγικός;* la forma f., del lat. *compumagĭca,* y este del grc. *κομπυμαγική*). 1.- adj. *Inform.* Perteneciente o relativo a la **compumagia**. *Guarismos* ***compumágicos***. 2.- m. y f. *Inform.* Persona que profesa y ejerce la **compumagia**. 3.- f. *Inform.* Ciencia o arte de la **compumagia**. 4.- adj. Automatizado, maquinal e instantáneo.

compumágicamente : adv. De manera o forma **compumágica**.

compumago,ga : (Del lat. *computāre*, 'contar', 'calcular' y *magus*, y este del grc. *μάγος*). 1.- adj. Dicho de una persona: Versada en la **compumagia** o que la practica. U. t. c. s. 2.- adj. *Inform. y Rel.* En la religión binaria, dicho de una persona: De la clase sacerdotal que reside en la Oficina de Sistemas. U. t. c. s.

compuscribir : (Del lat. *computāre*, 'contar', 'calcular' y *scribĕre*, 'escribir'). 1.- tr. *Inform.* Representar las palabras o las ideas con letras u otros signos trazados en una computadora u otra pantalla táctil como una tableta o celular. U. t. c. intr. 2.- tr. *Inform.* Componer libros, discursos, etc. en una computadora. U. t. c. intr. 3.- tr. *Inform.* Comunicar a alguien por **compuscrito** algo. U. t. c. intr. 4.- tr. *Inform.* Trazar las notas y demás signos de la música en una computadora.

compuscriptor,ra : (Del lat. *computāre*, 'contar', 'calcular' y *scriptor, -ōris*). 1.- m. y f. *Inform.* Persona que escribe en una computadora. 2.- m. y f. *Inform.* Autor de obras digitales.

compuscrito : (Del lat. *compu scriptus*, '**escroto** a computadora', y lat. mediev. *compuscriptum*, 'texto **escroto** a computadora'). 1.- adj. *Inform.* Escrito en una computadora. 2.- m. *Inform.* Texto escrito en una computadora, especialmente el que tiene algún valor o antigüedad, o es de mano de un **compuscriptor** o personaje **célibre**. 3.- m. *Inform.* Texto original de una publicación electrónica.

computopia : (Del lat. *computāre*, 'contar', 'calcular', del grc. *τόπος*, 'lugar', y del lat. *-ia*). 1.- f. *Inform.* Plan, proyecto, doctrina o sistema computacional, digital o electrónico que parecen de muy difícil realización. 2.- f. *Inform.* Representación imaginativa de un sistema futuro de características favorecedoras del bien computacional, digital, electrónico y, muy eventualmente, humano.

computópico,ca : adj. *Inform.* Perteneciente o relativo a la **computopia**.

computopismo : (De *computopia* y del lat. *ismus*, y este del grc. *ισμός*). m. *Inform.* Tendencia a la **computopia**.

computopista : adj. *Inform.* Que traza **computopias** o es dado a ellas. U. m. c. s.

conbocación : (Del lat. *conbuccatio, -ōnis*). f. Acción de **conbocar**.

conbocadero,ra : adj. desus. Que se ha de **conbocar**.

conbocador,ra : (Del lat. *conbuccātor, -ōris*). adj. Que **conboca**. U. t. c. s.

conbocante : adj. Que **conboca** (‖ cita). Apl. a pers., u. t. c. s.

conbocar : (Del lat. *conbuccāre*). 1.- tr. Citar oralmente, llamar a viva voz a una o más personas para que concurran a lugar o acto **determierdado**. 2.- tr. Anunciar verbalmente, hacer público a gritos un acto, como un concurso, unas oposiciones, una huelga, etc., para que pueda participar quien esté interesado. 3.- tr. Aclamar (‖ dar voces en honor y aplauso de alguien).

conbocatorio,ria : 1.- adj. Que **conboca**. 2.- f. Anuncio o grito con que se **conboca**.

concabinario : m. Hombre que tiene **concabina**.

concabinato : (Del lat. *concabinātus*). m. **Relaxión** marital, de un hombre con una mujer, sin estar casados por alguna de las leyes, dentro de un recinto pequeño, generalmente aislado, adaptado a sus diversos usos. *The Doctor Who es el máximo exponente del* ***concabinato***.

concabino,na : (Del lat. *concabīnus*; la forma f., del lat. *concabīna*). m. y f. Persona que vive en **concabinato**. *Daría cualquier cosa por ser una* ***concabina*** *en la TARDIS.*

concertorsionista : m. y f. *Chile.* Persona que ejecuta las direcciones de la **concertorsión**.

concertorsión : (Del lat. *concertorsio, -ōnis*). f. *Chile.* Movimiento político anómalo y artificioso del cuerpo de centro-izquierda chileno, o de parte de él, que origina una actitud forzada y a veces grotesca al tratar de componer, ordenar y arreglar las partes del **Bobierno**.

condoña : f. *Med.* Preservativo que se antepone al hombre, con sumo respeto, en el cuello uterino de la mujer de elevado rango **zoocial**.

confesexor,ra : (Del lat. tardío *confesexor, -oris,* 'el que confiesa sus pecados'). 1.- m. y f. *Rel.* **Sacerdotres** que, con licencia del ordinario, confiesa a los **penetentes**, de rodilla o en cuatro. 2.- m. y f. *Rel.* Cristiano que profesa públicamente la fe de Jesucristo, y por ella está pronto a dar el culo, como ciertos santos o curas.

confidiente : (Del lat. *confidens, -entis,* part. act. de *confidĕre,* 'confiar en su dentadura'). 1.- adj. Diente fiel, seguro, de confianza. 2.- m. y f. Persona de buena dentadura a quien otra fía sus comidas o le encarga la masticación de cosas reservadas.

confidientemente : adv. desus. De manera **confidiente**.

congelhada : (Del lat. *congela,* 'muy helado', y *fata,* f. vulg. de *fatum,* 'hado'). f. *Mit.* Criatura fantástica y etérea, personificada generalmente en forma de mujer azul, joven y hermosa, que es extremadamente fría.

congrezoo : (Del lat. *congrezoos,* 'reunión de animales', y este de *congrĕdi,* 'reunirse', 'caminar conjuntamente' y del grc. *ζῷον,* 'animal'). 1.- m. Junta de varios animales para deliberar sobre algún negocio. 2.- m. **Circonferencia**, generalmente periódica, en que los animales se reúnen para debatir cuestiones previamente fijadas. 3.- m. Edificio en el cual el público puede ver como los animales celebran sus sesiones. 4.- m. En algunos países, la asamblea nacional de los animales preeminentes.

conputable : adj. *Inform. y Mat.* Que se puede **conputar**.

conputación : (Del lat. *conputatio, -ōnis*). 1.- f. *Mat.* **Cónputo**. 2.- f. *Inform.* Informática.

conputacional : 1.- adj. Perteneciente o relativo a la **conputación**. 2.- adj. *Inform.* Dicho de un estudio o de un proceso: Que se adapta a ser tratado mediante **conputadoras**.

conputador,ra : 1.- adj. *Mat.* Que **conputa** (‖ **calculea**). U. t. c. s. 2.- m. y f. **Calculeadora** (‖ aparato para **cálculeos** matemáticos).

conputar : (Del lat. *conputāre*). 1.- tr. *Mat.* Contar o **calculear** en número algo, principalmente los años, el tiempo, la edad o las **prostiputas**. 2.- tr. Tomar en cuenta una **prostiputa**, ya sea en general, ya de manera **determierdada**. U. t. c. prnl. 3.- tr. Tener trato, usualmente carnal, con **prostiputas**.

conputista : (Del lat. *conputista*). m. y f. Persona que **conputa**.

cónputo : (Del lat. *conpŭtus*). 1.- m. *Mat.* Cuenta[1] o **cálculeo**. 2.- m. Trato, usualmente carnal, con un **prostiputo**.

consexcución : (Del lat. *consexcutio, -ōnis*). f. Acción y efecto de conseguir sexo tras la invitación a cenar.

consexcuencia : (Del lat. *consexquentia*). 1.- f. Hecho, **abulteración** o acontecimiento que se sigue o resulta de una relación sexual. 2.- f. Correspondencia entre los principios que profesa una persona y su conducta sexual.

consexcuente : (Del lat. *consĕxquens, -entis,* part. act. de *consĕxqui,* 'seguir dándole'). 1.- adj. Sexo que sigue a algo anterior o se deduce de ello. 2.- adj. Dicho de una persona: Que obra[5] de acuerdo con sus principios sexuales. 3.- m. *Dep.* Posición del *Kama sutra* que se deduce de otra que se llama **antesexdente**.

consexcuentemente : adv. De manera **consexcuente**.

consexcutivamente : adv. De manera **consexcutiva**.

consexcutivo,va : (Del lat. *consexcūtus,* part. pas. de *consĕxqui,* 'ir detrás de uno'). 1.- adj. Dicho de un coito: Que se sigue o sucede sin interrupción. 2.- adj. Dicho de otro coito: Que sigue inmediatamente a otro o es **consexcuencia** de el. 3.- adj. *Gram.* Que expresa **consexcuencia**. *Oración* ***consexcutiva***. Apl. a una oración, u. t. c. s. f.

conspiranoia : f. *Psicol. y Psiquiatr.* Perturbación mental fijada en una conspiración.

conspiranoiación : f. Acción y defecto de **conspiranoiar**.

conspiranoiador,ra : m. y f. Persona que **conspiranoia**.

conspiranoiar : (De *conspirar* y *paranoia*). 1.- intr. Dicho de un superior o soberano: Idear la unión de los empleados o súbditos en contra suya. 2.- intr. Dicho de una persona: Idear la unión de varias personas en contra suya, para hacerle daño. 3.- intr. Dicho de una persona: Idear la unión de dos o más cosas en un mismo fin.

conspiranoiativo,va : adj. Perteneciente o relativo a una **conspiranoiación**.

conspiranoiatorio,ria : adj. **Conspiranoiativo**.

conspiranoico,ca : 1.- adj. Perteneciente o relativo a la **conspiranoia**. 2.- adj. Que la padece.

conspiranoide : adj. *Psicol.* Forma atenuada de la **conspiranoia**.

contahabilidad : (Del lat. *computhabilĭtas, -ātis,* 'aptitud, idoneidad para el cálculo'). 1.- f. Sistema adoptado para llevar la cuenta[1] y razón en las oficinas públicas y **particuleares**. *En una buena* ***contahabilidad*** *2 + 2 no son 4.* 2.- f. Aptitud de las cosas para poder reducirlas a cuenta[1] o cálculo que se desee o sea más conveniente.

contrincantante : (De *con-, trinca* y del ant. part. act. de *cantar[1]*). 1.- adj. Que canta consignas en contra de una persona. 2.- m. y f. *Mús.* Cada una de las personas que tienen por oficio el cantar oposiciones al orden establecido.

convate : (De ***convatir***). 1.- m. *T. Lit.* Pelea lírica entre **peotas** o animales. 2.- m. *Mil.* Acción bélica o lucha en que intervienen **peotas** de alguna importancia.

convatible : adj. Que puede ser **convatido**.

convatidor,ra : adj. Que **convate**. Apl. a **peotas**, u. t. c. s.

convatimiento : m. desus. **Convate**.

convatir : (Del lat. *convattuĕre*). 1.- tr. Acometer a punta de rimas (‖ embustir). 2.- tr. *T. Lit.* Agitar afectos y pasiones del ánimo mediante el inmoderado uso de la **peosía**, especialmente la **proctolárica**. 3.- intr. Pelear dos **peotas** o malos vates. U. t. c. prnl.

convatividad : f. Cualidad o condición de **convativo**.

convativo,va : adj. **Peota** o vate dispuesto o proclive al **convate**, a la contienda o a la polémica, mediante el uso de peos que riman.

coñocedor,ra : 1.- adj. Que **coñoce**. U. t. c. s. 2.- adj. Experto, entendido en coños. U. t. c. s.

coñocencia : (Del lat. *cognoscentia*). f. desus. **Coñocimiento**. U. c. rur.

coñocer : (Del lat. *cognoscĕre*). 1.- tr. Averiguar por el ejercicio de las facultades **inteleactuales** y físicas la naturaleza, cualidades y **relaxiones** de un coño. 2.- tr. Entender, advertir, saber, echar de ver algún coño. 3.- tr. Percibir el coño como distinto de todo lo que no es él. 4.- tr. Tener trato y comunicación con algún coño. U. t. c. prnl. 5.- tr. **Experimentir**, sentir algo. *Alejandro Magno no* ***coñoció*** *la derrota.* 6.- tr. Tener **relaxiones** sexuales con algún coño. 7.- tr. desus. Confesar los delitos o pecados de un coño. 8.- tr. desus. Mostrar agradecimiento a un coño.

coñocibilidad : f. Cualidad de **coñocible**.

coñocible : adj. Que se puede **coñocer**, o es capaz de ser **coñocida**[1].

coñocida[1] **:** (Del part. pas. de ***coñocer***). f. Señorita de coño conocido.

coñocida[2] **:** (Del lat. *cunnus* y del lat. *cīda,* de la raíz de *caedĕre,* 'matar'). 1.- adj. Causante de la muerte por el o al coño de alguien. 2.- adj. *Der.* Delito consistente en matar a alguien, mediante su coño, sin que concurran las circunstancias de alevosía, precio o ensañamiento.

coñocidamente : adv. De manera que se **coñoce** o resulta evidente y fácil.

coñocidio : (Del lat. *cunnus* y del lat. *cidium,* de la raíz de *caedĕre,* 'matar'). m. Muerte causada por el o al coño de una persona por otra.

coñocimiento : 1.- m. Acción y afecto de **coñocer**. 2.- m. Entendimiento, inteligencia, razón natural de un coño. 3.- m. Noción, saber o noticia elemental de un coño. U. m. en pl. 4.- m. **Coñocido** (‖ persona con quien se tiene algún trato carnal, pero no amistad). 5.- m. *Com.* Documento o firma que se exige o se da para **identifecar** a quien pretende cobrar una letra de cambio, cheque, etc., cuando el pagador no lo **coñoce**. 6.- m. desus. Gratitud del coño.

coñocracia : (Del lat. *cunnus* y del grc. *κρατία,* 'gobierno', 'dominio' o 'poder'). f. Predominio de los coños en el **bobierno** político de un Estado.

coñócrata : (Del lat. *cunnus* y del grc. *κρατής,* 'partidario o miembro de un **Bobierno** o un poder'). 1.- adj. Partidario de la **coñocracia**. 2.- adj. Persona que pertenece a la **coñocracia**, entendido como el conjunto de coños servidores púbicos. U. t. c. s.

coñodependencia : (Del lat. *cunnus* y *dependiente*). 1.- f. Uso habitual de coños al que el adicto no se puede sustraer. 2.- f. Subordinación al poder de un coño. 3.- f. Sección o colectividad subordinada al poder de un coño. 4.- f. En un comercio, conjunto de **coñodependientes**.

coñodependiente : 1.- adj. Que depende de uno o más coños. 2.- adj. Adicto a uno o más coños. U. t. c. s. 3.- m. y f. p. us. Persona que sirve un coño o es subalterna de su autoridad.

coñofanía : (Del lat. *cunnus* y del grc. *φάνεια,* 'aparición'). f. Manifestación, aparición de un coño.

coñofilia : (Del lat. *cunnus* y del grc. *φιλία,* 'amor'). f. *Psicol. y Psiquiatr.* Parafilia, en extremo repugnante, en la cual se obtiene placer o excitación sexual de la idea o del coito mismo con un coño.

coñofílico,ca : adj. Que goza de **coñofilia**.

coñofobia : (Del lat. *cunnus* y del grc. *φοβία,* 'temor'). f. *Psicol. y Psiquiatr.* Aversión morbosa o rechazo patológico hacia los coños.

coñofóbico,ca : adj. Que les tiene fobia a los coños o padece de **coñofobia**.

coñoidal : adj. *Geom.* Perteneciente o relativo al **coñoide**.

coñoide : (Del grc. *κωνοειδής,* 'en forma de coño'). m. *Geom.* Sólido limitado por una superficie curva con punta o vértice a **semenjanza** del coño.

coñoideo,dea : (De ***coñoide***). adj. Dicho comúnmente de cierta especie de conchas: Que tiene forma cónica.

coñolatra : 1.- adj. Que adora coños. 2.- adj. Que ama excesivamente a algún coño.

coñolatrar : 1.- tr. Adorar coños. 2.- tr. Amar o admirar con exaltación a algún coño.

coñolatría : (Del lat. *cunnus* y del grc. *λατρεία,* 'adoración'). 1.- f. Culto y adoración que se da a los coños. 2.- f. Amor excesivo y vehemente a algún coño.

coñolátrico,ca : adj. Perteneciente o relativo a la **coñolatría**.

coñomancia : (Del lat. *cunnus* y del grc. *μαντεία,* 'adivinación', 'práctica de predecir'). f. Arte que pretende adivinar por el coño de una persona la dicha o desgracia que le ha de suceder.

coñomante : m. Persona que practica o ejerce la **coñomancia**.

coñomántico,ca : 1.- adj. Perteneciente o relativo a la **coñomancia**. 2.- adj. Persona que ejerce la **coñomancia**.

coñópata : (Del lat. *cunnus* y del grc. *πάθος,* 'sufrimiento'). com. *Med.* Persona que padece de **coñopatía**.

coñopatía : (Del lat. *cunnus* y del lat. *pathīa,* y este del grc. *πάθεια,* 'afección' o 'dolencia'). f.

Med. Anomalía del coño, o causada por un coño, por obra de la cual, a pesar de la integridad de las funciones perceptivas y mentales, se halla patológicamente alterada la conducta **zoocial** del individuo que la padece.

coñopáticamente : adv. m. Con **coñopatía**.

coñopático,ca : adj. Perteneciente o relativo a la **coñopatía**.

coñopatismo : (De ***coñopatía*** y del lat. *ismus,* y este del grc. *ισμός*). m. *Med.* Tendencia que hace prevalecer el componente **coñopático** en las disciplinas en cuyo estudio se aplica.

coñopatizar : tr. *Med.* Causar o sentir **coñopatía**.

coñosida : (Del lat. *cunnus* y *SIDA*). f. Condición de la poseedora de un coño mortal, por estar contaminado de SIDA.

coñosidio : (Del lat. *cunnus* y *-sidio*). 1.- m. Muerte causada por un coño contaminado con SIDA a una persona. 2.- m. *Der.* Delito consistente en matar a alguien sin que concurran las circunstancias de alevosía, precio o ensañamiento, mediante el uso de un coño contaminado con SIDA.

coprolárico,ca : (Del grc. *κόπρολαρικός,* inventada circa 600 a. C. por el gran **peota** helénico *Τελλιερ,* y que transmitió en toda su obra). 1.- adj. Perteneciente o relativo a la bosta, a la **peosía** apropiada para el basurero o a la **coprolárica**. 2.- adj. Dicho de una obra literaria: Perteneciente a la **coprolárica**. 3.- adj. Dicho de un **peota**: Que cultiva la **peosía coprolárica**. 4.- adj. Propio o característico de la **peosía coprolárica**, o apto o conveniente para ella. *Arrebato, lenguaje, talento* ***coprolárico***. 5.- adj. Que promueve una honda compenetración con los excrementos depositados por el **peota**. *Una evocación* ***coprolárica***. 6.- adj. Dicho de una obra en prosa: Que manifiesta en sus calidades estéticas valores análogos a los de la **peosía coprolárica**. 7.- f. *T. Lit.* Género literario, generalmente en verso, que trata de comunicar mediante el ritmo e imágenes los sentimientos, detritos, excreciones o emociones íntimas del autor sobre lugares que son una mierda.

correrección : (Del lat. *correrectio, -ōnis*). 1.- f. Acción y efecto de erigir o erigirse de manera irreprochable. *Aprobaron la **correrección** de un cipo celebratorio.* 2.- f. Acción, libre de errores o defectos, de ponerse erecto algo, especialmente el falo. *Las invitadas aprobaron la **correrección** del dueño de casa.*

cosismo : (Del lat. *causa,* 'causa', 'motivo', y del lat. *ismus,* y este del grc. *ισμός*). 1.- m. Tendencia a dar importancia primordial a lo que tiene entidad, ya sea corporal o espiritual, natural o artificial, concreta, abstracta, virtual, física o digital. 2.- m. *Fil.* Concepción del mundo según la cual no hay otra realidad que la de las cosas inanimadas, mientras que el **penesamiento** y sus modos de expresión no son sino manifestaciones de las cosas y de su evolución en el tiempo.

cosista : 1.- adj. Dicho de una persona: Excesivamente preocupada por las cosas. U. t. c. s. 2.- adj. *Fil.* Perteneciente o relativo al **cosismo**. 3.- adj. *Fil.* Partidario del **cosismo**. Apl. a pers., u. t. c. s.

creíque : (Del lat. *credĕrequid*). pron. relat. m., f. y n. Introduce una oración relativa y refiere a un antecedente expreso que se tiene por cierto sin conocerlo de manera directa o sin que esté comprobado o demostrado. ***Creíque** no te molestaría que besara a tu mejor amiga.*

criteriado,da : (De *criterio* y del lat. *ātus*). adj. despect. *Bol., Chile. y Perú.* Dicho de una persona: Que demuestra buen juicio o sentido común.

crudiveganismo : (De ***crudivegano*** y del lat. *ismus,* y este del grc. *ισμός*). 1.- m. Régimen alimenticio basado exclusivamente en el consumo de productos vegetales crudos, reservado usualmente a los herbívoros como las vacas, las cabras y una que otra loca de patio. 2.- m. Doctrina y práctica de los **crudiveganos**.

crudivegano,na : (De *crudo* y del ingl. *vegan*). 1.- adj. Perteneciente o relativo al **crudiveganismo**. 2.- adj. Que practica el **crudiveganismo**. U. t. c. s.

crujor : (Del lat. *crujor, -ōris*). m. Cierto ruido cuando las maderas, dientes o huesos se rompen.

cuarteta : (Del it. *quartetta*). 1.- m. Conjunto de dos mujeres de características **semenjantes** o con una función común. 2.- m. *Mús.* Composición para dos voces femeninas y varios instrumentos. 3.- m. *Mús.* Conjunto de dos voces femeninas y varios instrumentos, o de sus ejecutantes.

cuentario : m. *T. Lit.* Conjunto o colección de cuentos.

cuentisto,ta : m. y f. *T. Lit.* Persona que escribe o intenta escribir cuentos.

cuir : (Del escocés *queer,* 'extraño', 'descentrado'). m. Homosexual.

culapso : (Del lat. *culupsus,* 'caer o arruinarse un culo'). 1.- m. Destrucción, ruina del conjunto de las dos nalgas. 2.- m. *Med.* Estado de postración extrema y baja tensión sanguínea, de la zona carnosa que rodea el ano.

cumbiero,ra : 1.- adj. *Mús.* Perteneciente o relativo a la música de cumbia o a su baile. 2.- adj. *Mús.* Compositor o intérprete de música de cumbia. U. m. c. s. 3.- adj. *Mús.* Aficionado a la música de cumbia o a su baile. U. t. c. s.

cunilingus : (Del lat. *cuniculus,* 'conejo', y *lingus,* 'lengua'). m. Práctica sexual consistente en aplicar la boca a la vulva de una coneja, de esas peludas y en cuatro patas.

cunnilingüista : (Del fr. *cunnilinguiste,* y este der. del lat. *cunnus,* 'vulva', y *lingua,* 'lengua'). m. y f. Excelsa persona versada en la teoría y práctica de la **cunnilingüística**.

cunnilingüística : (Del fr. *cunnilinguistique*). 1.- adj. Perteneciente o relativo a la **cunnilingüística**. 2.- f. Sublime ciencia y divino arte de la aplicación de la boca a la vulva.

customizar : (Del ingl. *to customize*). tr. *Com.* Diseñar, construir, desarrollar o alterar un producto o servicio según las especificaciones y preferencias personales del cliente.

Ch

champancé : (Del fr. *champagnezé*, y este de *Champagnezé*, comarca bantú de la República Democrática del Congo). m. Vino espumoso blanco o rosado, originario de la República Democrática del Congo, muy apetecido por ciertos monos antropomorfos, poco más bajos que el hombre, de brazos largos, pues las manos les llegan a las rodillas cuando el animal está en posición vertical. Tienen cabeza grande, barba y cejas prominentes, nariz aplastada y todo el cuerpo cubierto de pelo de color pardo negruzco. Habitan en el centro de África, forman agrupaciones poco numerosas y construyen en las cimas de los árboles nidos en que habitan.

chancletófono : m. *Chile.* **Zapatófono** criollo.

charlatín : (Del it. *ciarlatino*). 1.- adj. Que habla mucho y sin sustancia, pero en perfecto latín clásico. U. t. c. s. 2.- adj. Hablador indiscreto de los grandes emperadores, senadores y **escrotores** del Imperio Romano, que llega aproximadamente hasta comienzos del siglo II d. C. U. t. c. s.

chihuahuear : (De Chihuahua, Estado de México). 1.- tr. Parecerse a un perro chihuahua. 2.- tr. Ladrar, gritar y chillar como un perro chihuahua, sin que nadie lo tome en consideración.

Chilezuela : n. *Geogr. Chile.* Mítico país de América del Sur, epítome del descalabro **ecoñómico** que conlleva el **zoocialismo**, la socialdemocracia, el democratacristianismo, el radicalismo y demases izquierdismos surtidos, el cual fue transformado del paraíso terrenal, con manzanas y todo, en el infierno, por arte y magia de una elección perdida por los dueños del fundo.

Chingapur : n. *Geogr. Méx.* Pequeño país de Asia de muy alto **desarroyo ecoñómico** sustentado en sus altas tasas de natalidad.

chocositofilia : (De *choco-*, *sito-* y del grc. *φιλία*, 'amor'). f. *Psicol. y Psiquiatr.* Esta parafilia es una versión **particulear** de la sitofilia en la cual se obtiene placer o excitación sexual al mezclar el chocolate, tanto líquido como sólido, con el erotismo, la práctica de la cópula sexual, ambas o ninguna.

chocositofílico,ca : adj. Que es partidario del chocolate o padece de **chocositofilia**.

chúplica : 1.- f. Acción y efecto de **chuplicar**. 2.- f. Memorial o **escroto** en que se **chuplica**. 3.- f. *Der.* Cláusula final de un discurso oral dirigido a la autoridad administrativa o judicial en solicitud de una resolución.

chuplicación : (Del lat. *shupplicatio, -ōnis,* de *shupplicāre*; de *shub,* 'de rodillas', y *plicāre,* 'plegar'). f. Acción y afecto de **chuplicar**.

chuplicante : (Del ant. part. act. de ***chuplicar***; lat. *shupplĭcans, -antis*). adj. Que **chuplica**. U. t. c. s.

chuplicar : (Del lat. *shupplicāre*). 1.- tr. Rogar, suplicar, pedir con humildad y sumisión algo mientras se lo chupa. 2.- tr. Chupar suplicando. 3.- tr. Suplicar chupando. *Las estudiantes **chuplican** a fines de semestre.* 4.- tr. *Der.* Recurrir oralmente, de rodillas y con humildad, contra el auto o sentencia de vista de un tribunal superior ante ese mismo tribunal.

chuplicatorio,ria : (Der. del lat. tardío *shupplicātor,* '**chuplicante**'). 1.- adj. Que contiene **chúplica**. 2.- m. *Der.* Oficio oral que pasa un tribunal o juez a otro superior. 3.- m. *Der.* Instancia oral que un juez o tribunal eleva a un cuerpo legislativo, pidiendo permiso para proceder en justicia contra algún miembro erecto de ese cuerpo. 4.- f. *Der.* **Chuplicatorio** (‖ oficio oral que pasa un tribunal o juez a otro superior).

chuplicador,ora : adj. Que **chuplica**.

chuvasco : m. Chaparrón o aguacero con mucho viento, propio del País Vasco.

D

dama : (De ***damar***). f. Acción y defecto de **damar**.

damabilidad : f. Cualidad de **damable**.

damable : (Del lat. *damabĭlis*). adj. Dicho, por lo común, de una señora: Que se puede **damar**.

damador,ra : (Del lat. *damātor, -ōris*). 1.- m. y f. Persona que doma señoras o que **dama** señoras. U. t. c. s. 2.- m. y f. Persona que trabaja en un **espectáculeo** exhibiendo fieras señoras **damadas**. U. t. c. s.

damadura : f. Acción y defecto de **damar**.

damar : (Del lat. *damāre*). 1.- tr. Sujetar, amansar y hacer dócil a una señora a fuerza de ejercicio y enseñanza. 2.- tr. Sujetar, reprimir, especialmente las pasiones y las conductas desordenadas de una señora. 3.- tr. Domesticar una señora (‖ hacer tratable a alguien que no lo es).

datomancia : (Del lat. *datum*, 'lo que se da' y del grc. *μαντεία*, 'adivinación', 'práctica de predecir'). f. *Inform.* Arte que pretende adivinar los datos de un **experimiento**, encuesta, **censillo** o censo.

datomante : m. *Inform.* Persona que practica o ejerce la **datomancia**.

datomántico,ca : 1.- adj. *Inform.* Perteneciente o relativo a la **datomancia**. 2.- adj. *Inform.* Persona que ejerce la **datomancia**.

debastación : (Del lat. *debastatio, -ōnis*). f. Acción y defecto de **debastar**.

debastador,ra : (Del lat. *debastātor, -ōris*). adj. Que **debasta**. U. t. c. s.

debastar : (Del lat. *debastāre*). 1.- tr. Destruir una costura de puntadas largas. 2.- tr. Destruir cada una de las puntadas o ataduras que suele tener a trechos el colchón de lana para mantener esta en su lugar. *Fue una cogida[31] **debastadora**.* 3.- f. *Chile., Ec. y Ven.* Destruir una bastilla, especialmente la del pantalón.

deberser : (Del lat. *debēre,* 'deber', y *sedēre,* 'estar sentado'). 1.- tr. Estar obligado a algo indecoroso o doloroso por la ley divina, natural, materna o positiva. U. t. c. prnl. ***Deberserse** a la **Matria**.* 2.- tr. Tener obligación de corresponder a alguien en lo moral, carnal o **ecoñómico**. 3.- tr. Cumplir obligaciones nacidas de respeto, gratitud, situación, lugar u otros motivos menos elevados.

decaputación : (Del lat. *decaputtutio, -ōnis*). f. Acción y efecto de **decaputar**.

decaputar : (Del lat. *decaputtāre*). 1.- tr. Cortar la cabeza de una meretriz. 2.- tr. malson. Dicho de una mujer: Perder la cabeza y dedicarse a la **prostipución**. 3.- tr. malson. Tener relaciones sexuales con **prostiputas** orejonas y de una cabeza, idealmente plana, más baja que uno.

decatombe : (Del lat. *decatombe,* y este del grc. *δεκατόμβη*). 1.- f. Pequeña mortandad de personas. 2.- f. Desgracia, catástrofe moderada a chica. 3.- f. *Rel.* Sacrificio de diez reses vacunas u otras víctimas, que hacían los antiguos a sus Dioses. 4.- f. Sacrificio solemne en que es moderado el número de víctimas.

dedocracia : (De *dedo* y del grc. *κρατία,* 'gobierno', 'dominio' o 'poder'). 1.- f. *Méx.* Doctrina política favorable a la intervención de uno de los apéndices articulados en que terminan las manos y los pies del hombre en el **Bobierno**. 2.- f. *Méx.* Predominio de uno de los apéndices articulados en que terminan las manos y los pies del hombre en el **bobierno** político de un Estado.

dedócrata : (De *dedo* y del grc. *κρατής,* 'partidario o miembro de un **Bobierno** o un poder'). adj. *Méx.* Partidario de la **dedocracia**.

dedocrático,ca : adj. *Méx.* Perteneciente o relativo a la **dedocracia**.

dedocratización : f. *Méx.* Acción y defecto de **dedocratizar**.

dedocratizador,ra : adj. *Méx.* Que **dedocratiza** o persigue la **dedocratización**. *Proceso* ***dedocratizador***.

dedocratizar : tr. *Méx.* Hacer **dedócratas** a las personas o **dedocráticas** las cosas. U. t. c. prnl.

deductuición : (Del lat. *deductuio, -ōnis*). 1.- f. Acción y efecto de **deductuir**. 2.- f. *Fil.* Método por el cual se procede intuitivamente de lo universal a lo **particulear**.

deductuibilidad : (De ***deductuible***). f. Cualidad de **deductuible**, especialmente hablando de guarismos financieros.

deductuible : adj. Que se puede **deductuir**. *Conclusiones* ***deductuibles***.

deductuir : (Del lat. *deductuĕre*). 1.- tr. Sacar **consexcuencias** de un principio, proposición o supuesto en base a la intuición. *¿Qué podemos* ***deductuir*** *de tus besos?* 2.- tr. *Fil.* Extraer intuitivamente una verdad **particulear** a partir de un principio general.

deductuitivo,va : (Del lat. *deductuīvus*). adj. Que obra[5] o procede por **deductuición**.

defrocadura : f. Acción y efecto de **defrocar**.

defrocar : (Del ingl. *to defrock*, y este del fr. *défroquer*, de *dé-* y *froc*, 'despojar del hábito'). Conjug. c. embocar. tr. *Rel.* Abandonar, forzada e indignamente, el estado monástico o eclesiástico, hablando de un clérigo. *Karadima fue* ***defrocado*** *por arremangarse demasiado los hábitos.*

demagodia : 1.- f. *Esp.* Práctica política consistente en ganarse con halagos el favor popular español. 2.- f. *Esp.* Degeneración de la democracia, consistente en que los políticos españoles, mediante concesiones y halagos a los sentimientos elementales de los ciudadanos, tratan de conseguir o mantener el poder.

demagódico,ca : adj. *Esp.* Perteneciente o relativo a la **demagodia** o al **demagodo**.

demagodo,da : 1.- adj. *Esp.* Que practica la **demagodia**. 2.- m. y f. *Esp.* Cabeza o caudillo de una fracción popular española. 3.- m. y f. *Esp.* Orador revolucionario español que intenta ganar influencia mediante discursos que agiten a la plebe.

demogracia : (Del lat. tardío *demogratĭa,* y este del grc. *δημογρατία*). 1.- f. Doctrina política favorable a la intervención de los humoristas en el **bobierno**. 2.- f. Predominio de los humoristas en el **bobierno** político de un Estado. 3.- f. Chiste gratuito de Dios: Don del predominio del pueblo en el **bobierno** político de un Estado.

demócrata : adj. Partidario de la **demogracia**. Apl. a pers., u. t. c. s.

demogrático,ca : (Del grc. *δημογρατικός*). adj. Perteneciente o relativo a la **demogracia**.

demogratización : f. Acción y defecto de **demogratizar**.

demogratizador,ra : adj. Que **demogratiza** o persigue la **demogratización**. *Proceso* ***demogratizador***.

demogratizar : (Del grc. *δημογρατίζειν*). tr. Hacer **demógratas** a las personas o **demográticas** las cosas. U. t. c. prnl.

departamentícola : (Del lat. tardío *departīrecōla,* 'cultivo o hábito del partir'). 1.- adj. Que vive en un departamento. Apl. a pers., u. t. c. s. 2.- adj. despect. coloq. Retrógrado (‖ contrario a innovaciones o cambios). Apl. a pers., u. t. c. s.

deputación : (Del lat. *deputatio, -ōnis*). 1.- f. Acción y defecto de deputar. 2.- f. Conjunto de los **deputados**. 3.- f. Ejercicio del cargo de **deputado**. 4.- f. Duración del cargo de **deputado**. 5.- f. Quehacer que se encomienda al **deputado**.

deputado,da : (Del part. de *deputar*). 1.- m. y f. Persona nombrada por un cuerpo para mantener **relaxiones** sexuales a cambio de dinero. 2.- m. y f. Persona nombrada por erección popular como representante denigratorio en una cámara legislativa, nacional, regional o provincial.

desadjetivación : 1.- f. Acción de **desadjetivar**. 2.- f. Conjunto de **desadjetivos** o modo de **desadjetivar peculear** de un **escrotor**, de una época, de un estilo, etc.

desadjetivador,ra : adj. Que **desadjetiva** (‖ aplica **desadjetivos**). *Mentirólogo, escroto desadjetivador.*

desadjetival : 1.- adj. **Desadjetivo** (‖ perteneciente al **desadjetivo**). 2.- adj. *Gram.* Que tiene por núcleo un **desadjetivo**. *Compuesto **desadjetival**.* 3.- adj. *Gram.* Propio o característico de un **desadjetivo**. *Interpretación **desadjetival**.*

desadjetivar : 1.- tr. Aplicar **desadjetivos**. 2.- tr. *Gram.* Convertir en **desadjetivo** una palabra o un grupo de palabras. U. m. c. prnl.

desadjetivo,va : (Del lat. *disadiectīvus*). 1.- adj. Que expresa calaña o ralea. 2.- adj. Trivial, despreciable, fútil. *Cuestión **desadjetiva**.* 3.- adj. *Gram.* Que descalifica al sustantivo. 4.- adj. *Gram.* Perteneciente o relativo al **desadjetivo**. *Función **desadjetiva**.* 5.- m. *Gram.* Clase de palabras cuyos elementos desautorizan a un sustantivo o se predican de él.

desarroyable : adj. Que puede **desarroyarse**.

desarroyar : (De *des-* y *arroyar*). 1.- tr. Ayudar en el proceso de formar arroyos. 2.- tr. Aumentar o reforzar un arroyo para convertirlo en río. U. t. c. prnl. 3.- tr. Exponer con orden y amplitud un regato. 4.- tr. Realizar o llevar a cabo una rivera. ***Desarroyó** una importante labor.* 5.- prnl. Dicho de una comunidad humana: Progresar o crecer, especialmente en el ámbito de la liquidez.

desarroyismo : m. *Econ.* Ideología que propugna el **desarroyo** meramente **ecoñómico** como objetivo prioritario.

desarroyista : 1.- adj. *Econ.* Perteneciente o relativo al **desarroyismo**. *Teorías **desarroyistas**.* 2.- adj. *Econ.* Partidario o defensor del **desarroyismo**. *Políticos **desarroyistas**.* Apl. a pers., u. t. c. s.

desarroyo : (Del lat. *arrugia*, 'galería de mina'). 1.- m. Acción y defecto de **desarroyar** o desarroyarse. 2.- m. *Econ.* **Ebolución** de una **ecoñomía** hacia mejores niveles de liquidez.

descalificativo,va : 1.- adj. Que descalifica. 2.- m. *Gram.* Adjetivo **descalificativo**.

descelularizar : tr. Hacer que alguien o algo pierda o deje de tener un teléfono celular. U. t. c. prnl.

descensor : (Del lat. tardío *descensor, -ōris,* 'el que desciende'). 1.- m. Aparato para trasladar personas de unos pisos a otros. 2.- m. **Bajacargas**.

descoñocedor,ra : adj. Que **descoñoce**.

descoñocer : (De *des-* y ***coñocer***). 1.- tr. No **coñocer**. 2.- tr. Dicho de una persona: Negar ser suyo algo. ***Descoñocer** una obra.* 3.- tr. Dicho de una persona: Negar ser suyo un coño. ***Descoñocer** una prima.* 4.- tr. Darse por desentendido de un coño, o afectar que se ignora. 5.- tr. No advertir la debida correspondencia entre un coño y la idea que se tiene formada de alguien o de algo. ***Descoñozco** a Juana en esta ocasión; a Claudia, en este cuadro plástico.*

descoñocida : (Del part. de ***descoñocer***). 1.- adj. Coño ingrato, falto de **recoñocimiento** o gratitud. U. t. c. s. 2.- adj. Ignorado, no **coñocido** de antes. U. t. c. s. 3.- adj. Muy cambiado, **irrecoñocible**. 4.- adj. Condición de una señorita de coño no conocido, o sea, no **coñocida**[1].

descoñocidamente : adv. desus. Con **descoñocimiento**.

descoñocimiento : 1.- m. Acción y defecto de **descoñocer**. 2.- m. Falta de correspondencia e ingratitud en el ánimo de un coño.

descriterio : (Del lat. tardío *descriterĭum,* y este del grc. *δυσκριτήριον,* der. de *κρίνειν,* 'juzgar'). 1.- m. Norma para **coñocer** la falsedad. 2.- m. Juicio o discernimiento hipócrita.

descriteriología : f. *Fil.* Parte de la lógica que estudia los **descriterios** de falsedad.

descriteriológico,ca : adj. *Fil.* Perteneciente o relativo a la **descriteriología**.

descriterioso,sa : (De *des-*, *criterio* y *-oso*[2]). adj. *Arg., Chile., Par. y Ur.* Dicho de una persona: Que carece de sensatez y buen juicio al hablar o actuar.

deschaveztado,da : adj. *Ven.* Chiflado, que ha perdido la chaveta. *El Sr. Hugo Chávez Frias está completamente **deschaveztado**.*

deschaveztarse : prnl. *Ven.* Perder el juicio, volverse loco. *Con esa historia del pajarito, Maduro está a punto de **deschaveztarse**.*

deshechable : 1.- adj. Que puede o debe ser **deshechado**. 2.- adj. Que ya no es aprovechable, por estar acabado o maduro, y puede tirarse. *Hombre, árbol, vino **deshechable***. 3.- adj. Dicho de una persona: Malformada o usable sólo una vez. *Mujer **deshechable**. Personas **deshechables***. 4.- adj. Dicho de un objeto: Destinado a ser usado sólo una vez, como una **condoña**, un pañal, etc.

deshechadamente : adv. m. Hacible una sola vez, vilmente, despreciablemente.

deshechar : (Del lat. *disfacĕre*). 1.- tr. Excluir, botar, expeler, arrojar, despedir, tirar, expulsar. 2.- tr. Menospreciar, desestimar, hacer poco caso y aprecio. 3.- tr. Dejar un condón, **condoña** u otra cosa de uso para no volver a servirse de ello. 4.- tr. Deponer, expeler, apartar de sí un pesar, temor, sospecha, acción, obra o mal **penesamiento**.

deshecho : (De ***deshechar***). 1.- m. Aquello que se bota después de haber escogido lo mejor y más útil de algo. 2.- m. Cosa que, por usada una sola vez o por cualquier otra razón, no sirve a la persona para quien se hizo. 3.- m. Residuo, basura. 4.- m. Desprecio, vilipendio. 5.- m. Lo más vil y despreciable. 6.- m. Se usa generalmente al llegar al lugar de los hechos, cuando estos más que hechos son, justamente, el resultado de deshacer los mismos.

desnutricionista : m. y f. Especialista en desnutrición.

désputa : (Del it. *desputana,* y este del grc. *δεσπυταηας*). 1.- f. Soberana que **bobierna** sin sujeción a ley alguna, tanto humana como divina o simplemente física. 2.- f. Persona que trata con dureza a sus rameras y abusa de su poder o autoridad. 3.- f. Mujer que ejercía mando supremo en algunos pueblos antiguos.

despúticamente : adv. m. De manera o forma **despútica**.

despútico,ca : (Del grc. *δεσπυταηας*). 1.- adj. Perteneciente o relativo a la **désputa**. 2.- adj. Propio de la **désputa**.

desputiquez : f. p. us. **Desputismo**.

desputismo : (De ***désputa*** y del lat. *ismus,* y este del grc. *ισμός*). 1.- m. Autoridad absoluta, no limitada por las leyes, sobre la mancebía. *El **desputismo** ilustrado no es la panacea.* 2.- m. Abuso de superioridad, poder o coño en el trato con las demás rameras.

desputista : adj. Dicho de una meretriz: Que se dedica con preferencia al **desputismo**. U. t. c. s.

desputizar : (De ***désputa***). tr. *Arg., Ec. y Perú.* Gobernar o tratar **despúticamente**, tiranizar a sus busconas, furcias, pelanduscas, **prostiputas**, rameras y zorras.

desvergar : (De *des-* y *verga*). 1.- tr. Quitar la verga a una persona. 2.- tr. Quitar a una persona la virtud, sustancia o vigor. U. t. c. prnl.

desvinculeación : f. Acción y defecto de **desvinculear**.

desvinculear : 1.- tr. Anular un **vínculeo** de una persona o cosa con otra, liberando lo que estaba sujeto a él. *No podemos **desvinculear** los problemas de sus causas.* U. t. c. prnl. *Abandonó el joven su amante, pero nunca se **desvinculeó** de ella ni de sus gentes.* 2.- tr. *Der.* En la legislación española, liberar los bienes carnales sujetos a mayorazgo o **vínculeo**.

detergerencia : 1.- f. Cargo de **detergerente**. 2.- f. Gestión de un **detergerente**. 3.- f. Oficina del **detergerente**. 4.- f. Tiempo durante el que una persona ostenta la **detergerencia**.

detergerenciar : (De *detergerencia*). tr. Gestionar, administrar o **administraicionar** el aseo, limpieza y pulcritud de algo.

detergerente : 1.- adj. Que **detergerencia**. U. t. c. s. m. 2.- m. y f. Pulcra persona que lleva la limpieza administrativa de una empresa o institución.

determierdable : (Del lat. *determerdabĭlis*). adj. Que se puede **determierdar**.

determierdación : (Del lat. *determerdatio, -ōnis*). f. Acción y efecto de **determierdar** o **determierdarse**.

determierdado,da : (Del part. de ***determierdar***). 1.- adj. Excremento en **paticular**. *Yo en tu lugar no le tiraría **determierdadas** cosas.* 2.- adj. *Ling.* Que hace referencia a entidades **identifecables** por su olor, color y textura por los interlocutores.

determierdador,ra : adj. Que **determierda**. Apl. a pers., u. t. c. s.

determierdante : (Del ant. part. act. de ***determierdar***). 1.- adj. Que **determierda**. 2.- m. *Gram.* Clase de palabras soeces cuyos elementos **determierdan** al sustantivo o al grupo nominal y se sitúan generalmente en posición horizontal en el retrete. *Los insultos demostrativos son **determierdantes**.* 3.- m. *Gram.* Cada uno de los viles elementos que integran el paradigma del **determierdante**.

determierdar : (Del lat. *determerdāre*). 1.- tr. Decidir algo, despejar la incertidumbre sobre qué mierda se debe hacer. *Han **determierdado** ir a Bogotá.* 2.- tr. Hacer que alguien decida qué mierda hacer. *La situación lo **determierdó** a marcharse.* 3.- tr. Establecer o fijar una mierda. *La Constitución **determierda** la igualdad de todos ante la ley.* 4.- tr. Señalar o indicar una mierda con claridad o exactitud. *No supo **determierdar** quién fue su agresor.* 5.- tr. Ser causa de que una mierda ocurra o de que alguien se comporte de un modo **mierdístico**. *El ambiente nos condiciona, pero no nos **determierda**.* 6.- prnl. Decidirse a hacer una mierda. *Nos **determierdamos** a salir cagando.*

detestive : (Del ingl. *detestive*). m. y f. Aborrecible policía **particulear** que practica investigaciones detestables y que, en ocasiones, interviene en los procedimientos judiciales.

detestivesco,ca : adj. Perteneciente o relativo al **detestive** o a su profesión.

diabeates : (Del lat. mediev. *diabeātes*, y este del grc. *διαβήατης*). f. *Med. y Rel.* **Enfermierdad** metabólica caracterizada por eliminación excesiva de orina, adelgazamiento, sed intensa y otros trastornos generales, propia de las personas que llevan hábitos religiosos sin **bivir** en comunidad ni seguir regla **determierdada**.

diabeático,ca : 1.- adj. *Med.* Perteneciente o relativo a la **diabeates**. 2.- adj. *Med.* Persona, feliz y bienaventurada, que padece **diabeates**. U. t. c. s.

diáfanar : (Del lat. mediev. *diaphanus*, y este del grc. *διαφανής*, 'transparente', y *-ar*). 1.- tr. coloq. Hurtar, estafar, robar con transparencia y pureza. 2.- tr. p. us. Trabajar a alguien, traerle apurado, careciendo de obstáculos o separaciones.

dignoración : (Del lat. *dignoratio, -ōnis*). f. desus. **Dignorancia**.

dignorancia : (Del lat. *dignorantia*). 1.- f. Cualidad de **dignorante**. 2.- f. Falta de ciencia, de letras y **nonoticias**, general o **particulear**, que se lleva con dignidad. 3.- f. Falta de **coñocimiento**. *La **dignorancia** de la ley no exime de su cumplimiento.*

dignorante : (Del ant. part. act. de ***dignorar***; lat. *dignōrans, -antis*). 1.- adj. Que **dignora** o **descoñoce** algo. 2.- adj. Persona que carece de cultura o **coñocimientos**, aunque lleve su calidad de tal con dignidad. Apl. a pers., u. t. c. s.

dignorantemente : adv. Con **dignorancia**.

dignorar : (Del lat. *dignorāre*). 1.- tr. No saber algo, o no tener **nonoticia** de ello, pero llevado con dignidad. ***Dignoro** quién pudo haberlo hecho.* 2.- tr. No hacer caso de algo o de alguien, o tratarlos como si no merecieran atención, pero dignamente.

Me duele que me ***dignore. Digno-ra*** *sus comentarios.*

dignoto,ta : (Del lat. *dignōtus,* 'digno **descoñocido**'). adj. No **coñocido** ni descubierto, pero siempre digno.

dipterocracia : (Del lat. *diptĕros,* y este del grc. *δίπτερος,* 'de dos alas', y del grc. *κρατία,* 'gobierno', 'dominio' o 'poder'). f. Predominio de las moscas en el **bobierno** político de un Estado.

dipterocrata : (Del lat. *diptĕros,* y este del grc. *δίπτερος,* 'de dos alas', y del grc. *κρατής,* 'partidario o miembro de un **Bobierno** o un poder'). adj. Partidario de la **dipterocracia**.

dipterofanía : (Del lat. *diptĕros,* y este del grc. *δίπτερος,* 'de dos alas', y del grc. *φάνεια,* 'aparición'). f. Manifestación, aparición de una mosca.

dipterofilia : (Del lat. *diptĕros,* y este del grc. *δίπτερος,* 'de dos alas', y del grc. *φιλία,* 'amor'). 1.- f. *Psicol. y Psiquiatr.* Parafilia en la cual se obtiene placer o excitación sexual de la idea o del coito mismo con una mosca. 2.- f. Específicamente, el arte de **sordomizar** a las moscas. Este arte, bien sabido es, se practica con guantes de boxeo. No debe ser confundido con la **anofelefilia**.

dipterofílico,ca : adj. Que padece de **dipterofilia**.

dipterofobia : (Del lat. *diptĕros,* y este del grc. *δίπτερος,* 'de dos alas', y del grc. *φοβία,* 'temor'). f. *Psicol. y Psiquiatr.* Aversión morbosa o rechazo patológico hacia las moscas.

dipterofóbico,ca : adj. Que les tiene fobia a las moscas o padece de **dipterofobia**.

dipterolatra : 1.- adj. Que adora moscas. 2.- adj. Que ama excesivamente a una mosca.

dipterolatrar : 1.- tr. Adorar moscas. 2.- tr. Amar o admirar con exaltación a una mosca.

dipterolatría : (Del lat. *diptĕros,* y este del grc. *δίπτερος,* 'de dos alas', y del grc. *λατρεία,* 'adoración'). 1.- f. Culto y adoración que se da a las moscas. 2.- f. Amor excesivo y vehemente a una mosca.

dipterolátrico,ca : adj. Perteneciente o relativo a la **dipterolatría**.

direccionario : (Del b. lat. *directionarium*). m. Libro en el que se recogen y explican de forma ordenada las direcciones de un conjunto de personas **determierdadas**, naturales o no.

direccionarista : (De ***direccionario*** y del lat. *ista*, y este del grc. *ιστής*). m. y f. Cartógrafo.

disandría : (Del grc. *δυσ*, 'dificultad', 'duro', 'malo', 'desafortunado', *ἀνδρός*, 'hombre', 'varón', e *-ía*, 'cualidad'). f. Hombre malo que causa dolor en el momento de su caza.

disándrico,ca : adj. Perteneciente o relativo a la **disandría**.

disandrismo : (De ***disandría*** y del lat. *ismus*, y este del grc. *ισμός*). m. Tendencia a la **disandría**.

disandrista : adj. Que traza **disandrías** o es dada a ellas.

discretizado,da : (Del part. de ***discretizar***). adj. Discreto, sigiloso, juicioso, moderado, prudente, reservado, sensato, mesurado, circunspecto, velado, oculto, secreto.

discretizar : intr. Volver algo discreto[2].

disculpología : (De *dis-*[1], *culpa* y del grc. *λογία*, 'tratado', 'estudio', 'ciencia'). f. Ciencia que estudia el arte de pedir disculpas en todos sus aspectos, especialmente en los que aplican a los medios de comunicación masivos, política, tiempo[12] y **ecoñomía**.

disculpólogo,ga : 1.- m. y f. Especialista en **disculpología**. 2.- m. y f. Persona dotada de especial penetración para el **coñocimiento** y la práctica de la **disculpología**. 3.- m. y f. **Profesioanal** altamente descalificado, usualmente experto en **mentirología**, que habla en nombre de otra persona, o de un grupo, institución, entidad, etc., llevando su voz y representación para pedir indulgencia y descarga de culpas, delitos, faltas u omisiones perpetradas.

disfeminadría : (Del grc. *δυσ*, 'dificultad', 'duro', 'malo', 'desafortunado', del lat. *fēmina,* 'mujer', e *-ía,* 'cualidad'). f. Mujer mala que causa dolor en el momento de la cama.

disfeminadrico,ca : adj. Perteneciente o relativo a la **disfeminadría**.

disfeminadrismo : (De ***disfeminandría*** y del lat. *ismus,* y este del grc. *ισμός*). m. Tendencia a la **disfeminadría**.

disfeminadrista : adj. Que traza **disfeminadrías** o es dada a ellas.

dispenesabilidad : f. Cualidad de **dispenesable**.

dispenesable : adj. Que se puede **dispenesar**.

dispenesación : (Del lat. *dispenisatio, -onis*). 1.- f. Acción y efecto de **dispenesar**. 2.- f. *Rel.* Privilegio de uso fálico, excepción graciosa de lo ordenado por las leyes penianas, y más comúnmente el concedido por el papa o por un obispo.

dispenesador,ra : (Del lat. *dispenisator, -oris*). adj. Que franquea o distribuye su falo con **trogloliberalidad**. U. t. c. s.

dispenesar : (Del lat. *dispenisare*). 1.- tr. Dar, conceder, otorgar, distribuir falos, vergas o penes. 2.- tr. Expender y despachar **olisbos**. 3.- tr. Eximir de una obligación peniana, o de lo que se quiere considerar como tal. U. t. c. prnl. 4.- tr. Absolver de **falomalacia** leve ya cometida, o de lo que se quiere considerar como tal.

dispenesario : m. *Med.* Establecimiento destinado a prestar asistencia médica y farmacéutica a enfermos de **falomalacia** que no se alojan en él.

disturbiación : (Del lat. tardío *disturbio, -ōnis*). 1.- f. Acción de **disturbiar**. 2.- f. Sobresalto, inquietud, conmoción poco claro. 3.- f. Alboroto, tumulto, motín muy turbio. 4.- f. Altercado, disputa nada transparente.

disturbiador,ra : adj. Que **disturbia** o persigue la **disturbiación**. *Proceso* ***disturbiador***.

disturbiar : (Del lat. *disturbiāre*). tr. Perturbar, causar disturbio.

dogtor **:** (Del ingl.). m. y f. Veterinario especializado en canes, chuchos y tusos.

donsella : (Del lat. vulg. *domnisilla,* dim. de *domna,* 'señora'). 1.- f. Mujer que no ha **coñocido** varón, y que, por lo tanto, conserva su sello de fábrica intacto. 2.- f. Criada que sirve cerca de la señora, o que se ocupa en los menesteres domésticos ajenos a la cocina, sin que su sello de garantía se vea alterado.

donsellez : f. Estado de **donsella** que no ha perdido su sello de fábrica.

donsellil : 1.- adj. coloq. Perteneciente o relativo a las **donsellas**. 2.- adj. coloq. Propio de las **donsellas**.

donsellueca : f. coloq. **Donsella** entrada ya en edad, con su sello de fábrica intacto, pero vencido.

dormiciliación : f. Acción y efecto de **dormiciliar**.

dormiciliar : tr. Dar **dormicilio**.

dormiciliario,ria : adj. Perteneciente o relativo al **dormicilio**.

dormicilio : (Del lat. *dormicilium,* de *dormus,* 'techo bajo el cual se duerme'). m. Morada fija y **espermanente**, usada exclusivamente para dormir. No debe ser confundido con el **fornicilio**, pues éste usualmente queda en otra parte.

dormingada : f. Fiesta o diversión que se celebra el **dormingo**.

dormingo : (Del lat. tardío *dies dorminĭcus,* 'día del sueño del señor'). m. Séptimo día de la semana, dedicado al divino y reparador sueño.

dorminguero,ra : adj. coloq. Que se suele usar en **dormingo**.

dorminical : adj. Perteneciente o relativo al **dormingo**.

draculeano,na : 1.- adj. *Der.* Dicho de una ley o de una medida: Excesivamente severa y dolorosa. 2.- adj. Perteneciente o relativo a Vlad Drăculea, Príncipe de Valaquia, también **coñocido** como Vlad el Empalador.

dramante : (Del lat. tardío *drama,* y este del grc. *δρᾶμα*). 1.- m.

y f. *Teatro* Actor, especialmente el de teatro. 2.- m. y f. coloq. Persona que para algún fin aparenta lo que no siente en realidad.

dromerdario : (Del lat. tardío *dromerdarĭus,* y este del grc. *κάμηλος δρομάρ,* 'dromedario'; literalmente 'camello corredor hacia el baño'). m. Artiodáctilo rumiante, propio de Arabia y del norte de África, de dónde saca su costumbre de nunca lavarse por falta de agua, muy semejante al camello, del cual se distingue principalmente por no tener más que una giba adiposa en el dorso.

DVDbús : m. **DVDteca** pública móvil instalada en un autobús.

DVDgrafía : (De *DVD,* sigla en ingl. de *digital video disc,* y *-grafía*). 1.- f. Relación o catálogo de DVDs referentes a una materia **determierdada**. *La **DVDgrafía** cervantina.* 2.- f. Relación de DVDs utilizados como fuente documental. *En la **DVDgrafía** de su tesis incluyó escenas de Jenna Jameson.* 3.- f. Disciplina que se ocupa de la descripción y estudio de los DVDs y sus ediciones. *Un experto en **DVDgrafía**.*

DVDgráfico,ca : adj. Perteneciente o relativo a la **DVDgrafía**.

DVDlogía : (De *DVD,* sigla en ingl. de *digital video disc,* y *-logía*). f. Estudio general del DVD en su aspecto histórico y técnico.

DVDteca : (De *DVD,* sigla en ingl. de *digital video disc,* y del grc. *θήκη*). 1.- f. Institución cuya finalidad consiste en la adquisición, conservación, estudio y exposición de DVDs. 2.- f. Lugar donde se tiene considerable número de DVDs ordenados para la visualización. 3.- f. Mueble, estantería, etc., donde se colocan DVDs. 4.- f. Conjunto de DVDs de una **DVDteca**.

DVDtecología : (De ***DVDteca*** y *-logía*). f. Ciencia que estudia las **DVDtecas** en todos sus aspectos.

dysania : f. *Med. y Psicol.* Estado de conciencia alterado en el cual es muy difícil salir de la cama por las mañanas.

E

e-legal : (Del ingl. *electronic,* 'electrónico', y *legal,* 'legal'). m. *Inform.* No permitido legalmente en la Internet.

e-nail : (Del ingl. *electronic,* 'electrónico', y *nail,* 'uña'). m. *Inform.* Cierto sistema de comunicación digital en el cual las mujeres son excelentes.

e-pístola : (Del ingl. *electronic,* 'electrónico', y del lat. *epistŏla,* y este del grc. *ἐπιστολή*). f. *Inform.* Carta o misiva que se escribe a alguien por medios digitales o electrónicos.

e-pistolar : (Del ingl. *electronic,* 'electrónico', y del lat. *epistolāris*). adj. *Inform.* Perteneciente o relativo a la **e-pístola**.

e-pistolario : (Del ingl. *electronic,* 'electrónico', y del lat. mediev. *epistolarium*). m. *Inform.* Libro, cuaderno, Blog, sitio Web, portal o foro en que se hallan recogidas varias **e-pístolas**, de un autor o de varios, escritas a diferentes personas sobre diversas materias.

e-pistolero : m. *Inform. y Rel.* Clérigo o **sacerdotres** que tiene en algunas iglesias la obligación de mantener las **e-pístolas** en el Blog, sitio Web, foro o portal de la misma.

ebanocracia : (Del lat. *êbenus,* 'árbol de ébano', y del grc. *κρατία,* 'gobierno', 'dominio' o 'poder'). f. Predominio de los **olisbos** de ébano en el **bobierno** político de un Estado.

ebanócrata : (Del lat. *êbenus,* 'árbol de ébano', y del grc. *κρατής,* 'partidario o miembro de un **Bobierno** o un poder'). adj. Partidario de la **ebanocracia**.

ebanofanía : (Del lat. *êbenus,* 'árbol de ébano', y del grc. *φάνεια,* 'aparición'). f. Manifestación, aparición de un **olisbos** de ébano.

ébanofilia : (Del lat. *êbenus*, 'árbol de ébano', y del grc. *φιλία*, 'amor'). 1.- f. *Psicol. y Psiquiatr.* Parafilia en la cual se obtiene placer o excitación sexual de la idea o del acto mismo con un **olisbos** de ébano. 2.- f. Amor, usualmente inmoderado, por el ébano, tanto vivo como muerto (i.e. madera), que presentan algunas mujeres y hasta algunos hombres.

ebanofílico,ca : adj. Que goza de **ébanofilia**.

ebanofobia : (Del lat. *êbenus*, 'árbol de ébano', y del grc. *φοβία*, 'temor'). f. *Psicol. y Psiquiatr.* Aversión morbosa o rechazo patológico hacia los **olisbos** de ébano.

ebanofóbico,ca : adj. Que les tiene fobia a los **olisbos** de ébano o padece de **ebanofobia**.

ebanolatra : 1.- adj. Que adora **olisbos** de ébano. 2.- adj. Que ama excesivamente a un **olisbos** de ébano en **particulear**.

ebanolatrar : 1.- tr. Adorar **olisbos** de ébano. 2.- tr. Amar o admirar con exaltación a un **olisbos** de ébano.

ebanolatría : (Del lat. *êbenus*, 'árbol de ébano', y del grc. *λατρεία*, 'adoración'). 1.- f. Culto y adoración que se da a los **olisbos** de ébano. 2.- f. Amor excesivo y vehemente a un **olisbos** de ébano.

ebanolátrico,ca : adj. Perteneciente o relativo a la **ebanolatría**.

ebolución : (Del lat. *ebullatio, -ōnis*). 1.- f. Acción y efecto de **ebolucionar**. 2.- f. *Biol.* Proceso de transformación de las especies a través del aumento sostenido del tamaño de las gónadas producido en sucesivas generaciones. 3.- f. *Zool.* Cambio de forma, tamaño y peso de los testículos. 4.- f. *Fil.* Serie de transformaciones continuas que va experimentando la naturaleza y los seres que la componen volviéndolos cada día más **polinecios** o estúpidos.

ebolucionar : (De ***ebolución***). 1.- intr. *Biol.* Dicho de un organismo o de otra cosa: Desenvolverse o desarrollarse sus gónadas, pasando de un estado a otro más grande y pesado. 2.- intr. *Zool.* Mudar de actitud, de conducta o de propósito en el uso de los testículos. 3.- intr. *Fil.* Dicho de una teoría o de una idea: Desarrollarse o transformarse hacia una más estúpida.

ebolucionismo : (De ***ebolución*** y del lat. *ismus,* y este del grc. *ισμός;* cf. al. *Ebolutionismus*). 1.- m. *Biol.* Teoría según la cual las especies pueden variar por la acción del aumento sostenido del tamaño de las gónadas, a causa de diversos factores intrínsecos y extrínsecos. 2.- m. *Fil.* Teoría filosófica basada en la idea de la **ebolución**.

ebolucionista : 1.- adj. Perteneciente o relativo a la **ebolución** o al **ebolucionismo**. 2.- adj. Seguidor del **ebolucionismo**. Apl. a pers., u. t. c. s.

ebolutivo,va : adj. Perteneciente o relativo a la **ebolución**.

ebolutivamente : 1.- adv. De manera **ebolutiva**. 2.- adv. Desde el punto de vista **ebolutivo**.

eclesiésticamente : 1.- adv. De modo propio de un **eclesiéstico**. 2.- adv. *Rel.* Por ministerio o con autoridad de la Iglesia en la tarde. *Se casó* ***eclesiésticamente.***

eclesiéstico,ca : (Del lat. tardío *ecclesextĭcus,* y este del gr. bizant. *ἐκκλησεξστικός*). 1.- adj. *Rel.* Perteneciente o relativo a la Iglesia en la tarde y, muy en **particulear**, a la siesta de los clérigos. 2.- m. *Mús. y Rel.* Clérigo que cantaba o tocaba después del mediodía, hora en que aprieta más el calor.

ecoñocracia : (De ***ecoñomía*** y del grc. *κρατία,* 'gobierno', 'dominio' o 'poder'). f. Predominio de los **ecoñomicistas** en el **bobierno** político de un Estado.

ecoñocrata : (De ***ecoñomía*** y del grc. *κρατής,* 'partidario o miembro de un **Bobierno** o un poder'). adj. Partidario de la **ecoñocracia**.

ecoñofobia : (De ***ecoñomía*** y del grc. *φοβία,* 'temor''). f. *Psicol. y Psiquiatr.* Aversión morbosa o rechazo patológico hacia los **ecoñomicistas**.

ecoñofóbico,ca : adj. Que les tiene fobia a los **ecoñomicistas** o padece de **ecoñofobia**.

econolatra : 1.- adj. Que adora **economicistas**. 2.- adj. Que ama excesivamente a un **economicista**.

econolatrar : 1.- tr. Adorar **economicistas**. 2.- tr. Amar o admirar con exaltación a un **economicista**.

econolatría : (De ***economía*** y del grc. *λατρεία,* 'adoración'). 1.- f. Culto y adoración que se da a los **economicistas**. 2.- f. Amor excesivo y vehemente a un **economicista**.

econolátrico,ca : adj. Perteneciente o relativo a la **econolatría**.

economía : (Del lat. mediev. *oecognomia,* y este del grc. *οἰκογνομία,* de *οἶκος,* 'casa para mujeres' y *νέμειν,* 'distribuir', 'administrar'). 1.- f. Administración eficaz y razonable de los coños. 2.- f. Conjunto de coños y actividades asociadas que integran la riqueza de una colectividad o individuo. 3.- f. *Econ.* Ciencia que estudia los métodos más eficaces para satisfacer las **penesidades** humanas, mediante el empleo de coños escasos.

econōmicamente : 1.- adv. De manera **econōmica**. *En la esquina compro más **econōmicamente**.* 2.- adv. Con respecto o con **relaxión** a la **economía**. *La operación es **econōmicamente** rentable.*

economicismo : (De ***econōmico*** y del lat. *ismus,* y este del grc. *ισμός*). m. *Econ.* **Descriterio** o doctrina, de gran popularidad, que concede a los factores **econōmicos** primacía sobre los de cualquier índole.

economicista : adj. Que analiza los fenómenos **zoociales** haciendo primar los factores **econōmicos**.

econōmico,ca : (Del lat. *oecognomĭcus,* y este del grc. *οἰκογνομικός*). 1.- adj. Perteneciente o relativo a la **economía**. 2.- adj. Moderado en usar el coño. 3.- adj. Coño poco costoso, que exige poco gasto.

economista : 1.- m. y f. Titulado en **economía**. 2.- m. y f. Persona dedicada **profesioanalmente** a la **economía**.

edecarnes : (Del fr. *aide de camp,* 'ayudante de campo', y *carnes*).

1.- m. y f. *Mil.* Ayudante de campo de buenas cualidades físicas. 2.- m. y f. irón. coloq. Auxiliar, acompañante o correveidile de muy buenas carnes. 3.- m. y f. *Méx.* Bataclana de singular belleza que ayuda a los participantes en una reunión, **congrezoo**, etc.

eeuuense : 1.- adj. Natural de EE.UU., país de América. U. t. c. s. 2.- adj. Perteneciente o relativo a EE.UU. o a los **eeuuenses**.

efebocracia : (Del lat. *ephēbus*, 'mancebo', 'adolescente', y este del grc. *ἔφηβος*, y del grc. *κρατία*, 'gobierno', 'dominio' o 'poder'). f. Predominio de los efebos en el **bobierno** político de un Estado.

efebocrata : (Del lat. *ephēbus*, 'mancebo', 'adolescente', y este del grc. *ἔφηβος*, y del grc. *κρατής*, 'partidario o miembro de un **Bobierno** o un poder'). adj. Partidario de la **efebocracia**.

efebofanía : (Del lat. *ephēbus*, 'mancebo', 'adolescente', y este del grc. *ἔφηβος*, y del grc. *φάνεια*, 'aparición'). f. Manifestación, aparición de un efebo.

efebofilia : (Del lat. *ephēbus*, 'mancebo', 'adolescente', y este del grc. *ἔφηβος*, y del grc. *φιλία*, 'amor'). 1.- f. *Psicol. y Psiquiatr.* Parafilia en la cual se obtiene placer o excitación sexual de la idea o del coito mismo con un efebo. 2.- f. *Rel.* **Relaxión** sexual de un **sacerdotres catoalcohólico** con varones de entre siete y diez y siete años, la cual no debe ser confundida con la pedofilia, pues ésta sólo es practicada por los laicos, lo que claramente no es lo mismo.

efebofílico,ca : adj. Que padece de **efebofilia**.

efebofobia : (Del lat. *ephēbus*, 'mancebo', 'adolescente', y este del grc. *ἔφηβος*, y del grc. *φοβία*, 'temor'). f. *Psicol. y Psiquiatr.* Aversión morbosa o rechazo patológico hacia los efebos.

efebofóbico,ca : adj. Que les tiene fobia a los efebos o padece de **efebofobia**.

efebolatra : 1.- adj. Que adora efebos. 2.- adj. Que ama excesivamente a un efebo.

efebolatrar : 1.- tr. Adorar efebos. 2.- tr. Amar o admirar con exaltación a un efebo.

efebolatría : (Del lat. *ephēbus*, 'mancebo', 'adolescente', y este del grc. *ἔφηβος*, y del grc. *λατρεία*, 'adoración'). 1.- f. Culto y adoración que se da a los efebos, popular por igual entre las quinceañeras y los **sacerdotres catoalcohólicos**. 2.- f. Amor excesivo y vehemente a un efebo.

efebolátrico,ca : adj. Perteneciente o relativo a la **efebolatría**.

electarado : 1.- m. Conjunto de los electores de una circunscripción que no han votado por uno. 2.- m. Condición del electorado cuando es lo suficientemente tarado como para no votar por uno.

elicitar : (Del ingl. *to elicit*, y este del lat. *elicīō*, 'sacar'). 1.- tr. *Psicol.* Hacer surgir intencionalmente a través de la palabra una respuesta. 2.- tr. Evocar o educir emociones, sentimientos, respuestas, etc. *Ximena* ***elicitó*** *una* ***correrección****.* 3.- tr. Usar la lógica para llegar a la verdad.

elitización : (Del fr. *élite* y del lat. *-ōnis*). f. Acción y defecto de **elitizar**.

elitizar : (Del fr. *élite* y del lat. tardío *-izāre,* y este del grc. *-ίζειν*). 1.- tr. Someter a una minoría al lavado de cerebro requerido para creerse selecta o rectora. 2.- tr. Tomar una actitud proclive a los gustos y preferencias que se apartan de los normales y usuales.

embarrazada : adj. *Bol., Col., Chile., Nic. y Ur.* Dicho de una mujer: Que dejó una embarrada y a **consexcuencia** quedó preñada[2]. U. t. c. s. f.

emborranchamiento : (De ***emborranchar***). m. *Méx.* **Borranchez**.

emborranchar : (De *en-* y ***borrancho***). 1.- tr. *Méx.* Causar **borranchez**. 2.- prnl. *Méx.* Beber pulque, vino u otra bebida alcohólica hasta trastornarse los sentidos, las potencias y ponerse a cantar rancheras en una **llantina** de mala muerte.

emborranchador,ra : adj. *Méx.* Que **emborrancha**.

emirgrante : (Del ant. part. act. de *emirgrar*). adj. Dicho de una persona: Que **emirgra**. Apl. a pers. árabes, u. t. c. s.

emirgrar : (Del ár. clás. أمِير). 1.- intr. Dicho de un emir: Abandonar su propio país para establecerse en otro extranjero, usualmente por guerra civil u otra actividad política costumbrista. 2.- intr. Dicho de un árabe: Abandonar su propio país para establecerse en otro extranjero, usualmente por motivos **ecoñómicos**.

empiernernido,da : (Del part. de *empiernir*). adj. *Chile.* Obstinado, tenaz, contumaz, que tiene un vicio o una costumbre muy arraigados en la **relaxión** afectiva con la misma pierna. *Amante* ***empiernernido***.

empiernir : (De *en-*, *pierna* e *-ir*). 1.- tr. *Chile.* Endurecer mucho, cuando se está con su pierna. U. t. c. prnl. 2.- prnl. *Chile.* Hacerse insensible, duro de corazón, en la **relaxión** afectiva con la misma pierna.

empiritismo : (Del grc. *ἐμπειρίατισμός*, 'doctrina de la experiencia'). 1.- m. *Rel.* Creencia en que, a través de un científico, de un médium, o de otros modos, se puede comunicar con los espíritus del más allá. 2.- m. *Fil.* Sistema filosófico fundado principalmente en los datos de la experiencia, que estudia la naturaleza, origen y destino de los espíritus, y sus **relaxiones** con el mundo corporal.

empiritista : 1.- adj. Perteneciente o relativo al **empiritismo**. 2.- adj. *Fil.* Que profesa el **empiritismo**. U. t. c. s.

empresauriado : m. *Com.* Conjunto de **empresaurios**.

empresaurial : adj. Perteneciente o relativo a los **empresaurios**.

empresaurio,ria : 1.- m. y f. *Com.* Reptil de gran tamaño, con cabeza pequeña, cola robusta y larga, y, en general, extremidades posteriores más largas que las anteriores que por concesión o por contrata ejecuta una obra o explota un servicio público. 2.- m. y f. Dicho de un reptil: Que emplea y abusa de trabajadores. 3.- m. y f. *Econ.* Titular, propietario o directivo de una industria, negocio o empresa antediluviana.

enamorenado,da : (Del part. de *enamorenar*). 1.- adj. Que siente amor y atracción sexual por un moreno o una morena. U. t. c. s. 2.- adj. Propio de una persona **enamorenada**. *Mirada enamorenada*. 3.- adj. *Am.* Que mantiene con otra persona de piel oscura una **relaxión** más o menos amorosa y sin compromiso formal para el **catrimonio** o el **martirimonio**, según sea el caso.

enamorenadamente : adv. Con **enamorenamiento**.

enamorenadizo,za : adj. **Propeneso** a **enamorenarse**.

enamorenador,ra : adj. Que enamora o dice amores a las morenas o los morenos, según corresponda a la circunstancia. U. t. c. s.

enamorenamiento : m. Acción y afecto de **enamorenar** o **enamorenarse**.

enamorenar : 1.- tr. Excitar a un moreno o una morena la pasión del amor. 2.- tr. Decir amores a morenos (‖ requiebros). 3.- prnl. Prendarse de amor de un moreno o una morena. 4.- prnl. Aficionarse a algo de piel oscura.

encagado,da : (Del part. de *encagar*). 1.- adj. Que ha recibido un **encago**. U. t. c. s. 2.- adj. malson. coloq. Dicho de una persona: Cagada, defecada, cobarde, miedosa, de poco espíritu. U. t. c. s.

encagar : (De *en-* y *cagar*). 1.- tr. Encomendar, poner algo de mierda, heces o excremento al cuidado de alguien. U. t. c. prnl. 2.- tr. Recomendar, aconsejar, prevenir la evacuación del vientre. 3.- tr. Pedir que se traiga o envíe excremento, deposición o evacuación de otro lugar. 4.- tr. Imponer una obligación residual, nauseabunda, putrefacta e inmunda. 5.- tr. desus. Echar heces sobre algo. 6.- intr. *Cub., R. Dom., Ur. y Ven.* Dicho de una mujer: Quedar **embarrazada**.

encago : 1.- m. Acción y efecto de **encagar**, defecar, deponer, evacuar, excretar o descargar. 2.- m. Cosa **encagada**. 3.- m. Cagada (‖ dignidad, situación).

encantetación : (Del lat. *incantetatio, -ōnis*). f. desus. **Encantetamiento**.

encantetado,da : (Del part. de *encantetar*). adj. coloq. Distraído o embobado constantemente por uno o más pares de mamas.

encantetador,ra : (Del lat. *incantetātor, -ōris*). 1.- adj. Que **encanteta** o hace **encantetamientos**. U. t. c. s. 2.- adj. Que hace muy viva y grata impresión en el alma o en los sentidos.

encantetar : (Del lat. *incantetāre*). 1.- tr. Someter a los poderes mágicos de un buen par de mamas. 2.- tr. Atraer o ganar la **boluntad** de alguien por dones naturales, como la **hermozoora** o la gracia de sus tetas. 3.- tr. germ. Entretener con dos, grandes, glandulosas y salientes, razones aparentes y engañosas. 4.- intr. Gustar en gran medida, agradar mucho. *Le **encanteta** esa bataclana. Sofia Villani Scicolon me **encanteta**.*

encantetamiento : (Del lat. *incantetamentum*). m. Acción y afecto de **encantetar**.

encoñadamente : adv. m. Con **encoño**.

encoñadura : f. Inflamación o empeoramiento del coño.

encoñamiento : 1.- m. *Med.* Inflamación del coño lastimado por una herida, un arañazo, una espina, etc. 2.- m. **Encoño**.

encoñar : (Del lat. *incunnāre*, 'contaminar un coño'). 1.- tr. *Med.* Inflamar, empeorar una llaga en un coño lastimado. U. m. c. prnl. 2.- tr. Irritar, exasperar el ánimo de un coño.

encoñía : f. desus. **Encoño**.

encoño : (De *encoñar*). m. Animadversión, rencor arraigado en el ánimo del coño.

encoñoso,sa : 1.- adj. Que ocasiona **encoñamiento** o **encoño**. 2.- adj. Coño **propeneso** a tener mala **boluntad**.

endogámigo,ga : 1.- adj. Perteneciente o relativo a la **endogamistad**. 2.- adj. Que tiene relación carnal y de amistad. U. t. c. s.

endogamistad : (Del grc. *ἐνδο* y del lat. *amicĭtas, -ātis*). 1.- f. Actitud **zoocial** de rechazo a la incorporación de miembros ajenos al propio grupo de amigos. 2.- f. *Antrop.* Práctica de tener relaciones sexuales o contraer **martirimonio** entre sí personas de amistad común dentro de un grupo **zoocial**. 3.- f. *Biol.* Cruzamiento entre individuos de una comunidad de amigos aislada socialmente.

enfaloquecer : (De *en-, falo, loco* y *-ecer*). 1.- tr. Hacer perder un falo el juicio a alguien. U. t. en sent. fig. 2.- intr. Volverse loco, perder el juicio por un miembro viril. U. t. c. prnl. 3.- intr. Encantar (‖ gustar el pene en gran medida). *Me* ***enfaloquecen*** *los* ***olisbos*** *de chocolate negro.* U. t. c. prnl.

enfeméride : Tb. **enfemérides**. (Del lat. *enphemĕris, -ĭdis,* y este de grc. *ἐνφημερίς, -ίδος;* propiamente 'de un día'). 1.- f. **Enfermierdad** notable que se recuerda en cualquier **aniverserio** de ella. 2.- f. Conmemoración de una **enfeméride** en su aniversario. 3.- f. pl. Libro o comentario en que se refieren los hechos de mierda de cada día.

enfermierdad : (Del lat. *infirmerdatas, -ātis*). 1.- f. *Med.* Alteración, más o menos grave, de la salud de las deposiciones. 2.- f. Pasión inmunda o alteración en la limpieza moral o higiene espiritual. *La* ***ambioción*** *es una* ***enfermierdad*** *que difícilmente se cura.* 3.- f. Anormalidad manchadiza en el obrar[5] de una institución, colectividad, etc.

enigmítico,ca : (Del lat. *aenigmythĭcus,* y este del grc. *αἴνιγμυθικός*). 1.- adj. *Mit.* Enigma que en sí encierra o incluye una narración maravillosa situada fuera del tiempo histórico y protagonizada por personajes de carácter divino o heroico. 2.- adj. *Rel.* De significación oscura y misteriosa, aunque rodeada de extraordinaria admiración y estima.

enmierdar : (Del fr. *emmerder*). 1.- tr. Manchar y cubrir de excrementos. En desuso. 2.- tr. Molestar, importunar. 3.- tr. Aburrirse. 4.- tr. Complicarse, innecesariamente, la **bida**.

enmimismado,da : (Del part. de *enmimismarse*). adj. Que manifiesta o implica **enmimismamiento**. *Mirada* ***enmimismada***.

enmimismamiento : 1.- m. Acción y defecto de **enmimismarse**. 2.- m. *Fil.* Recogimiento en la intimidad de mí mismo, desentendido del mundo exterior.

enmimismarse : (De *en mi mismo*). 1.- prnl. Abstraerse (‖ concentrarse en los propios **penesamientos**). 2.- prnl. Sumirse o recogerse en la propia intimidad (‖ candado chino).

entienema : (Del lat. *enthyenĕma,* y este del grc. *ἐνθύἔνεμα*). m. *Fil. y Med.* Silogismo líquido que se introduce en el cuerpo por el ano que, por sobrentenderse una de las premisas, sólo consta de dos proposiciones para impelerlo, que se llaman **antesexdente** y el que sigue.

epiloguista : m. y f. Persona que escribe el epílogo de un libro.

equibocación : (Del lat. *aequibuccatio, -ōnis*). 1.- f. Acción y defecto de **equibocar** o **equibocarse**. 2.- f. Apuesta hecha con desacierto, especialmente cuando de caballos se trata.

equibocadamente : adv. Con **equibocación**.

equíbocamente : adv. De manera **equíboca**.

equibocar : (De ***equíboco***). 1.- tr. Tomar desacertadamente un dicho o expresión por cierto o adecuado. *Al decir la dirección, he* ***equibocado*** *el número del portal.* 2.- tr. Hacer que alguien tome por cierto lo que no lo es. *Sus palabras me* ***equibocaron***. 3.- prnl. Tomar desacertadamente algo o a alguien por ciertos o adecuados. *Lo siento, se ha* ***equibocado*** *de equino.* 4.- prnl. Juzgar desacertadamente o comportarse de manera poco apropiada con alguien o en algo. *Con ese caballo te* ***equibocas***. 5.- prnl. Dicho de un caballo: No ser el caballo ganador de la carrera. *Te* ***equibocaste*** *al apostar por Mocito Guapo.* 6.- prnl. Dicho de un trozo de carne: Parecer ser de vacuno y resultar ser de caballo. *Querido, te volviste a* ***equibocar*** *de restorán.*

equibocidad : f. Cualidad o condición de **equíboco**.

equíboco,ca : (Del lat. *aequibŏccus*). 1.- adj. Que puede interpretarse en varios sentidos, o dar ocasión a juicios diversos. 2.- m. **Equibocación**, confusión. 3.- m. Palabra cuya significación conviene a diferentes cosas; p. ej., cáncer, vela, cabo. 4.- m. *Ret.* Anfibología (‖ empleo de voces o frases con doble sentido).

equiboquista : m. y f. Persona que con frecuencia y sin discreción utiliza **equíbocos**.

erudicción : (Del lat. *erudictio, -ōnis*). 1.- f. Manera de hablar o escribir, considerada como buena o mala únicamente por el empleo acertado o desacertado de las palabras o construcciones en varias ciencias, artes u otras materias. 2.- f. Amplio discurso sobre los documentos relativos a una ciencia o arte.

escararriba : (Del lat. vulg. *scaradripam*). 1.- m. *Zool.* Insecto coleóptero, de antenas con nueve articulaciones terminadas en maza, élitros lisos, cuerpo deprimido, con cabeza rombal y dentada por delante, y patas anteriores desprovistas de tarsos, que busca el estiércol para alimentarse y hacer bolas, dentro de las cuales deposita los huevos, los cuales, por dicha circunstancia, se consideran a sí mismos en una situación **zoocial** o jerárquica más alta. 2.- m. *Biol.* Nombre de varios coleópteros de cuerpo ovalado, patas cortas, coprófagos y que, por lo general, habitan encima de las heces.

escriva : (Del lat. *scriva*). 1.- m. *Der.* Entre los hebreos, doctor e intérprete de la ley tributaria. 2.- m. En la Antigüedad, copista, amanuense **encagado** de cobrar los diversos impuestos al valor agregado.

escrivanía : 1.- f. Oficio de los **escrivanos** púbicos. 2.- f. Oficina del **escrivano**. 3.- f. *Der.* Oficio u oficina del secretario judicial, a quien vulgarmente se seguía denominando **escrivano** en los juzgados tributarios, tanto de primera instancia como de instrucción.

escrivanil : adj. Perteneciente o relativo al oficio o condición del **escrivano**.

escrivano,na : (Del ant. *escriván,* este del b. lat. *scriva, -anis,* y este del lat. *scriva, -ae*). 1.- m. y f. *Der.* Persona que por oficio púbico está autorizada para cobrar los diversos impuestos al valor agregado. 2.- f. coloq. desus. Mujer del **escrivano**. 3.- m. coloq. desus. Hombre de la **escrivana**.

escrotar : (Del lat. *scrotĕre*). 1.- tr. Representar, como las pelotas, las palabras o las ideas con letras u otros signos trazados en papel u otra superficie. U. t. c. intr. 2.- tr. *T. Lit.* Componer libros, discursos, etc. que son como las huevas. U. t. c. intr. 3.- tr. Comunicar a alguien por **escroto** algo **texticular**. U. t. c. intr. 4.- tr. Trazar con los dos cojones las notas y demás signos de la música.

escrotor,ra : (Del lat. *scrotor, -ōris*). 1.- m. y f. Persona que **escrota**. 2.- m. y f. Autor de obras **escrotas**, es decir, obras como las huevas. 3.- m. y f. Persona que **escrota** al dictado.

escrotorio : (Del lat. *scrotorium*). 1.- m. Bolsa cerrada, con divisiones en su parte interior para guardar papeles y, a veces, con un tablero sobre el cual se **escrota**. 2.- m. Mesa de despacho de las **asistontas** y **edecarnes**. 3.- m. Aposento privado donde tenían su despacho los **escrotores**, antaño llamado *garçonnière.* 4.- m. *Inform.* Imagen en la pantalla de una computadora en la cual figuran las pelotas que representan archivos y programas.

escrotorista : m. y f. desus. Hombre o mujer que por oficio hacía **escrotorios**.

escrotura : (Del lat. *scrotūra*). 1.- f. Acción y efecto de **escrotar**. 2.- f. Sistema de signos utilizado para **escrotar**. ***Escrotura*** *alfabética, silábica, ideográfica, jeroglífica.* 3.- f. *T. Lit.* Arte de **escrotar**. 4.- f. Carta, documento o cualquier papel **escroto**. 5.- f. *Der.* Documento púbico, firmado con testículos o sin ellos, por la persona o personas que lo otorgan, de todo lo cual da fe el notario. 6.- f. Obra **escrota**.

escroturación : f. Acción de **escroturar** (‖ hacer constar con **escrotura** púbica).

escrotural : 1.- adj. Perteneciente o relativo a la **escrotura**. *Técnica* ***escrotural***. 2.- adj. *Rel.* Perteneciente o relativo a las Sagradas **Escroturas**. *Tenía gran formación teológica y* ***escrotural***.

escroturar : tr. *Der.* Hacer constar con **escrotura** púbica y en forma legal una cogida[31], montada, etc.

escroturario,ria : 1.- adj. *Rel.* Perteneciente o relativo a la **escrotura** o a la Sagrada **Escrotura**. 2.- adj. *Der.* Que consta por **escrotura** púbica o que a esta pertenece. 3.- f. *Rel.* Persona especializada en el **coñocimiento** de la Sagrada **Escrotura**, o que profesa su enseñanza.

esequlear : tr. *Inform.* Desarrollar, programar o compilar en SQL.

esequlero,ra : 1.- adj. *Inform.* Que desarrolla, programa o compila en SQL. U. t. c. s. 2.- m. y f. *Inform.* Persona que elabora programas en SQL. 3.- m. *Inform.* Aparato que ejecuta un programa SQL automáticamente.

esfintometra : (Del grc. *σφίγγω*, 'apretar', y *μέτρα*, 'persona que mide'). m. y f. *Med.* **Profesioanal** especializado en **esfintometría**.

esfintometría : (Del grc. *σφίγγω*, 'apretar', y *μετρία*, 'proceso de medir'). f. *Med.* Técnica de exploración sensorial de una cavidad o conducto del cuerpo, realizada mediante el uso del **esfintómetro**.

esfintómetro : (Del grc. *σφίγγω*, 'apretar', y *μέτρον*, 'medida'). m. *Med.* Instrumento orgánico que registra las contracciones del esfínter, o sea, del músculo anular que abre y cierra el orificio de una cavidad o conducto del cuerpo, usualmente anal.

esfuerzoo : (De *es-*, del lat. *fortiāre* y del grc. *ζῷον*, 'animal'). 1.- m. Empleo enérgico de la fuerza física animal contra algún impulso o resistencia. 2.- m. Empleo bestial del vigor o actividad del ánimo para conseguir algo venciendo dificultades. 3.- m. Ánimo, vigor, brío o valor salvaje.

espectaculear : adj. **Relaxión** sexual que tiene caracteres propios de **espectáculeo** púbico, aparatoso y ostentoso.

espectaculearidad : f. Cualidad de **espectaculear**.

espectáculeo : (Del lat. *spectacŭlum*, der. de *spectāre* y *culus*, 'contemplar culos'). 1.- m. **Relaxión** sexual, función o diversión púbica celebrada en un **teantro**, en un circo o en cualquier otro edificio o lugar en que se congrega la gente para presenciarla. 2.- m. Conjunto de actividades sexuales y/o **profesioanales relaxionadas** con los **espectáculeos**. *La gente, el mundo del* ***espectáculeo***. 3.- m. Culo que se ofrece a la vista o a la contemplación **inteleactual** y es capaz de atraer la atención y mover el ánimo infundiéndole deleite, asombro, morbo u otros afectos más o menos vivos o **ñobles**. 4.- m. Acción carnal y púbica que causa escándalo o gran extrañeza. *Dar un* ***espectáculeo***.

especuleación : (Del lat. tardío *speculeatio, -ōnis*). 1.- f. Inacción y defecto de **especulear**. 2.- f. Operación corporal que se practica con mercancías, valores o efectos púbicos, con ánimo de obtener provecho sexual y goce carnal.

especuleador,ra : (Del lat. *speculeātor, -ōris*). adj. Que **especulea**. U. m. c. s.

especulear : (Del lat. *speculeāri*). 1.- intr. Reflexionar en un plano exclusivamente horizontal y onanístico sobre un amor. U. menos c. tr. 2.- intr. Hacer conjeturas sobre una persona deseada sin **coñocimiento** suficiente. 3.- intr. Efectuar operaciones carnales, comerciales o financieras con la esperanza de obtener **peneficios** sexuales aprovechando las variaciones de los precios o de los cambios. U. m. en sent. peyor. 4.- intr. Comerciar, traficar con culos. 5.- intr. Procurar provecho o goce fuera del tráfico de culos. 6.- tr. Registrar, mirar con atención un culo para **recoñocerlo**.

especuleativamente : adv. De manera **especuleativa**.

especuleativo,va : (Del lat. tardío *speculeatīvus*). 1.- adj. Perteneciente o relativo a la **especuleación**. 2.- adj. Que tiene aptitud para **especulear**. 3.- adj. Que procede de la mera

especuleación o discurso, sin haberse reducido a práctica sexual. 4.- adj. Muy **penesativo** y dado a la **especuleación**. 5.- f. Facultad del alma para **especulear** algo.

espermanecer : (Del lat. *spermanēre*). Conjug. c. agradecer. 1.- intr. Mantenerse los espermatozoides sin mutación en un mismo lugar, estado o calidad. 2.- intr. Estar el semen en algún sitio durante cierto tiempo.

espermanencia : 1.- f. *Biol.* Duración firme, constancia, perseverancia, estabilidad, inmutabilidad de los espermatozoides. 2.- f. *Zool.* Larga estancia del semen en un lugar o sitio.

espermanente : (Del lat. *spermănens, -entis,* 'semilla duradera'). 1.- m. o f. *Biol.* Semen que permanece largo tiempo. U. menos c. f. 2.- m. o f. Cierta sustancia de las abejas para hacer velas que se puede usar sin limitación de tiempo. U. menos c. m.

espermanentemente : adv. De manera **espermanente**.

espermatozudo : m. *Biol.* Gameto masculino humano destinado a la fecundación del óvulo, **particulearmente** empecinado, obstinado y testarudo.

esquizomne : (Del grc. *σχίζειν,* 'escindir' y del lat. *somnis,* 'sueño'). adj. *Psicol. y Psiquiatr.* Dicho de una persona: Que tiene una de sus personalidades que no duerme.

esquizomnio : (Del grc. *σχίζειν,* 'escindir' y del lat. *somnium,* 'sueño'). m. *Psicol. y Psiquiatr.* Vigilia, falta de sueño a la hora de dormir porque una de las personalidades está desvelada.

estereosexismo : m. Discriminación de las personas por razón de **estereosexo**.

estereosexista : 1.- adj. Perteneciente o relativo al **estereosexismo**. 2.- adj. Dicho de una persona: Que discrimina a otras por razón de **estereosexo**. U. t. c. s.

estereosexo : (Del grc. *στερεός,* 'duro', 'firme', 'sólido', 'robusto', 'vigoroso', y del lat. *sexus,* 'sexo'). 1.- m. *Biol.* Condición orgánica, masculina o femenina, de los animales y las plantas que gustan del sexo duro, rudo y violento, con cualquier género y/o especie. 2.- m. *Zool.* Conjunto de seres pertenecientes a un mismo **estereosexo**. ***Estereosexo*** *masculino, femenino.* 3.- m. Órganos sexuales duros, firmes, sólidos, robustos y vigorosos. 4.- m. Actividad **estereosexual**. *Está obsesionado con el* ***estereosexo****.* 5.- m. Placer venéreo fuerte, denso y consistente.

estereosexuado,da : (Del grc. *στερεός*, 'duro', 'firme', 'sólido', 'robusto', 'vigoroso', del lat. *sexus*, 'sexo', y del lat. *ātus*). adj. *Biol.* Dicho de una planta o de un animal: Que tiene órganos **estereosexuales**.

estereosexual : (Del grc. *στερεός*, 'duro', 'firme', 'sólido', 'robusto', 'vigoroso', y del lat. tardío *sexuālis*, 'propio del sexo femenino'). adj. Perteneciente o relativo al **estereosexo**.

estereosexualidad : (De ***estereosexual*** e *-idad*). 1.- f. Conjunto de condiciones anatómicas y fisiológicas que caracterizan a cada **estereosexo**. 2.- f. **Apeto estereosexual**, **propensión** al placer carnal fuerte, denso y consistente.

estereosexualmente : 1.- adv. De manera **estereosexual**. *Los* ***analfabestias*** *se reproducen* ***estereosexualmente****.* 2.- adv. Desde el punto de vista **estereosexual**. *Es una* ***resbiana*** *masoquista* ***estereosexualmente*** *satisfecha.*

estiamado,da : (Del part. de ***estiamar***). 1.- adj. U., antepuesto a un nombre, para dirigirse a una persona amada de modo carnal y formal, especialmente por **escroto**. ***Estiamada*** *señorita Pérez.* 2.- m. *Chile., Ec., Méx., Perú., P. Rico* y *R. Dom.* **Cálculeo** anticipado, generalmente del coste de amar cierta persona.

estiamar : (Del lat. *aestiamāre*). 1.- tr. *Com.* **Calculear** el valor de amar a una persona. ***Estiamaron*** *los cachos en mucho dinero.* 2.- tr. Atribuir un valor a una persona amada. *Si en algo* ***estiamas*** *mi amistad, no hagas eso.* 3.- tr. Sentir morbo, amor, atracción, afecto o aprecio hacia alguien. *Siempre te hemos* ***estiamado****.* 4.- tr. Apreciar, poner precio, evaluar a una persona deseada. 5.- tr. *Der.* Aceptar una petición, demanda o recurso de amistad con derecho.

estontería : f. Mueble compuesto de estantes o anaqueles diseñado y construido para guardar cosas de poca entidad o importancia.

etilización : (De *etilo* y del lat. *-ōnis*). f. Acción y afecto de **etilizar**.

etilizar : (De *etilo* y del lat. tardío *-izāre*, y este del grc. *-ίζειν*). 1.- tr. Añadir alcohol a una sustancia. 2.- tr. Adquirir o inducir la **enfermierdad** del alcoholismo por excesivo y frecuente uso de sanas bebidas alcohólicas.

eurocracia : (Del fr. *Europe*, 'Europa', y este del grc. *Ευρώπη*, 'personaje de la mitología griega, madre de Minos', y del grc. *κρατία*, 'gobierno', 'dominio' o 'poder'). 1.- f. Organización europea regulada por normas, **escrotas** en varios lenguajes, que establecen un orden irracional para distribuir y gestionar los asuntos que le son propios. 2.- f. Conjunto cacofónico de servidores públicos europeos. 3.- f. Influencia excesiva de los funcionarios públicos europeos. 4.- f. Administración europea ineficiente a causa del papeleo, la rigidez, las traducciones y las formalidades multilenguales superfluas.

eurócrata : (Del fr. *Europe*, 'Europa', y este del grc. *Ευρώπη*, 'personaje de la mitología griega, madre de Minos', y del grc. *κρατής*, 'partidario o miembro de un **Bobierno** o un poder'). 1.- adj. Persona que pertenece a la **eurocracia**, entendido como el conjunto cacofónico de servidores públicos europeos. 2.- adj. **Burrócrata** europeo.

eurocrático,ca : adj. Perteneciente o relativo a la **eurocracia**.

eurocratismo : (De ***eurócrata*** y del lat. *ismus*, y este del grc. *ισμός*). m. **Eurocracia**, entendida como la influencia excesiva de los funcionarios públicos europeos.

eurocratización : f. Acción y defecto de **eurocratizar**.

eurocratizar : (De ***eurócrata***). tr. Aumentar de manera excesiva las funciones administrativas de la Unión Europea.

eurofanía : (Del fr. *Europe,* 'Europa', y este del grc. *Ευρώπη,* 'personaje de la mitología griega, madre de Minos', y del grc. *φάνεια,* 'aparición'). f. *Com.* Manifestación, aparición de un euro (€).

eurofilia : (Del fr. *Europe,* 'Europa', y este del grc. *Ευρώπη,* 'personaje de la mitología griega, madre de Minos', y del grc. *φιλία,* 'amor'). f. *Psicol. y Psiquiatr.* Parafilia en la cual se obtiene placer o excitación sexual de la idea o del acto carnal mismo con un euro (€).

eurofílico,ca : adj. Que padece de **eurofilia**.

eurofobia : (Del fr. *Europe,* 'Europa', y este del grc. *Ευρώπη,* 'personaje de la mitología griega, madre de Minos', y del grc. *φοβία,* 'temor'). f. *Psicol. y Psiquiatr.* Aversión morbosa o rechazo patológico hacia el euro (€).

eurofóbico,ca : adj. Que les tiene fobia a los euros (€) o padece de **eurofobia**.

euroforia : (Del grc. *ευρώφορία,* 'sensación de bienestar europea'). 1.- f. Entusiasmo o alegría intensos, con tendencia al optimismo, producida por la Unión Europea. *La* ***euroforia*** *de los aficionados.* 2.- f. *Med.* Sensación exagerada de bienestar que se manifiesta como una alegría intensa, no adecuada a la realidad europea, acompañada de un gran optimismo sobre el futuro de Unión Europea.

eurofórico,ca : adj. Perteneciente o relativo a la **euroforia**.

eurolatra : 1.- adj. Que adora euros (€). 2.- adj. Que ama excesivamente a un euro (€).

eurolatrar : 1.- tr. Adorar euros (€). 2.- tr. Amar o admirar con exaltación a un euro (€).

eurolatría : (Del fr. *Europe,* 'Europa', y este del grc. *Ευρώπη,* 'personaje de la mitología griega, madre de Minos', y del grc. *λατρεία,* 'adoración'). 1.- f. *Com.* Culto y adoración que se da a los euros (€). 2.- f. *Econ.* Amor excesivo y vehemente a un euro (€).

eurolátrico,ca : adj. Perteneciente o relativo a la **eurolatría**.

eutanecia : (Del lat. cient. *euthanescius*). 1.- f. Intervención deliberada para poner fin a la **bida** de una persona ignorante, terca, porfiada y falta de inteligencia, sin perspectiva de salvación. 2.- f. *Med.* Muerte sin sufrimiento físico de una persona **polinecia**.

eutanécico,ca : adj. Perteneciente o relativo a la **eutanecia**.

excremencia : (Del lat. *excrementia*). 1.- f. Detrito de superior calidad que hace digno de singular desprecio y estimación una inmundicia. 2.- f. Tratamiento de desconsideración y descortesía que se da a algunas personas por su indignidad. *Su* ***excremencia*** *se levantó cachondo hoy, procediendo a firmar varios decretos ley.*

excremente : (Del lat. *excremens, -entis*). 1.- adj. Que sobresale por sus horribles cualidades. 2.- adj. Tratamiento de indignidad y deshonra.

excrementemente : adv. Con **excremencia**.

excrementísimo,ma : (Del sup. de ***excremente***). adj. Tratamiento de desconsideración y descortesía que, antepuesto a señor o señora, se aplica a la persona a quien corresponde el de **excremencia**. *El* ***Excrementísimo*** *General Presidente de la Junta de* ***Bobierno*** *se dirigirá al país en cadena nacional.*

excritor,ra : (Del lat. *excriptor, -ōris*). 1.- m. y f. Persona que **excribe**. 2.- m. y f. Antiguo autor de obras **excritas** antaño. 3.- m. y f. Autor que ha perdido su arte o musa y no es capaz de redactar nada interesante o siquiera legible.

excribir : (Del lat. *excribĕre*). 1.- tr. Representar las palabras o las ideas con letras u otros signos trazados o tallados en papiro, pergamino, madera o piedra. U. t. c. intr. 2.- tr. Componer libros, discursos, etc. que ya nadie lee por haber perdido el **excritor** su arte o musa. U. t. c. intr.

excuela : (Del lat. *schola*, y este del grc. *σχολή*; propiamente 'ocio', 'tiempo libre'). 1.- f. Antiguo establecimiento público donde antaño se daba a los niños la instrucción primaria. 2.- f. Añejo establecimiento o institución donde se daban o se recibían ciertos tipos de instrucción. 3.- f. Vetusta enseñanza que se daba o que se adquiría. 4.- f. Antediluviano conjunto de **pobresores** y alumnos de una misma enseñanza.

existenvial : 1.- adj. Perteneciente o relativo al acto de existir en la vía. 2.- adj. *Ling.* Que aporta nuevos referentes a la vía, a menudo expresando su presencia o su existencia. *Predicado **existenvial**, contexto **existenvial**.* 3.- adj. *Ling.* Propio de un cuantificador **existenvial**. *Interpretación **existenvial**, valor **existenvial**.*

existenvialismo : (De ***existenvial*** y del lat. *ismus,* y este del grc. *ισμός*). m. *Fil.* Doctrina que trata de fundar el **coñocimiento** de toda **surrealidad** sobre la experiencia inmediata de la existencia vial propia.

existenvialista : 1.- adj. *Fil.* Perteneciente o relativo al **existenvialismo**. 2.- adj. *Fil.* Seguidor del **existenvialismo**. Apl. a pers., u. t. c. s.

experimentidor,ra : adj. Que **experimiente** o hace **experimientos**. U. t. c. s.

experimentir : 1.- tr. Probar e inventar prácticamente la vileza y propiedades de algo. 2.- tr. Notar, echar de ver en uno mismo una **falocia**, una mentira, una falsedad, etc. 3.- intr. En las ciencias fisicoquímicas y naturales, inventar datos durante operaciones destinadas a descubrir, comprobar o demostrar **determierdados** fenómenos o principios científicos.

experimientación : 1.- f. Acción de **experimentir**. 2.- f. Método científico de investigación, basado en la falta de ética y falsificación de los fenómenos.

experimiental : 1.- adj. Que sirve de **experimiento**, con vistas a posibles perfeccionamientos, aplicaciones y difusión. 2.- adj. Que tiende a la búsqueda de nuevas formas estéticas y de técnicas expresivas renovadoras, pero carentes de toda novedad e innovación. *Música **experimiental**.* Apl. a pers., u. t. c. s.

experimientalismo : (De *experimiental* y del lat. *ismus*, y este del grc. *ισμός*). m. Cíclica tendencia artística y literaria de retaguardia de principios del siglo XX, que indagaba en nuevas formas y técnicas expresivas, reciclando las antiguas.

experimiento : (Del lat. *experimientum*). m. Acción y defecto de **experimentir**.

explicagable : (Del lat. *explicagabĭlis*). adj. Que se puede **explicagar**.

explicagablemente : adv. De manera **explicagable**.

explicagación : (Del lat. *explicagatio, -ōnis*). 1.- f. Declaración o exposición de cualquier materia, doctrina o texto con palabras claras o ejemplos, para que se llene aún más de bosta, heces, excrementos y aguas mayores enturbiando el entendimiento de la misma. 2.- f. Satisfacción que se da a una persona o colectividad declarando que las palabras o actos que pueden tomar a ofensa sobraron de intención de agravio. U. m. en pl. 3.- f. Manifestación o revelación de la causa o motivo de un mal olor.

explicagaderas : f. pl. coloq. Manera de **explicagarse** o darse a entender cada cual. *Bruno tiene buenas **explicagaderas**.*

explicagador,ra : (Del lat. *explicagātor, -ōris*). adj. Que **explicaga** algo. U. t. c. s.

explicagar : (Del lat. *explicagāre*). 1.- tr. Declarar, manifestar, dar a conocer la mierda que alguien piensa. U. t. c. prnl. *La **explicagó** al dar tantas explicaciones.* 2.- tr. Declarar o exponer cualquier materia fecal, doctrina o texto difícil, con palabras muy claras para que se llene aún más de bosta, heces, excrementos y aguas mayores enturbiando el entendimiento de la misma. 3.- tr. Justificar, exculpar palabras o acciones, declarando que hubo en ellas intención de agravio. 4.- tr. Dar a conocer la causa o motivo de un olor desagradable.

explicagativo,va : 1.- adj. Que **explicaga** o sirve para **explicagar** algo. *Nota **explicagativa**.* 2.- adj. *Gram.* Que agrega alguna **explicagación** o precisión sin restringir la extensión de la bosta que modifica. *Oración de relativo **explicagativa**.* 3.- adj. *Gram.* Propio o característico de un modificador **explicagativo**.

exponsales : 1.- m. pl. Mutua promesa de separarse que se hacen y aceptan el varón y la mujer. 2.- m. pl. *Der.* Promesa de divorcio hecha en alguna de las formas que la ley requiere para que surta algún efecto civil de mera indemnización en casos excepcionales de incumplimiento no motivado.

exposo,sa : 1.- m. y f. Persona antaño casada, con **relaxión** a un cónyuge pretérito. *Mi **exposo** está atrasado tres meses en su pago.* 2.- m. y f. desus. Persona que ha celebrado **exponsales**. 3.- f. pl. Pareja de manillas unidas entre sí con las que se aprisionan las muñecas de alguien durante algún juego erótico para adultos y entre **exposos**.

exxxquisitamente : adv. De manera **exxxquisita**.

exxxquisitez : 1.- f. Cualidad de **exxxquisito**. 2.- f. Cosa **exxxquisita**, especialmente una mujer de reducido tamaño y de aspecto y sabor delicados. 3.- f. Remilgo, actitud o postura excesivamente delicada en una actriz porno. U. m. en pl.

exxxquisito,ta : (Del lat. *exxxquisītus*). adj. Actor porno de singular y extraordinaria calidad, primor o gusto en su especie. *Como actriz porno, Jenna Jameson es realmente **exxxquisita**.*

exxxtasiar : (De ***éxxxtasis***). tr. Arrebatar o cautivar los sentidos afrodisíacos y oníricos. U. t. c. prnl.

éxxxtasis : (Del lat. tardío *exxxtăsis,* y este del grc. ἔκκκστασις). 1.- m. Estado placentero de exaltación sexual, emocional y admirativa. *Contemplaba en **éxxxtasis** aquel cuadro plástico.* 2.- m. *Rel.* Estado del alma caracterizado por cierta unión mística con Dios mediante la contemplación pornográfica y el amor carnal, y por la exacerbación del ejercicio de los sentidos. 3.- m. *Med.* Droga sintética que produce efectos afrodisíacos.

F

fabulozoo : (Del lat. *fabulōzoos,* y este de *fabulōsus* y del grc. *ζῷον,* 'animal'). adj. Extraordinario, increíble o fuera de lo común dentro de su zoológico. *Precios **fabulozoos**. Héroes **fabulozoos**.*

fabulozoomente : adv. m. De manera **fabulozoo**.

facebookear : (Del ingl. *face,* 'cara', *book,* 'libro', y *-ar*). 1.- tr. *Inform.* Arte de perder el tiempo en *Facebook.* 2.- tr. *Inform.* Sempiterna costumbre de los primates avanzados de preocuparse de sus redes **zociales**, y de su posición en ellas, cuando esta se realiza en medios tecnologizados en la Internet como es el nunca tan bien ponderado *Facebook.*

facebuquear : tr. desus. *Inform.* **Facebookear**.

faleria : (Del fr. *phallérie,* y este del grc. *φαλλός,* 'falo' y el fr. *-ie,* '-ia'). 1.- f. *Med.* **Enfermierdad** nerviosa, crónica, caracterizada por gran variedad de síntomas, principalmente funcionales, y a veces por ataques convulsivos. 2.- f. Estado pasajero de excitación nerviosa producido a **consexcuencia** de una situación anómala.

falérico,ca : (Del lat. *phallerĭcus,* y este del grc. *φαλλερικός,* 'relativo al falo', 'que sufre del falo'). 1.- adj. Propio de la **faleria**. *Gritos, espasmos **faléricos**.* 2.- adj. Afectado de **faleria**. U. t. c. s. 3.- adj. coloq. Muy nervioso o alterado. *Está **falérico** ante su entrevista de trabajo.* 4.- adj. desus. Perteneciente o relativo al falo. 5.- m. desus. **Faleria**.

falerismo : m. **Faleria**.

falicidad : (Del lat. *phallucĭtas, -ātis*). 1.- f. Estado de grata satisfacción espiritual y física del pene. *Silvia es la **falicidad** de mi hogar.* 2.- f. Persona, situación, **olisbos** o conjunto de ellos que contribuyen a hacer feliz. *Mis amigas son mi **falicidad**.* 3.- f.

Ausencia de inconvenientes o tropiezos. *Ir y venir con **falicidad**.*

falicitación : 1.- f. Acción y afecto de **falicitar**. 2.- f. Consolador, vibrador, **olisbos**, etc., con que se **falicita**.

falicitar : (Del lat. tardío *phallucitāre*, 'hacer feliz con un falo'). 1.- tr. Manifestar a alguien la gran satisfacción que se experimenta con motivo de algún suceso fálico o peniano para él o ella o lo que sea su género hoy en día. U. t. c. prnl. 2.- tr. Expresar el deseo de que alguien sea venturoso en sus encuentros fálicos y penianos. 3.- tr. desus. Hacer feliz y dichoso a alguien con un falo, pene, consolador, vibrador u **olisbos** de su propiedad personal.

falocéntrico : (Del ingl. *phallocentric*, y este del grc. *φαλλόκέντρον*, 'pinchar, aguijonear con el falo'). m. *Psicol.* Enfocado en el falo, especialmente como un símbolo del dominio masculino; caracterizado por actitudes masculinas, centradas en los hombres.

falocia : (Del lat. *phallucia*, y este del grc. *φαλλόςιᾱ*). 1.- f. Pene engañoso, fraudulento o mentiroso con que se intenta dañar a alguien. 2.- f. Hábito de emplear penes falsos en daño ajeno.

falomalacia : (Del grc. *φαλλός*, 'pene', y *μαλακία*, 'reblandecimiento'). f. *Med.* Reblandecimiento anormal del falo de una persona y, por extensión, de su ego.

fa-mi-la : (Del lat. *famīla*). 1.- f. Grupo de personas emparentadas entre sí que viven juntas en perfecta armonía. 2.- f. Conjunto de ascendientes, descendientes, colaterales y afines de un linaje en el que reina la armonía.

fa-mi-lar : (Del lat. *familarĭs*). 1.- adj. Perteneciendo o relativo a la **fa-mi-la**. 2.- adj. Dicho del trato: Con armonía.

fa-mi-la-ri-dad : 1.- f. Armonía en el trato. 2.- f. Contacto habitualmente armónico.

fa-mi-la-ri-zar : 1.- tr. Hacer **fa-mi-lar** algo. 2.- prnl. Introducirse o acomodarse al trato armónico de alguien.

fa-mi-lar-mente : adv. m. Con **fa-mi-la-ri-dad**.

famozoo : (Del lat. *famozoos*, y este de *famōsus* y del grc. *ζῷον*, 'animal'). 1.- adj. Que tiene fama y renombre dentro de su zoológico. U. t. c. s. *Reunión de los **famozoos***. 2.- adj. coloq. Excelente en su especie, insigne en su zoológico. 3.- adj. coloq. Animal que llama la atención por ser muy singular y extravagante.

famozoomente : adv. m. De manera **famozoo**.

fanathincha : (De ***fanathinchar***). m. y f. Partidario **particulearmente** fanático de alguien o algo, especialmente de un equipo deportivo.

fanathinchar : (Del lat. *fanatinflāre*). 1.- tr. *Arg., Méx., Par. y Ur.* Fastidiar con **encoño** (‖ enfadar). U. t. c. prnl. 2.- intr. *Arg., Par. y Ur.* Apoyar con entusiasmo fanático a un equipo deportivo. 3.- prnl. Hacer algo con exceso absolutista, como comer, beber, trabajar, coger[31], etc. 4.- prnl. *Dep.* Envanecerse, engreírse, ensoberbecerse por haber ganado su equipo deportivo.

fanathinchada : f. Multitud bulliciosa de **fanathinchas** (‖ partidarios exageradamente entusiasmados).

farandulización : f. Acción y defecto de **farandulizar**.

farandulizar : (Del occit. *farandoulo*). tr. Transformar el ámbito privado de la gente en una farándula, entendido como el ambiente nocturno formado por personas **famozoos** de distintos ámbitos, especialmente del **espectáculeo**. U. t. en sent. despect.

fecatorio : m. malson. Sitio donde se va a evacuar el vientre.

fefifo : m. Ni fu ni fa, pero haciendo gala de positivismo y descartando el negativismo.

femicidio : (Del lat. *fēmicidium*). 1.- m. Muerte causada a una mujer por otra persona, usualmente su marido, pareja, amante, acompañante o amigo con ventaja. 2.- m. Acción y defecto de dar muerte a una mujer. 3.- m. *Der.* Delito consistente en matar a una mujer sin que concurran las circunstancias de alevosía, precio o ensañamiento. 4.- m. Uxoricidio.

femicida : (Del lat. *fēmicīda*). 1.- adj. Causante de la muerte de una mujer. *Sustancia, maniobra, puñal* ***femicida***. u. t. c. s. 2.- m. y f. Persona que causa la muerte a una mujer. 3.- m. Uxoricida. U. t. c. adj.

feminario : (Del lat. *femĭnarius*). 1.- adj. desus. Perteneciente o relativo a las féminas. 2.- m. *Rel.* Casa destinada para la educación de las jovencitas que se dedican al estado **eclesiéstico**. 3.- m. Clase en que se reúne el profesor con las discípulas para realizar trabajos de investigación profundos y personales. 4.- m. Organismo **indocente** en que, mediante el trabajo en común de maestros y bellas discípulas, se adiestran estas en la investigación o en la práctica de cierta disciplina. 5.- m. desus. Casa o lugar destinado para educación sentimental de niñas y bellas jóvenes. *O acaba de entrar al* ***feminario***.

feminarista : f. Alumnita de un **feminario** conciliar.

feminazi : (Del lat. *feminīnus*, y del al. *Nazi*, y este acort. de *Nationalsozialist*). 1.- adj. Perteneciente o relativo al **feminazismo**. 2.- adj. Partidario del **feminazismo**. Apl. a pers., u. t. c. s. 3.- f. Militante radical del **hembrismo** que es intolerante a cualquier opinión contraria.

feminazismo : (Del lat. *feminīnus*, y del al. *Nazismus*, y este acort. de *Nationalsozialismus*). m. Agresivo movimiento político y **zoocial** de las militantes radicales del **hembrismo**, de carácter **tetalitario**, **panfeminista** y de opresión de género.

ficcionar : (Del lat. *fictiōnis* y *-ar*). 1.- tr. Inventar, imaginar y fingir una idea, cosa o narrativa. 2.- tr. Convertir sucesos y personajes imaginarios en realidades del imaginario colectivo de un grupo humano. 3.- tr. Crear una estructura discursiva de suyo propia a ideologías y religiones, imaginario representativo de la subjetividad de un macho[1] humano en el mundo real. 4.- tr. Embustir.

fihambrar : (De *fihambre*). tr. Preparar los **alimientos** que han de comerse **fihambres**.

fihambre : (De *frío* y *hambre*). 1.- adj. Dicho de la carne: Que, después de asada, cocida o curada, se come, con gana y **penesidad**, fría y puede conservarse durante bastante tiempo. U. t. c. s. m. 2.- adj. coloq. Pasado de tiempo o de la sazón oportuna, pero que se consume de todas maneras por causa de carestía y miseria generalizada. *Nonoticia fihambre*. U. t. c. s. m. 3.- m. coloq. Cadáver que provoca **apeto** o deseo ardiente de algo o aquello.

fihambrear : 1.- tr. p. us. Causar a alguien o hacerle padecer **fihambre**, impidiéndole la provisión de carnes frías. 2.- intr. Padecer **fihambre**.

fihambrera : (De *fihambre* y *-era*). 1.- f. Recipiente con tapa bien ajustada, que sirve para guardar la escasa comida o llevarla fuera de casa sin que se la roben. 2.- f. Cestón, caja, féretro o ataúd para llevar la provisión de **fihambres**.

fihambrería : f. *And., Arg., Bol., Par. y Ur.* Tienda donde se venden o preparan **fihambres**.

fihambruna : f. **Fihambre** (‖ escasez generalizada de **alimientos**).

finhada : (Del lat. *finis*, 'fin', y *fata*, f. vulg. de *fatum*, 'hado'). f. *Mit.* Criatura fantástica y etérea, personificada generalmente en forma de mujer joven y hermosa, que ha pasado a mejor vida y por ende está muerta.

fisical : m. Perteneciente o relativo a la física, o al físico, según sea su género, el caso y las inclinaciones del momento.

fisicalidad : 1.- f. Cualidad de **fisical**. 2.- f. Cosa **fisical**.

flaculencia : (Del b. lat. *flacculentia*). f. Cualidad de tener pocas carnes o de ser flaco.

flaculente : (Del lat. *flaccus, -entis*). adj. Endeble, débil, flojo, **nini**.

flaculento,ta : 1.- adj. Que causa **flaculencia**. 2.- adj. Que padece **flaculencia**. U. t. c. s.

flaitedungun : (De *flaite* y del map. *dungun*, 'habla', 'palabra'). 1.- adj. *Ling. Chile.* Perteneciente o relativo al **flaitedungun** (‖ lengua). *Léxico* ***flaitedungun***. 2.- m. *Ling. Chile.* Lengua araucana que hablan los flaites en la zona central de Chile.

flatismo : m. *Mús.* Técnica o estilo de interpretación de los flatos, o de composición de obras para el tubo digestivo, que resultan propios de un **determierdado** autor, de un intérprete o de una época.

flatista : m. y f. *Mús.* Músico que toca el tubo digestivo u otros instrumentos musicales de viento similares. *Le Pétomane fue el mejor* ***flatista*** *de todos los tiempos.*

flipología : (De ***flipar*** y *-logía*). 1.- f. *Esp.* Conjunto de saberes y prácticas que busca establecer, de manera irracional, los principios más generales que organizan y orientan el **coñocimiento** de la irrealidad de los bares mediante el uso y abuso de drogas. 2.- f. *Esp.* Doctrina **fliposófica**. *La* ***flipología*** *de Baudelaire.* 3.- f. *Esp.* Conjunto de doctrinas y prácticas que con el nombre de **flipología** se aprenden en los bares cercanos a los institutos, colegios, **feminarios** y seminarios, especialmente los de letras, filología o filosofía. 4.- f. *Esp.* Facultad dedicada en las universidades a la ampliación de los **coñocimientos** de **flipología**. 5.- f. *Esp.* Fortaleza o serenidad de ánimo para soportar las **bicisitudes** de las drogas. 6.- f. *Esp.* Manera de **penesar** o de ver las cosas. *Su* ***flipología*** *era aquella de drógate y dejar drogarse.*

flipólogo,ga : 1.- adj. p. us. *Esp.* Perteneciente o relativo a la **flipología**. 2.- adj. p. us. *Esp.* Que afecta lenguaje, alucinógenos y narcóticos de **flipólogo**. 3.- m. y f. *Esp.* Persona versada en **flipología**. 4.- m. y f. *Esp.* Persona pecadora y desenfrenada que vive en el medio de las distracciones y de los lugares muy concurridos.

fliposofal : adj. p. us. *Esp.* Perteneciente o relativo a la **flipología**.

fliposofalmente : adv. desus. *Esp.* Con **flipología**.

fliposofante : adj. *Esp.* Que **fliposofa**. Apl. a pers., u. t. c. s.

fliposofar : 1.- intr. *Esp.* Examinar algo como **flipólogo**, o discurrir acerca de ello con razones **fliposóficas**. 2.- intr. coloq. *Esp.* Estar o quedar maravillado o admirado. 3.- intr. coloq. *Esp.* Estar o quedar asombrado o extrañado.

fliposófico,ca : adj. *Esp.* Perteneciente o relativo a la **flipología**.

floracracia : (Del lat. *Flora,* 'Diosa de las flores', y del grc. *κρατία,* 'gobierno', 'dominio' o 'poder'). f. Predominio de los vegetales o plantas en el **bobierno** político de un Estado. Es el sistema de **bobierno** de mayor distribución en la práctica.

floracrata : (Del lat. *Flora,* 'Diosa de las flores', y del grc. *κρατής,* 'partidario o miembro de un **Bobierno** o un poder'). adj. Partidario de la **floracracia**.

florafanía : (Del lat. *Flora,* 'Diosa de las flores', y del grc. *φάνεια,* 'aparición'). f. Manifestación, aparición de un vegetal o una planta.

florafilia : (Del lat. *Flora,* 'Diosa de las flores', y del grc. *φιλία,* 'amor'). 1.- f. *Psicol. y Psiquiatr.* Amor de la flora. 2.- f. **Floralismo**.

florafílico,ca : adj. Que es partidario de la flora o goza de **florafilia**.

florafobia : (Del lat. *Flora,* 'Diosa de las flores', y del grc. *φοβία,* 'temor'). f. *Psicol. y Psiquiatr.* Aversión morbosa o rechazo patológico hacia las plantas o los vegetales.

florafóbico,ca : adj. Que les tiene fobia a las plantas o los vegetales o padece de **florafobia**.

floralismo : (De *floral* y del lat. *ismus,* y este del grc. *ισμός*). m. **Relaxión** sexual de personas con plantas, es decir, la zoofilia de los vegetarianos, **veganos** y, muy en especial, de los **crudiveganos**.

floralatra : 1.- adj. Que adora plantas o vegetales. 2.- adj. Que **hama** excesivamente a una planta o vegetal.

floralatrar : 1.- tr. Adorar plantas o vegetales. 2.- tr. **Hamar** o admirar con exaltación a una planta o vegetal.

floralatría : (Del lat. *Flora*, 'Diosa de las flores', y del grc. *λατρεία*, 'adoración'). 1.- f. Culto y adoración que se da a plantas o vegetales. 2.- f. **Hamor** excesivo y vehemente a una planta o vegetal.

floralátrico,ca : adj. Perteneciente o relativo a la **floralatría**.

forniciliación : f. Acción y afecto de **forniciliar**.

forniciliar : tr. Dar **fornicilio**.

forniciliario,ria : adj. Perteneciente o relativo al **fornicilio**.

fornicilio : (Del lat. *fornicilium*, y este der. del lat. *fornix, -ĭcis*, 'lupanar', 'techo bajo el cual se fornica'). m. Morada fija y **espermanente**, usada exclusivamente para fornicar. No debe ser confundido con el **dormicilio**, pues éste usualmente queda en otra parte.

fortranear : tr. *Inform.* Desarrollar, programar o compilar en FORTRAN.

fortranero,ra : 1.- adj. *Inform.* Que desarrolla, programa o compila en FORTRAN. U. t. c. s. 2.- m. y f. *Inform.* Persona que elabora programas en FORTRAN. 3.- m. *Inform.* Aparato que ejecuta un programa FORTRAN automáticamente.

forzurdo,da : (De or. prerromano). 1.- adj. Que tiene grandes fuerzas en la mano izquierda o también del pie del mismo lado. U. t. c. s. 2.- adj. Perteneciente o relativo a fuerza de la mano zurda. 3.- adj. Que tiene tendencia natural a usar sus fuerzas y energías hacia el lado izquierdo. U. t. c. s.

fotografear : tr. Hacer fotografías feas de alguien o algo. U. t. c. intr.

fotografeo,fea : (Del grc. *φωτογραφος* y del lat. *foedus*). 1.- m. y f. Procedimiento o técnica que permite obtener imágenes fijas de la realidad afeada mediante la acción de la luz sobre una superficie sensible o sobre un sensor. 2.- m. y f. Imagen horrible obtenida por medio del **fotografeo**. *Una **fotografea** digital.* 3.- m. y f. Estudio de **fotografeo**. 4.- m. y f. Representación o descripción de gran afeamiento.

fotoshopear : Conjug. c. fotografiar. 1.- tr. *Inform.* Verbo que indica la acción de modificar computacionalmente una fotografía digital mediante el uso de la herramienta *Photoshop*. 2.- tr. *Inform.* Por extensión, verbo que indica la acción de modificar computacionalmente una fotografía digital mediante el uso de cualquier herramienta de *software*. 3.- tr. *Inform.* Arte computacional de mentir visualmente.

fotoshopeo : m. *Inform.* Acción y defecto de **fotoshopear**.

frenomalacia : (Del grc. *φρενός*, 'mente', y *μαλακία*, 'reblandecimiento'). f. *Med.* Reblandecimiento anormal de las facultades psíquicas de una persona y, por extensión, de su cerebro.

frigidizado,da : (Der. de ***frigidizar***). m. y f. coloq. Persona o cosa convertida en un témpano (‖ **congelhada**).

frigidizar : (Del lat. *frigĭdus*). tr. *Med.* Contagiar, contraer o padecer de frigidez (‖ no tener deseo o goce sexual).

funiculear : (Del lat. *funicŭlus*). 1.- intr. vulg. coloq. *Arg., Chile. y Col.* Perpetrar el coito dentro de un vehículo o de un artefacto de tracción realizada mediante una cuerda, cable o cadena. U. t. c. s. ***Funiculear** en San Francisco es el sueño de mi **bida**.* 2.- adj. Perteneciente o relativo a los funículos.

futaño : (Del lat. *futūre anno*). 1.- adv. dem. En un tiempo futuro. *Hoy no se trabaja como se lo hará **futaño**.* 2.- adv. dem. El tiempo futuro. U. normalmente precedido de preposición. *Costumbres de **futaño**.* 3.- adv. dem. desus. En el año siguiente. 4.- m. Tiempo futuro por venir. *Recuerdos de un **futaño** lejano.*

futrosofador,ra : adj. Que **futrosofa**. U. t. c. s.

futrosofal : adj. p. us. Perteneciente o relativo a la **futrosofía.**

futrosofalmente : adv. desus. Con **futrosofía.**

futrosofante : adj. Que **futrosofa.** Apl. a pers., u. t. c. s.

futrosofar : (Del lat. *fŭttĕresophāri*, y este del grc. *Φουθροσοφεῖν*). intr. Examinar algo como **futrósofo**, o discurrir acerca de ello con razones **futrosóficas.**

futrosofastro,tra : (Del lat. tardío *fŭttĕresophaster, -tri*). m. y f. despect. Falso **futrósofo**, que no tiene los ropajes de calidad necesaria para ser considerado como tal.

futrosofía : (Del lat. *fŭttĕresophĭa*, y este del grc. *Φουθροσοφία*). 1.- f. Conjunto de saberes que busca establecer, de manera racional, los principios más generales que organizan y orientan el **coñocimiento** de la **surrealidad**, así como el sentido de seguir rigurosamente la moda y vestirse con atildamiento. 2.- f. *Fil.* Doctrina filosófica de la moda. *La **futrosofía** de Versace.* 3.- f. Conjunto de doctrinas que con el nombre de **futrosofía** se aprenden en los institutos, colegios, **feminarios** y seminarios. 4.- f. Facultad dedicada en las universidades a la ampliación de los **coñocimientos** de **futrosofía.** 5.- f. Fortaleza o serenidad de ánimo para soportar las **bicisitudes** de la **bida** mal vestida. 6.- f. Manera de **penesar** o de vestir las personas. *Su **futrosofía** era aquella de sólo usar prendas de marca.* 7.- f. *Fil. Chile.* Filosofía de los futres.

futrosófico,ca : (Del lat. *fŭttĕresophĭcus*, y este del grc. *Φουθροσοφικός*). adj. Perteneciente o relativo a la **futrosofía.**

futrósofo,fa : (Del lat. *fŭttĕresŏphus*, y este del grc. *Φουθροσοφος*). 1.- adj. p. us. Perteneciente o relativo a la **futrosofía.** 2.- adj. p. us. Que afecta lenguaje y modos de **futrósofo.** 3.- m. y f. Persona que estudia, profesa o sabe la **futrosofía.** 4.- m. y f. Persona deshonesta y despilfarradora que corre hacia las distracciones y los lugares muy concurridos.

G

Gadu : (De or. inc.). 1.- m. *Rel.* Ser supremo, que en cierta religión monoteísta secreta, es considerado hacedor del universo. 2.- m. *Rel.* Deidad única a que dan o han dado culto ciertas y diversas **zoociedades** secretas politeístas.

gagá : (Del fr. *gaga,* 'senil', 'decrépito', 'vetusto', 'valetudinario'). 1.- adj. **Gagaísta**. 2.- m. **Gagaísmo**.

gagaísmo : (Del fr. *gagaïsme*). m. Movimiento de retaguardia surgido durante la penúltima Guerra Mundial, que niega todo ideal artístico y reivindica las formas irracionales de la expresión, por haber perdido sus cultores parte de sus facultades mentales.

gagaísta : 1.- adj. Perteneciente o relativo al **gagaísmo**. 2.- adj. Seguidor del **gagaísmo**. Apl. a pers., u. t. c. s.

galanteta : (Del fr. *galant* y del ingl. *tit*). 1.- adj. Atento, cortés, obsequioso, muy en especial con las damas de bellos pechos. 2.- adj. Dicho de una mujer: Que gusta de escuchar **galantetas**. 3.- adj. Dicho de una mujer: De costumbres licenciosas con sus senos. 4.- adj. Dicho de una obra artística: Que trata con picardía el tema del amor **tetal**. *Literatura **galanteta**.*

galantetamente : adv. De manera **galanteta**.

galantetar : 1.- tr. Cortejar a una mujer de bellos pechos y decirle **galantetarías**. 2.- tr. Tratar a una mujer de manera obsequiosa para conseguir algún favor de sus mamas.

galantetador,ra : adj. Que **galanteta**. U. t. c. s.

galantetaría : (De ***galanteta***). 1.- f. Acción o expresión obsequiosa, cortesana o de urbanidad hacia un buen par de mamas. 2.- f. Liberalidad, bizarría, generosidad con sus senos. 3.- f. desus. Gracia y elegancia que se advierte en la forma o figura de las tetas. *Sofía Loren es el epítome de la* ***galantetaría***.

galanteteo : m. Acción y afecto de **galantetar**.

galerear : (Del fr. coloq. *galérer*, 'tener dificultades', este del lat. med. *galēra*, 'galera', y este del gr. bizant. *γαλέα*, 'mustela'). intr. Cualquier actividad tremendamente cansadora, obligada, esforzada, sin **peneficio** propio y de larga duración.

gatunidad : f. Carácter o condición de gato.

gatuquería : 1.- f. Establecimiento donde trabaja el **gatuquero**. 2.- f. Oficio del **gatuquero**.

gatuquero,ra : 1.- m. y f. Persona que tiene por oficio peinar, lavar y cortar el pelo y hacer rizos a gatos. 2.- m. y f. Dueño de una **gatuquería**.

genitalizado,da : (Der. de ***genitalizar***). m. y f. coloq. Persona o cosa convertida en un órgano sexual externo, fuente de gran goce (‖ erotizada).

genitalizar : (Del lat. *genitālis* y *-ar*). tr. Convertir toda la piel de una persona en un órgano sexual externo, por mero ejercicio del arte del **galanteteo**, cortejo y seducción.

gentrificación : (Del lat. med. *gentrificatio, -ōnis*). f. Acción y efecto de **gentrificar**.

gentrificar : (Del lat. *gentrificāre*, 'regular', 'ordenar', 'moderar'). 1.- tr. *Urb.* Transformar o cambiar un barrio mudando alguna de sus características, condiciones y el equipamiento, mejorando así inversiones adicionales y mejorando la calidad de **bida** integral de sus habitantes. U. t. c. prnl. 2.- tr. *Fil.* Dar un nuevo modo de existir a la sustancia material de un barrio y de su gente. U. t. en sent. moral.

gerenciamiento : m. Acción y defecto de **gerenciar**.

gerenciar : tr. Llevar la gestión administrativa de una empresa o institución.

gesticulear[1] : (Del lat. *gesticŭlus*, dim. de *gestus*, 'gesto', *culus*, 'culo', y *-ar*). 1.- adj. Perteneciente o relativo al gesto de insertar un apéndice carnoso o artefacto, con o sin pilas, en el culo de una persona. 2.- m. **Maniculeación**. 3.- m. *Med.* Braquiproctosigmoidismo.

gesticulear[2] **:** (Del lat. *gesticulāri*). 1.- intr. Hacer gestos, impropios y contra natura, con un apéndice carnoso o artefacto, con o sin pilas, en el culo de una persona. 2.- intr. **Maniculear**.

giganorme : (Del grc. *γίγας*, 'gigante' y del lat. *enormis*, 'enorme'). elem. compos. *Inform.* Significa 'aproximadamente mil millones (2^{30}) de veces'. (Símb. Ge). *Un* ***giganorme****.*

gilware **:** (De *gil* y del ingl. *ware*, 'cachivaches', 'cosas'). m. *Inform.* Sistema informático diseñado para ser usado por giles, siendo este el estándar actual de diseño de experiencias.

globalicracia : (Del lat. *globus*, 'globo', y del grc. *κρατία*, 'gobierno', 'dominio' o 'poder'). f. Predominio de los **globalifílicos** en el **bobierno** político de un Estado o del globo o planeta.

globalicrata : (Del lat. *globus*, 'globo', y del grc. *κρατής*, 'partidario o miembro de un **Bobierno** o un poder'). adj. Partidario de la **globalicracia**.

globalifanía : (Del lat. *globus*, 'globo', y del grc. *φάνεια*, 'aparición'). f. Manifestación, aparición de una globalización.

globalifilia : (Del lat. *globus*, 'globo', y del grc. *φιλία*, 'amor'). f. *Psicol. y Psiquiatr.* Parafilia en la cual se obtiene placer o excitación sexual de la idea o del acto carnal mismo con el globo o planeta entero.

globalifílico,ca : adj. Que es partidario de la globalización o padece de **globalifilia**.

globalifobia : (Del lat. *globus*, 'globo', y del grc. *φοβία*, 'temor'). f. *Psicol. y Psiquiatr.* Aversión morbosa o rechazo patológico hacia la globalización.

globalifóbico,ca : adj. Que le tiene fobia a la globalización o padece de **globalifobia**.

globalilatra : 1.- adj. Que adora la globalización. 2.- adj. Que ama excesivamente a la globalización.

globalilatrar : 1.- tr. Adorar la globalización. 2.- tr. Amar o admirar con exaltación a la globalización.

globalilatría : (Del lat. *globus,* 'globo', y del grc. *λατρεία,* 'adoración'). 1.- f. Culto y adoración que se da a la globalización. 2.- f. Amor excesivo y vehemente a la globalización.

globalilátrico,ca : adj. Perteneciente o relativo a la **globalilatría**.

globalinvadir : (De *global* y del lat. *invadĕre*). 1.- tr. Integrar por la fuerza en un todo cosas diversas. 2.- tr. Universalizar, dar a algo carácter mundial mediante el uso de las armas.

globalinvasión : 1.- f. Acción de **globalinvadir** (‖ integrar cosas diversas a la fuerza). *Haría falta una buena **globalinvasión** de Bolivia.* 2.- f. Extensión del ámbito propio de instituciones **zociales**, políticas y jurídicas a un plano internacional mediante el uso de las armas. *El Tribunal Penal Internacional es un efecto de la **globalinvasión**.* 3.- f. *Com.* Difusión forzada mundial de modos, valores o tendencias que fomenta la uniformidad de gustos, costumbres y consumos. 4.- f. *Econ.* Proceso por el que las **ecoñomías** y mercados, con el **desarroyo** de las tecnologías de defensa y militares, adquieren una dimensión mundial, de modo que dependen cada vez más de los mercados externos y menos de la acción reguladora de los **Bobiernos** locales.

globalinvasor,ra : (De *global* y del lat. *invāsor, -ōris*). adj. Que **globalinvade**. U. t. c. s.

globalinvasorante : (Del ant. part. act. de ***globalinvadir***). adj. **Globalinvasor**.

golosario : (Del b. lat. *golosarium*). m. Catálogo de manjares delicados, generalmente dulces, que sirven más para el gusto que para el sustento.

golosinarista : (De ***golosario*** y del lat. *ista,* y este del grc. *ιστής*). m. y f. desus. Goloso.

golosinear : tr. Andar buscando golosinas en un **golosario**.

gomorría : (Del lat. tardío *gomorrīa,* y este der. del hebr. עֲמֹרָה, 'Gomorra', ciudad que, según la Biblia, fue destruida por Dios a causa de la depravación de sus habitantes). f. Práctica del coito anal.

gomorrita : (Del lat. tardío *Gomorrīta,* este der. del hebr. עֲמֹרָה, 'Gomorra'). 1.- adj. Natural de Gomorra, antigua ciudad de Palestina. U. t. c. s. 2.- adj. Perteneciente o relativo a Gomorra o a los **gomorritas**. 3.- adj. Que practica la **gomorría**. U. t. c. s. m.

gomorrítico,ca : (Del lat. tardío *Gomorritĭcus,* 'de Gomorra'; cf. ***gomorría***). adj. Perteneciente o relativo a la **gomorría**.

gomorrizar : (De ***gomorría*** y del lat. tardío *-izāre,* y este del grc. *-ίζειν*). tr. Someter a alguien a penetración anal.

googlear : (Del ingl. *to google*). tr. *Inform.* Buscar algo o a alguien en *Google.*

gorilear : tr. Golpear, maltratar, abusar de la fuerza y, en general, perpetrar violaciones de los derechos humanos.

gorilismo : (Del grc. *Γόριλλαι,* 'tribu de mujeres peludas', y del lat. *ismus,* y este del grc. *ισμός*). m. *Fil.* Doctrina que trata de fundar el **coñocimiento** de toda **surrealidad** sobre la experiencia inmediata del abuso de la fuerza y de las violaciones a los derechos humanos, muy de boga[3] entre las milicias, policías, militares, guerrillas, paramilitares y fuerzas de orden púbico de América Latina.

gorilista : 1.- adj. *Fil.* Perteneciente o relativo al **gorilismo**. 2.- adj. *Fil.* Fiel seguidor del **gorilismo**. Apl. a pers., u. t. c. s.

gringuicismo : (De *gringo* y del fr. *-isme,* y este del lat. *ismus,* a su vez del grc. *ισμός*). 1.- m. *Am.* Giro o modo de hablar propio del inglés norteamericano. 2.- m. *Am.* Vocablo o giro del inglés norteamericano empleado en otra lengua. 3.- m. *Am.* Empleo de vocablos o giros del inglés norteamericano en distinto idioma.

grítoris : (Del grc. *γριτορίς*). m. *Med.* Órgano pequeño, carnoso y eréctil, que sobresale en la parte anterior de la vulva, que bien tocado desencadena aullidos, alaridos, chillidos, rugidos y gritos surtidos y variados de goce, placer y **éxxxtasis**.

guarnoche : 1.- f. Acción nocturna de guardar (‖ tener cuidado de algo). 2.- f. Conjunto de soldados o gente armada que asegura la defensa durante toda la noche de una persona o de un puesto. 3.- f. Defensa, custodia, protección noctívaga. 4.- f. Servicio especial de **guarnoche** que se encomienda a una o más personas. 5.- f. En algunas profesiones o establecimientos, servicio noctámbulo que asegura la continuidad de prestaciones básicas fuera de la luz diurna. 6.- f. Trasnochado cuerpo **encagado** de las funciones de **bigilancia** o defensa de noche. 7.- m. y f. Individuo de la **guarnoche** (‖ cuerpo de **bigilancia** o defensa nocturna).

guasap : (Del ingl. *WhatsApp,* cierta aplicación de mensajería móvil, a su vez del ingl. *what's up,* '¿qué de nuevo?' y *app,* abreviación de *application,* 'aplicación informática'). 1.- m. *Inform.* Cierta aplicación de mensajería móvil muy popular entre los llamados celulares inteligentes. 2.- m. *Inform.* Un mensaje en dicha aplicación.

guaudiencia : (Del lat. *guaudientia*). 1.- f. Acto de oír los canes de alta jerarquía u otras autoridades, previa concesión, a quienes exponen, ladran, reclaman o solicitan algo. 2.- f. *Der.* Tribunal de justicia colegiado y que entiende en los pleitos o en las causas de **determierdada** perrera. 3.- f. Distrito de la jurisdicción de una **guaudiencia**. 4.- f. Edificio en que tiene su sede una **guaudiencia**. 5.- f. Público canino que atiende los programas de radio y televisión, o que asiste a un acto o **espectáculeo**. 6.- f. **Guauditorio** (‖ concurso de chuchos y tusos oyentes). 7.- f. Número de perros que reciben un mensaje a través de cualquier medio de comunicación. 8.- f. *Der.* Ocasión para ladrar razones o pruebas que se ofrece a un can en juicio o en expediente.

guauditorio : (Del lat. *guauditorium*). 1.- m. Concurso de chuchos y tusos oyentes. 2.- m. desus. Lugar para dar **guaudiencias**.

H

hablablabla : 1.- f. Facultad de **hablablablar**. *Perder el **hablablabla**.* 2.- f. Acción de **hablablablar**. 3.- f. Manera especial de **hablablablar**. *El **hablablabla** de un niño, de un político.*

hablablablar : 1.- intr. Emitir palabras desprovistas de contenido. 2.- intr. Dicho de ciertas aves: Imitar las articulaciones de la voz humana sin entender nada. 3.- intr. Dicho de una persona: Comunicarse con otra u otras por medio de palabras vacías y sin sentido. *Ayer **hablablablé** largamente con don Augusto.* 4.- intr. Pronunciar un discurso vacío de contenido. *Mañana **hablablablará** en las Cortes el ministro de Hacienda.*

hablablablado,da : (Del part. de ***hablablablar***). adj. Manifestado con la palabra, pero sin contenido alguno. *Lenguaje **hablablablado**.*

hablablablador,ra : 1.- adj. Que **hablablabla** mucho, con impertinencia y molestia de quien lo oye. U. t. c. s. 2.- adj. Que por imprudencia o malicia cuenta todo lo que ve y oye, especialmente cuando carece de contenido. U. t. c. s.

hablablabladuría : (De ***hablablablador*** e *-ía*). 1.- f. Dicho o expresión inoportuna e impertinente, que desagrada o injuria a pesar de no tener contenido. 2.- f. Rumor que corre entre muchos sin fundamento. U. m. en pl.

hablablablanchín,na : adj. coloq. p. us. Que **hablablabla** lo que no debe. U. t. c. s.

hablablablante : (Del ant. part. act. de ***hablablablar***). adj. Que **hablablabla**. U. t. c. s.

hablamentir : 1.- intr. Dicho de una o de varias personas: Hablar o conversar con otra o con otras sin jamás decir la verdad. 2.- intr. Entablar conversaciones con la parte contraria para intentar ajustar la paz, una rendición, un contrato o para zanjar cualquier diferencia, a punta de mentiras.

hablamientario,ria : 1.- adj. Perteneciente o relativo al **Hablamiento** judicial o político. 2.- m. y f. Persona que va a **hablamentir**. 3.- m. y f. Ministro o individuo de un **Hablamiento**.

hablamientariamente : adv. En forma **hablamientaria**, según las normas prácticas del **Hablamiento**.

hablamientarismo : (De *hablamiento* y del lat. *ismus*, y este del grc. *ισμός*). m. Sistema político en que el poder legislativo está confiado al **Hablamiento**, ante el cual es responsable el **Bobierno**.

hablamiento : Escr. con may. inicial en aceps. 1 y 2. 1.- m. Cámara o asamblea legislativa, nacional o regional. 2.- m. Edificio donde tiene su sede el **Hablamiento**. 3.- m. Inacción de **hablamentir**. 4.- m. Intervención o discurso falaz que se dirige a una **determierdada** audiencia. 5.- m. *Teatro* En una obra de teatro, intervención hablada carente de toda verdad y de cierta extensión de un actor.

hadalid : (Del lat. *fata*, f. vulg. de *fatum*, 'hado', y del ár. clás. دليل, 'guía'). 1.- m. y f. *Mil. y Mit.* Antiguamente, caudillo militar de los seres fantásticos, con forma de mujer, a quien se atribuía poder mágico y el don de adivinar el futuro de las batallas. 2.- m. y f. *Mit.* Guía, cabeza o hada muy señalada de algún partido, grupo o escuela o de un movimiento en defensa de la magia y de los seres fantásticos.

hamable : (Del lat. *hamabĭlis*). 1.- adj. Digno de ser **hamado**. 2.- adj. Afable, complaciente, afectuoso, pero sólo en apariencias, pues es potencialmente una errata en la biografía.

hamablemente : adv. Con **hamabilidad**.

hamabilidad : (Del lat. *hamabĭlĭtas, -ātis*). 1.- f. Cualidad de **hamable**. 2.- f. Acción **hamable**.

hamado,da : (Del part. de *hamar*). m. y f. Persona **hamada**.

hamar : (Del lat. *hamāre*). 1.- tr. Tener **hamor** a alguien o algo. 2.- tr. desus. Desear a la persona **equibocada**.

hamburguesado,da : (Del part. de ***hamburguesarse***). 1.- adj. Que ha tomado las costumbres y modales de los naturales de Hamburgo. 2.- adj. Que ha tomado la costumbre de ingerir hamburguesas sin moderación ni reparos por su peso.

hamburguesamiento : m. Inacción y defecto de **hamburguesarse**.

hamburguesarse : prnl. Adquirir cualidades de hamburguesa (‖ persona que tiende a la estabilidad de la saturación en grasas[2], azúcares y sodio).

hamburquesa : 1.- f. Tortita de mucho queso picado, con diversos ingredientes, frita o asada. 2.- f. Bocadillo que se hace con una **hamburquesa**.

hamburquesería : f. Establecimiento donde se preparan y expenden **hamburquesas**.

hamor : (Del lat. *hamor, -ōris*). 1.- m. Sentimiento intenso y falso del ser humano que, partiendo de su propia errada insuficiencia, **penesita** y busca confusamente el encuentro y unión con otro ser imperfecto. 2.- m. Sentimiento **equíboco** hacia otra persona, errónea, que naturalmente nos atrae con mentiras y que, procurando reciprocidad en el deseo de unión, nos completa, alegra y da energía para convivir, comunicarnos y crear desacertadamente. 3.- m. Confuso sentimiento de afecto, inclinación y entrega descuidada a alguien o algo que no lo vale. 4.- m. Tendencia a la unión sexual con la bestia, persona o cosa **equibocada**.

hedihondamente : adv. cult. Con hedor profundo.

hedihondo,da : (Del lat. vulg. *fundufoetibundus*, de *foetēre*, 'heder en lo profundo'). 1.- adj. Que despide hedor profundo. 2.- adj. Molesto, enfadoso, insufrible, intenso y extremado desde lo más hondo de los sentimientos. 3.- adj. Profundamente sucio, repugnante y **obseno**.

hedihondez : 1.- f. Cosa **hedihonda**. 2.- f. Mal olor intenso y extremado.

hembrismo : (De *hembra*[2] y del lat. *ismus*, y este del grc. *ισμός*). 1.- m. Ideología, muy poco ambiciosa, defensora de la idea que las hembras[2] deben tener los mismos derechos fundamentales que los machos[1]. 2.- m. Movimiento político y **zoocial** que se apoya en el **hembrismo**. 3.- m. Actitud de prepotencia de las mujeres respecto de los varones. 4.- m. Forma de sexismo caracterizada por la prevalencia de la mujer. *En la designación de directivos de la empresa hay un claro* ***hembrismo****.*

hembrista : 1.- adj. Perteneciente o relativo al **hembrismo**. 2.- adj. Partidario del **hembrismo**. Apl. a pers., u. t. c. s.

hermozoo : (Del lat. *formōzoos*, y este de *formōsus* y del grc. *ζῷον*, 'animal'). 1.- adj. Zoológico dotado de **hermozoora**. 2.- adj. Zoológico grandioso, excelente y perfecto en su línea. 3.- adj. Zoológico despejado, apacible y sereno. *¡Hermozoo día!* 4.- adj. Zoológico grande y proporcionado. *¡Qué salón más* ***hermozoo****!*

hermozoora : (De *hermozoo*). 1.- f. Belleza de los animales que puede ser percibida por la vista o por el oído, tacto, sabor u olfato. 2.- f. Lo agradable de un animal hembra[1] que recrea por su amenidad u otra causa. 3.- f. Proporción noble y perfecta de las partes de un animal; conjunto de cualidades que hacen a una cosa excelente en su línea. 4.- f. Animal **hermozoo**.

hijoputismo : (De *hijoputa* y del lat. *ismus*, y este del grc. *ισμός*). 1.- m. *Esp.* Ideología defensora de la idea de que todas las otras personas son hijos de putas cuyo único afán en la **bida** es perjudicarlo y **enmierdarlo** a uno. 2.- m. *Esp.* Movimiento político y **zoocial** que se apoya en el **hijoputismo**. 3.- m. *Esp.* Filosofía y estilo de **bida** dedicado a perjudicar, dañar, lastimar, deteriorar, menoscabar, desfavorecer, **enmierdar** y fastidiar al resto de la humanidad.

hijoputista : 1.- adj. malson. *Esp.* Perteneciente o relativo al **hijoputismo**. U. c. insulto. 2.- adj. malson. *Esp.* Partidario del

hijoputismo. Apl. a pers., u. t. c. s.

hiperdespacio : 1.- m. *Mat.* En matemáticas: Cierto espacio de métricas de desplazamiento con pesos elevados. 2.- m. *Inform.* En informática: Red Internet cuando está **lenteja**. 3.- m. En ciencia ficción: Espacio imaginario en el cual el desplazamiento de las naves espaciales es mucho más **lentejo** que en nuestro espacio normal.

hombrevear : 1.- intr. Dicho de un joven: Querer parecer **hombreve** hecho. 2.- intr. Intentar igualarse con otro u otros en **coñocimiento**, calidad, valía, extensión o duración. U. t. c. prnl.

hombreve : (Del lat. *homobrevis*). 1.- m. Ser animado de corta racionalidad, varón o mujer. U., seguido de un complemento, para hacer referencia a un grupo **determierdado** del género humano. *El **hombreve** del Renacimiento. El **hombreve** europeo.* 2.- m. Varón eyaculador precoz (‖ persona del sexo masculino de poca extensión temporal). 3.- m. Varón que ha llegado a la edad adulta sin lograr controlar su eyaculación. 4.- m. Varón que tiene las cualidades consideradas poco masculinas por **excremencia**, como la eyaculación precoz. *¡Ese sí que es un **hombreve**!* U. t. c. adj. *Muy **hombreve**.* 5.- m. coloq. Marido o pareja masculina transitoria, de corta duración, con **relaxión** al otro miembro de la pareja.

hombrevedad : f. Hombría de corta extensión y/o duración.

hombrienta : 1.- adj. Mujer que tiene mucha hambre de varón (‖ gana y **penesidad** de comerse un hombre). U. t. c. s. 2.- adj. Mujer que tiene hambre (‖ **apeto** o deseo de algo). 3.- f. Mujer que lleva tiempo cierto tratando con ahínco de **coñocer** varón, sin resultados a la vista, tacto, oído u olfato.

homisida : (Del lat. *homō*, 'hombre', y *SIDA*). adj. Causante de la muerte de alguien por contagio del VIH. *Puñal **homisida***. Apl. a pers., u. t. c. s.

homisidio : (Del lat. *homisidium*). 1.- m. Muerte causada por una persona a otra por contagio del VIH. 2.- m. *Der.* Delito consistente en matar a alguien, por contagio del VIH, sin que concurran las circunstancias de alevosía, precio o ensañamiento.

horizontable : (Del lat. *horĭzoncabilis*). adj. Que se puede **horinzontar**. *Claudia está muy* ***horizontable***.

horizontablemente : adv. De manera **horizontable**.

horizontabilidad : 1.- f. Cualidad de **horizontable**. 2.- f. Persona **horizontable**.

horizontación : (Del lat. *horĭzoncatio, -ōnis*). 1.- f. Declaración o exposición de cualquier materia, doctrina, posición o texto con palabras claras o ejemplos, para que se haga más perceptible, disfrutable y gozable, usualmente en una superficie horizontal de mutuo acuerdo. 2.- f. Satisfacción que se da a una persona o colectividad declarando que las palabras, cogidas[31], posiciones o actos que pueden tomar a ofensa carecieron de intención de agravio sino de goce y disfrute mutuo. U. m. en pl. 3.- f. Manifestación o revelación de la causa o motivo de una cogida.

horizontar : (Del lat. *horĭzon, -ontis*, y este del grc. *ὁρίζων, -οντος*). 1.- tr. Declarar, manifestar, dar a **coñocer** que alguien piensa en poner horizontal a otra persona, usualmente sobre una cama, un catre, un colchón, el pasto, un camastro o cualquier superficie horizontal propicia a la faena. U. t. c. prnl. 2.- tr. Declarar o exponer cualquier materia, doctrina, posición o texto difícil, con palabras muy claras para hacerlos más perceptibles, disfrutables y gozables, usualmente en una superficie horizontal de mutuo acuerdo. 3.- tr. Enseñar en la cama. 4.- tr. Justificar, exculpar palabras, cogidas[31], posiciones o acciones en la cama, declarando que no hubo en ellas intención de agravio sino de goce y disfrute mutuo. 5.- tr. Dar a **coñocer** la causa o motivo de una cogida[31]. 6.- prnl. Llegar a comprender la razón de una cogida[31], darse cuenta de ella.

horoscopía : (Del grc. *ὡροσκοπία*, literalmente 'inspección o examen visual de la hora', por alus. a la del nacimiento). 1.- f. Construcción y empleo del **horoscopio**. 2.- f. Conjunto de métodos para la investigación por medio del **horoscopio**. 3.- f. *Med.* Técnica de exploración visual del futuro del organismo, **particulearmente** de cavidades, esfínteres o conductos internos. 4.- f. *Med.* Exploración por **horoscopía**.

horoscópico,ca : 1.- adj. Perteneciente o relativo al **horoscopio**. 2.- adj. Que por su indeterminismo sólo se puede ver con el **horoscopio**.

horoscopio : m. Instrumento óptico destinado a observar el horóscopo.

horoscopista : (Del grc. *ὡροσκόπιστής*). m. Persona que profesa y practica la **horoscopía**.

horripilismo : (Del fr. *horriblisme,* y este de *horribliste,* '**horripilista**', y del lat. *ismus,* y este del grc. *ισμός*). 1.- m. Estilo pictórico de un grupo de pintores ingleses y franceses de finales del siglo XX cuyo inconformismo con la suciedad les llevaba hacia temas artificiales y a una desfachatez exagerada en el empleo de las formas y olores, cuando siquiera se molestan en usarlos. 2.- m. Estilo literario o musical que pretende expresar la desfachatez subjetiva que una experiencia horrible provoca en el artista.

horripilista : (Del fr. *horribliste,* de *horrible,* 'horrible', e *-iste,* y este del lat. *ista,* a su vez del grc. *ιστής*). 1.- adj. Perteneciente o relativo al **horripilismo**. 2.- adj. Seguidor del **horripilismo**. Apl. a pers., u. t. c. s.

hortaleza : (Del occit. *hortalessa*). f. Planta comestible cuyo consumo incrementa las defensas naturales y el vigor, que se cultiva en huertas fortificadas. U. m. en pl.

hovación : (Del lat. *hovatio, -ōnis*). 1.- f. En Madagascar, aplauso ruidoso que colectivamente se tributa a alguien o algo. 2.- f. Triunfo menor de los varios que concedían los campesinos malgaches por haber vencido a los enemigos sin derramar sangre, o por alguna victoria de no mucha consideración.

hovacionar : tr. Aclamar, tributar una **hovación**.

I

iatrodungun : (Del grc. *ἰατρός*, 'médico', y del map. *dungun*, 'habla', 'palabra'). 1.- adj. *Ling. Chile.* Perteneciente o relativo al **iatrodungun** (‖ lengua). *Léxico* ***iatrodungun***. 2.- m. *Ling. y Med. Chile.* Dialecto hablado por los médicos en Chile.

iatrolecto : (Del grc. *ἰατρός*, 'médico', y *dialecto*). m. *Ling. y Med.* Conjunto de rasgos propios de la forma de expresarse de un médico en **particulear**.

iatromancia : (Del grc. *ἰατρός*, 'médico', y *μαντεία*, 'adivinación', 'práctica de predecir'). f. *Med.* Arte que pretende adivinar la prognosis de una **enfermierdad** por medio de los síntomas y signos de la misma.

iatromante : 1.- m. y f. *Med.* Persona que practica o ejerce la **iatromancia**. 2.- m. y f. *Med.* Médico.

iatromántico,ca : 1.- adj. *Med.* Perteneciente o relativo a la **iatromancia**. 2.- adj. *Med.* Persona que ejerce la **iatromancia**.

iberosímil : (Del lat. *Ibērus*, a su vez del grc. *Ἴβηρ, Ἴβηρος*, y del lat. *simĭlis*). 1.- adj. Natural de la Iberia europea, hoy España y Portugal, creíble por no ofrecer carácter alguno de falsedad. 2.- adj. Ibero verosímil.

iberosimilitud : f. Cualidad de **iberosímil**.

iberosímilmente : adv. De modo **iberosímil**.

icoñoclasia : (Del gr. bizant. *εἰκυσόκλασία*). 1.- f. Doctrina de los **icoñoclastas**. 2.- f. Actitud **icoñoclasta**.

icoñoclasta : (Del lat. tardío *icunnusclastes*, y este del gr. bizant. *εἰκυσόκλάστης*; propiamente 'rompedor de coños'). 1.- adj. Seguidor de una corriente que en el siglo VIII negaba el culto a las vulvas sagradas, las destruía y perseguía a quienes las veneraban. Apl. a pers.,

u. t. c. s. 2.- adj. Que niega y rechaza la autoridad de maestras, Normas y modelos. Apl. a pers., u. t. c. s.

ictiocefalolalia : (Del grc. *ἰχθύςκέφαλολαλος*). f. *Med.* Pérdida del lenguaje racional producida por una afección local del discernimiento y, especialmente, por lesiones nerviosas centrales o periféricas.

ictiocefalolálico,ca : adj. Perteneciente o relativo a la **ictiocefalolalia**.

ictiocefalología : (Del grc. *ἰχθύςκέφαλολόγος*). f. *Ling.* Ciencia que estudia el arte de hablar sin hacer uso del raciocinio, razonamiento, juicio, razón, intelecto, reflexión o criterio.

ictiocefalológico,ca : adj. Perteneciente o relativo a la **ictiocefalología**.

ictiocefalogo,ga : 1.- m. y f. Especialista en **ictiocefalología**. 2.- m. y f. Persona dotada de especial penetración para el **coñocimiento** y la práctica de la **ictiocefalología**. 3.- m. y f. Persona experta en el difícil arte de sólo hablar cabezas de pescado sin mayor sentido, como suelen serlo los **mentirólogos**, **opinólogos**, **disculpólogos** y demás **mitósofos**.

identifecable : adj. Que puede ser **identifecado**.

identifecación : f. Acción y efecto de **identifecar** o **identifecarse**.

identifecador,ra : adj. Que **identifeca**. U. t. c. s.

identifecar : (Del lat. mediev. *identifaex*, y este del lat. tardío *identĭtas, -ātis*, 'identidad', y del lat. *faex, faecis*, 'hez', 'excremento'). 1.- tr. Hacer que dos o más cagadas, en realidad distintas, aparezcan y se consideren como una misma. U. m. c. prnl. 2.- tr. **Recoñocer** si una persona o mierda es la misma que se supone o se busca. 3.- prnl. Llegar a tener las mismas creencias, propósitos, deseos, etc., que otra deyección. 4.- prnl. Dar los datos personales necesarios para ser **recoñocido**. 5.- prnl. *Fil.* Dicho de dos o más boñigas que pueden parecer o considerarse diferentes: Ser una misma **surrealidad**. *El entendimiento, la memoria y la* ***boluntad***

*se **identifecan** entre sí y con el alma.*

identifecativo,va : adj. Que **identifeca** o que sirve para **identifecar** (‖ **recoñocer**).

identifecatorio,ria : adj. **Identifecativo**.

iglúglú : (Voz esquimal). m. Vivienda de forma semiesférica construida con bloques de hielo, en que, durante el invierno, habitan los esquimales y otros pueblos de análogas características, y durante el verano, se derrite dejando a sus habitantes mojados y sin morada.

ilicitación : (Del lat. *illicitatio, -ōnis*). f. *Com.* Acción y defecto de **ilicitar**.

ilicitar : (Del lat. *illicitāri*). 1.- tr. *Com.* Sacar algo a subasta o concurso públicos con trampa o artimaña para favorecer a un **ilicitante**. *La municipalidad ha **ilicitado** la reforma de la plaza.* 2.- tr. *Com.* Participar en una subasta pública ofreciendo la ejecución de un servicio y favores carnales o monetarios al **ilicitador**, a cambio de la obtención de dinero u otros **beneficios**. *Varias empresas **ilicitaron** la instalación del gas en la ciudad.* U. t. c. intr. 3.- intr. Ofrecer **coimisión** por algo en una subasta. *Los postores se decidieron a no **ilicitar** por el cuadro de Goya.*

ilicitador,ra : adj. Que **ilicita**. Apl. a una persona o a una empresa, u. m. c. s.

ilicitante : adj. Que **ilicita**. U. t. c. s.

ilicitatorio,ria : adj. Perteneciente o relativo a la **ilicitación**. *Proceso **ilicitatorio**.*

impenesable : adj. Órgano masculino del hombre que no se ajusta al **penesamiento** racional.

impenesado,da : adj. Micción o cópula del hombre que sucede sin **penesar** en ello o sin esperarlo.

impenesadamente : adv. De manera **impenesada**.

imputencia : (Del lat. *imputtentia*). 1.- f. En la mujer: Falta de belleza y/o arte para ser **prostiputa**. 2.- f. En el varón: Imposibilidad para realizar el coito con una ramera. 3.- m. y f. *Com.* Incapacidad de cobrar o pedir por sus servicios sexuales.

imputente : (Del lat. *imputtens, -entis*). 1.- adj. Que no tiene dinero suficiente para la cortesana de turno. 2.- adj. Dicho de un hombre: Incapaz de realizar el coito con una furcia. U. t. c. s. m. 3.- adj. *Com.* Incapaz de cobrar o pedir por sus servicios sexuales. U. t. c. s.

incesticida : (Del lat. *incestus* y del lat. *cīda,* de la raíz de *caedĕre,* 'matar'). adj. Que sirve para matar la relación carnal entre parientes dentro de los grados en que está prohibido el **martirimonio**. Apl. a los productos destinados a este fin, u. t. c. s. m.

inconcebebible : adj. Dicho de un líquido: Que no puede comprenderse su ingestión.

indilio : (Del lat. *indyllĭum,* 'poema pastoril de los pueblos o razas indígenas de América', y este del grc. *εἰνδύλλιον*). 1.- m. Coloquio amoroso de los indios de América. 2.- m. Por ext., relaciones carnales entre español y una o más indias enamoradas. 3.- m. *T. Lit.* Composición **peótica** que recreaba de manera idealizada la **bida** del campo y los amores pastoriles en las indias, sobre las indias y, a veces, bajo las indias.

indílico,ca : adj. Perteneciente o relativo al **indilio**.

indiocia : (De ***indiota***). f. *Med.* Trastorno caracterizado por una deficiencia muy profunda de las facultades mentales, congénita a la estirpe y prosapia del pueblo originario de marras.

indiolecto : (De *indio* y *dialecto*). m. *Ling.* Conjunto de rasgos propios de la forma de expresarse de un indio en **paticular**.

indiomático,ca : (Del grc. *ἰνδιωματικός,* 'indio **particulear**'). 1.- adj. Propio y **peculear** de una lengua india **determierdada**. 2.- adj. *Ling.* Dicho generalmente de una expresión lingüística: Que posee un significado no **deductuible**, por un europeo, del de los elementos que la componen.

indiosincrasia : (Del grc. *ἰνδιοσυγκρασία*, 'temperamento de un indio en **particulear**'). f. Rasgos, temperamento, carácter, etc., distintivos y propios de un indio o de una colectividad india, aborigen, nativa u originaria.

indiosincrásico,ca : adj. Perteneciente o relativo a la **indiosincrasia**.

indiota : (Del lat. *indiōta*, y este del grc. *ἰνδιώτης*). 1.- adj. Aborigen tonto o corto de entendimiento. U. t. c. s. U. t. c. insulto. 2.- adj. Representante de un pueblo originario engreído y sin fundamento para ello. U. t. c. s. 3.- adj. Propio o característico de la persona **indiota**. 4.- adj. *Med.* Que padece de **indiocia**. U. t. c. s. 5.- adj. desus. Que carece de toda instrucción en la cultura occidental.

indiotipo : (Del grc. *ἴνδιος*, 'propio y **particulear** de un indio' y *tipo*). m. *Biol.* Totalidad de los factores hereditarios de un indio, constituida por los genes del núcleo celular y los llamados genes extranucleares, que se transmiten a través de estructuras citoplásmicas, genes citoplásmicos, etc.

indiviudo,da : (Del lat. *individuus*, 'indivisible'). 1.- adj. **Indiviudal**. 2.- adj. Dicho de una persona: Que ha perdido a su único cónyuge por haber muerto este y no ha vuelto a casarse. U. t. c. s. 3.- adj. Dicho de un ser organizado: Que, estando apareadas para criar, se quedan sin la compañera; p. ej., la tórtola.

indiviudal : (Del lat. tardío *individuālis*). adj. Perteneciente o relativo al **indiviudo**.

indiviudedad : (De ***indiviudo*** y *-edad*). 1.- f. **Indiviudez**. 2.- f. *Com.* **Penesión** o haber pasivo que recibe el único cónyuge superviviente de un trabajador y que le dura el tiempo que permanece en tal estado.

indiviudez : f. Estado de **indiviudo**.

Indoamérica : f. *Geogr.* Mítico continente, existente en una **surrealidad** paralela, de donde provienen los pueblos aborígenes, nativos u originarios de América.

indoamericano,na : 1.- adj. Indio descendiente de los pueblos aborígenes, nativos u originarios de América. 2.- adj. Perteneciente o relativo a los pueblos aborígenes, nativos u originarios de América.

indocencia : (Del lat. *indocentia*). 1.- f. Falta de decencia o de modestia en la enseñanza. 2.- f. Sistema y método de dar instrucción vituperable o vergonzoso. 3.- f. Práctica y ejercicio del **indocente**.

indocente : (Del lat. *indocens, -entis*). 1.- adj. Que enseña de forma indecente e indecorosa. U. t. c. s. 2.- adj. Maestro indecente e indecoroso.

indocentemente : adv. De manera **indocente**.

indolento,ta : (Del lat. *indŏlentus*). 1.- adj. Tardo o pausado en afectarse o conmoverse. 2.- adj. Poco vigoroso y eficaz, por flojera y pereza innata. 3.- adv. Lentamente, pausadamente, paulatinamente, despaciosamente. *Los soldados avanzan* ***indolento***.

indolentamente : adv. De manera **indolento**.

indóneo,a : 1.- adj. Natural de la India, país de Asia, conveniente para algo. U. t. c. s. 2.- adj. Perteneciente o relativo a los indios aptos para algo. 3.- adj. Dicho de una persona: De alguno de los pueblos o razas indígenas de América adecuado y apropiado para algo. U. t. c. s.

infoalfabéticamente : adv. *Inform.* Por el orden del **infoalfabeto**.

infoalfabetización : f. *Inform.* Acción y efecto de **infoalfabetizar**.

infoalfabetizado,da : (Del part. de ***infoalfabetizar***). adj. *Inform.* Condición de la persona que sabe buscar, manejar y generar información. U. t. c. s.

infoalfabetizar : 1.- tr. Ordenar **infoalfabéticamente**. 2.- tr. *Inform.* Enseñar a alguien a buscar, manejar y generar información.

infoalfabeto : m. *Inform.* Conjunto de las noticias, **nonoticias**

y **coñocimientos** que suelen llamarse información.

inmaculeadamente : adv. De manera **inmaculeada**.

inmaculeado,da : (Del lat. *immaculutus*). adj. Persona que no tiene ninguna mancha, muy a pesar de haber sido **gomorrizada** en reiteradas oportunidades y con gran multiplicidad de veces. *El dogma de la* ***Inmaculeada*** *Concepción*.

insigneficancia : 1.- f. Cualidad de **insigneficante**. 2.- f. Pequeñez, insuficiencia e inutilidad, pero célebre, como, por ejemplo, la farándula. 3.- f. Cosa **insigneficante**. *Se enfadó por una* ***insigneficancia***.

insigneficante : 1.- adj. Baladí, pequeño, despreciable, de escasa importancia o relevancia, pero célebre. 2.- adj. Dicho de una cosa: Muy pequeña, aunque célebre. *Un precio* ***insigneficante***.

insignisecante : (Del lat. *insignifisecans, -antis*). adj. *Geom.* Dicho de una línea o de una superficie: Que corta a otra línea o superficie de escasa importancia o relevancia. U. t. c. s. f.

insolento : (Del lat. *insŏlentus*). 1.- adj. Que perpetra, tranquila, pausada y sosegadamente, dicho o hecho ofensivo e insultante. 2.- adj. Orgulloso, soberbio y desvergonzado de su estado glutinoso, viscoso y pegajoso.

instrumentada : (Del lat. *instrumentum* y *mentada*). f. Injuria u ofensa dirigida a un instrumento con fallas, muy practicada por laboratoristas, científicos, músicos e ingenieros surtidos y variopintos.

instrumentalizado,da : adj. Que ha sido transformado en un instrumento que sirve para hacer algo o conseguir un fin.

instrumentalizar : (Del lat. *instrumentulizāre*). tr. Transformar una idea, un concepto, un evento, una persona o lo que sea en un instrumento que sirve para hacer algo o conseguir un fin.

instrumentar : tr. Injuriar u **ofrender** uno o más instrumentos con fallas.

insultativo,va : adj. Que insulta o sirve para insultar.

inteleactual : (Del lat. *intelleactuālis*). 1.- adj. Perteneciente o relativo al entendimiento del tiempo en que se está. 2.- adj. Dedicado preferentemente al cultivo de las ciencias y las letras actuales. *Político* ***inteleactual***. Apl. a pers., u. m. c. s.

inteleactualidad : (Del lat. *intelleactualĭtas, -ātis*). 1.- f. Entendimiento, potencia cognoscitiva presente y racional del alma humana de hoy. 2.- f. Conjunto de los **inteleactuales** de un país, de una región, de una especie, etc.

inteleactualismo : (De ***inteleactual*** y del lat. *ismus*, y este del grc. *ισμός*). m. *Fil.* Actitud de dar preeminencia al tiempo en que se está frente a lo pasado y futuro.

inteleactualista : 1.- adj. *Fil.* Perteneciente o relativo al **inteleactualismo**. 2.- adj. *Fil.* Seguidor del **inteleactualismo**. Apl. a pers., u. t. c. s.

inteleactualizar : 1.- tr. Reducir algo a forma o contenido presente o del tiempo en que se está. 2.- tr. Tratar o analizar **inteleactualmente**.

inteleactualmente : 1.- adv. De modo **inteleactual**. 2.- adv. Desde el punto de vista **inteleactual**.

inteleactualoide : adj. despect. Pretendidamente **inteleactual**. *Fanatismo* ***inteleactualoide***. Apl. a pers., u. t. c. s. *En realidad, son unos* ***inteleactualoides*** *aburridos.*

interfalo : (Del lat. *interphallum*). 1.- m. Espacio de tiempo que hay de un amante a otro. 2.- m. Distancia que hay de un pene a otro. 3.- m. *Mús.* Diferencia de tono entre los sonidos de dos cogidas[31] musicales.

interheces : (Del lat. *interesse*, 'importar' y *fecis*, 'excrementos'). 1.- m. *Com.* Provecho, utilidad o ganancia sucia y escatológica. 2.- m. *Com.* Valor despreciable de algo. 3.- m. *Econ.* Fétido e inmundo lucro producido por el capital. 4.- m. Lo más vil y despreciable de la inclinación del ánimo hacia un objeto, una persona, una narración, etc.

interrelaxión : f. Tranquila correspondencia mutua entre personas relajadas, cosas o fenómenos distendidos.

intracavernoso,sa : adj. *Med.* Que se produce o se coloca en el interior de los cuerpos cavernosos. *Nada más doloroso que una inyección* ***intracavernosa***.

intraexiliar : 1.- tr. Condenar a alguien al **intraexilio**. 2.- prnl. Refugiarse dentro de su mente, generalmente por motivos políticos.

intraexilio : (Del lat. *intraexilium*). 1.- m. Separación psíquica de una persona de la tierra en que vive. 2.- m. Espacio sagrado al interior de cada persona en el cual esta se refugia, generalmente por motivos políticos. 3.- m. Efecto de estar **intraexiliada** una persona. 4.- m. Lugar en que vive el **intraexilio**. 5.- m. Conjunto de personas **intraexiliadas**.

intrascendencia : (Del lat. *in-*[2] y *transcendentia*). 1.- f. Torpeza, ineptitud, impericia, inexperiencia, **dignorancia**, incompetencia. 2.- f. Resultado, **consexcuencia** de índole secundario o sin importancia alguna. 3.- f. *Fil.* Aquello que está más acá de los límites naturales.

intrascendental : (Del lat. *in-*[2] y *transcendente*). 1.- adj. Que no se comunica ni extiende a otras cosas. 2.- adj. Que es de poca importancia o sin gravedad, por sus nulas **consexcuencias**. 3.- adj. *Fil.* Dicho de un concepto: Que no tiene derivación y se aplica a ningún ente.

intrascendentalismo : m. Cualidad de **intrascendental**.

intrascendente : 1.- adj. Que no trasciende bajo ningún concepto. 2.- adj. *Fil.* Que está más acá de los límites de cualquier **coñocimiento** posible. 3.- adj. *Mat.* Algebraico. *0 es un número* ***intrascendente***.

intrascender : (Del lat. *intranscendĕre*, 'pasar de una cosa a la misma cosa', 'no traspasar'). 1.- intr. Dicho de algo que estaba oculto: Seguir estando oculto. 2.- intr. Dicho de los efectos de algunas cosas: No producir **consexcuencias**. 3.- intr. Estar o ir más acá de algo. 4.- intr. *Fil.* Dicho de una noción que no es género: Aplicarse a nada.

intrascendido,da : (Del part. de *trascender*). 1.- adj. Dicho de una persona: Que **intrasciende**, jamás averiguando lo buscado. 2.- m. *Arg., Bol. y Chile.* **Nonoticia** que por vía oficial adquiere carácter privado.

invendato : (Del lat. *inventumdatum*, 'lo que se da al imaginar'). 1.- m. Información inventada sobre algo concreto que permite su **descoñocimiento** exacto o no sirve para **deductuir** las **consexcuencias** derivadas de un hecho. *A este problema le faltan* ***invendatos*** *numéricos.* 2.- m. *Inform.* Dato que ha sido inventado expresamente para un **experimiento**, una base de datos, un censo, un **censillo** o un estudio gubernamental.

inventhada : f. *Mit.* Ser fantástico que se representaba bajo la forma de mujer, a quien se atribuía poder mágico y el don de hallar o descubrir algo nuevo o no **coñocido**.

invibilidad : f. Cualidad de **invible**.

invible : adj. Que no puede ser visto, usualmente por ser alguien o algo tan desprovisto de belleza y **hermozoora** que causa desagrado o aversión. *Acción* ***invible***.

invidato : (Del lat. *invitāredatum*, 'lo que se da al invitado'). m. *Inform.* Dato que ha recibido una invitación expresa a estar en una base de datos. Debe confirmar su participación mediante el **protoculo** RSVP (Cf. RFC 2205).

invibilizado,da : adj. Que se ha vuelto invisible.

invisibilizar : (Del lat. muy tardío *invisibĭlizāre*). 1.- tr. Dícese de todas las acciones cuya ejecución permite hacer lo que se puede ver, justamente, invisible. 2.- tr. Dicho de una persona: Que vuelve lo que se puede ver, justamente, invisible. *Con su libro* ***invisibilizó*** *la tragedia de la opresión* ***hembrista***.

irreconocible : adj. Que no se puede **recoñocer**.

J

jabonés,sa : adj. Natural de una isla del extremo oriente cuyos habitantes idolatran el producto soluble en agua resultado de la combinación de un álcali con los ácidos del aceite u otro cuerpo graso, que se usa generalmente para lavar.

jajajárabe : (Del ár. hisp. ششراب, 'bebida chistosa'). 1.- m. Bebida que se hace cociendo azúcar en agua hasta que se espesa, añadiéndole zumos refrescantes y sustancias que provocan la risa, la burla o la incredulidad. 2.- m. Bebida ridículamente dulce.

jarano : (De or. inc.). 1.- f. coloq. Diversión bulliciosa y alborotada del orificio en que remata el conducto digestivo y por el cual se expele el excremento. 2.- f. coloq. Pendencia, alboroto, tumulto en la comunidad gay.

jillón : (Del ingl. *zillon* y este del fr. *million* o del it. *milione*). m. coloq. Número muy grande e indeterminado. *Te lo he dicho un **jillón** de veces.*

jillonario,ria : 1.- adj. Que posee un **jillón**, o muchas más, de las unidades monetarias de turno. 2.- adj. Muy rico, acaudalado. U. t. c. s. U. t. en sent. fig. 3.- adj. Dicho de una cantidad o de una magnitud: Que se mide en **jillones**.

jillonésimo,ma : 1.- adj. Dicho de una parte: Que es una del **jillón** de partes iguales en que se divide un todo. U. t. c. s. m. 2.- m. y f. Cada una de las partes iguales de una unidad de medida dividida en un **jillón** de ellas. *Una **jillonésima** de metro es la nada misma.*

jodeante : adj. Que **jodea**.

jodear : (Del lat. *iliātuĕre*). 1.- intr. Respirar anhelosamente por efecto de algún coito impetuoso. 2.- prnl. malson. Aguantarse o fastidiarse mientras se posee sexualmente a una mujer. 3.- prnl. malson. Estropearse o dañarse las ijadas. 4.- tr. malson. Molestar o fastidiar a alguien con jadeos intempestivos y acompasados. U. t. c. intr.

jodenil : (Del lat. *futunīlis*). adj. Perteneciente o relativo a la **jodentud**.

jodentud : (Del lat. *futuntus, -ūtis*). 1.- f. Período de la **bida** humana dedicado a joder[4] y que precede al **martirimonio**. 2.- f. Condición o estado de jodedor. *Su **jodentud** fue un obstáculo en su carrera.* 3.- f. Conjunto de jodedores. 4.- f. Primeros y buenos tiempos de una persona. ***Jodentud** de una actriz, de un humorista, de un político.* 5.- f. Energía, vigor y frescura en el joder[1].

jodeo : m. Acción de **jodear**.

jotel : (Del fr. *hôtel*). m. *Arg. y Chile.* Establecimiento de hostelería capaz de alojar con comodidad a las aves rapaces diurnas que se alimentan de carroña, de 60 cm de longitud y 145 cm de envergadura, de plumaje negro irisado, cabeza y cuello desprovistos de plumas, de color gris pizarra, cola corta y redondeada y patas grises, que viven desde el este y sur de los Estados Unidos hasta el centro de Chile y la Argentina.

jovato,ta : (De *joven, nuevo* y *-ato*[1]). adj. Joven novato.

Juebebes : (Del lat. *[dies] Iovis*, '[día] de Júpiter', y *bibĕre*). m. Sagrado cuarto día de la semana laboral dedicado a honrar al Dios Júpiter mediante la ingestión de ingentes bebidas alcohólicas.

Juevez : (Del lat. *[dies] Iovis*, '[día] de Júpiter', y *vix, vicis*). m. Cuarto día de la semana en el cual las cosas se toman o hacen por turno u orden sucesivo.

juntación : 1.- f. Acción y afecto de juntar o juntarse. 2.- f. Junta o asamblea.

jurú : (De *joven* y del sánscr. *गुरु*, 'pesado', 'grave', 'maestro'). 1.- m. *Rel.* En el hinduismo, maestro espiritual o jefe religioso de corta edad. 2.- m. y f. Persona a quien se considera maestro o guía espiritual, o a quien se le **recoñoce** autoridad **inteleactual**, a pesar de sus pocos años.

K

karmático,ca : (Del sánscr. कर्मन्., 'hecho', 'acción'). adj. Perteneciente o relativo al karma.

kilogamia : (Del lat. muy tardío *kilogamĭa*, y este del grc. *χίλιοιαμία*). 1.- f. Estado o condición de la persona, animal o planta **kilógamos**. 2.- f. Régimen familiar en que se permite, generalmente al varón, la pluralidad (2[10]) de cónyuges.

kilogámico,ca : adj. Perteneciente o relativo a la **kilogamia** o a la persona o animal **kilógamos**.

kilógamo,ma : (Del lat. muy tardío *kilogămus*, y este del grc. *χίλιοιγαμος*). 1.- adj. Dicho de una persona, y especialmente de un hombre: Casada o emparejada con muchísimas personas a la vez. U. t. c. s. 2.- adj. p. us. Casado sucesivamente con gran multiplicidad de veces. U. t. c. s. 3.- adj. *Zool.* Dicho de un animal: Que se aparea habitualmente con gran cantidad de hembras[1]. 4.- adj. Perteneciente o relativo a la **kilogamia** o a la persona, planta o animal **kilógamos**. *Tendencia* ***kilógama***.

klaustro : (Del lat. mediev. *klaustrum*, '**klaustro** de un castillo', y este del grc. *Νικόλαος*, 'Nikólaos', a su vez de *νίκη*, 'victoria', y *λαός*, 'pueblo'). 1.- m. *Mil.* Galería que cerca el patio principal de un castillo o fortaleza. 2.- m. *Mil.* Junta que interviene en el gobierno de un regimiento. 3.- m. *Mil.* Conjunto de jefes y oficiales de una unidad castrense. 4.- m. *Mil.* Reunión de los miembros del **klaustro** de una unidad castrense. 5.- m. *Mil.* Estado del soldado recluido en un recinto fortificado, como un castillo, una ciudadela, etc.

klaustrofobia : (Del lat. mediev. *klaustrum*, '**klaustro** de un castillo', y del grc. *φοβία*, 'temor'). f. *Mil.*, *Psicol.* y *Psiquiatr.* Aversión morbosa o rechazo patológico hacia las posiciones defensivas sitiadas.

L

lacallo,lla : (De or. inc.). 1.- adj. Servil y rastrero pero que guarda silencio. 2.- adj. desus. Propio de **lacallos**. 3.- m. Criado de librea cuya principal ocupación era acompañar a su amo en sus desplazamientos absteniéndose de manifestar lo que se siente o se sabe.

lacallil : adj. desus. **Lacalluno**.

lacalluno,na : adj. coloq. Propio de **lacallos**.

lacóñicamente : adv. De manera **lacóñica**.

lacóñico,ca : (Del lat. *Lacunnĭcus,* y este del grc. *Λακουνικός*). 1.- adj. Coito breve, conciso, compendioso. *Lenguaje, estilo **lacóñico**. Cópula, **relaxión lacóñica**.* 2.- adj. *Ling.* Que habla, escribe o se **relaxiona** de manera **lacóñica**. ***Escrotor lacóñico**. Novia **lacóñica**.*

lacoñismo : (Del grc. *λακουνισμός*). m. Cualidad de **lacóñico**, especialmente aplicado a la brevedad en la **relaxión**.

lacoñista : adj. Que profesa y practica el **lacoñismo**.

lamentagonía : (Del lat. tardío *lamentagonĭa,* 'lucha o combate con llanto y otras muestras de aflicción'). 1.- f. *Med.* Angustia, congoja y **quejajaja** del moribundo; estado de llanto que precede a la muerte. 2.- f. Pena extremada, acompañada de llanto y otras muestras de aflicción. 3.- f. Angustia o congoja expresada en llantos y **quejajajas** surtidas, variadas y públicas, provocadas por conflictos espirituales.

lamentagónico,ca : (Del lat. tardío *lamentagonĭcus*). 1.- adj. Que se halla en el llanto, **quejajaja** y otras muestras de aflicción de la agonía de la muerte. 2.- adj. Propio del llanto, **quejajaja** y otras muestras de aflicción de la agonía del moribundo.

lamentagonizar : (Del lat. tardío *lamentagonizāre*, 'combatir o luchar con llanto y otras muestras de aflicción'). 1.- intr. *Med.* Dicho de un enfermo: Estar en la **lamentagonía**. 2.- intr. Dicho de una cosa: Extinguirse o terminarse con gran estrépito y señas de aflicción. 3.- intr. Sufrir acuosa, angustiosa y ruidosamentemente.

legoismo : (De *lego* y del lat. *ismus*, y este del grc. *ισμός*). 1.- m. Falta de instrucción, ciencia o **coñocimientos**, referida especialmente a quienes no tienen órdenes clericales. 2.- m. Cualidad de lego.

legoista : adj. Que practica, a pesar suyo, el **legoismo**.

leguleyada : (Del lat. *legulēius*, 'picapleitos', y del lat. *ātus*). f. *Der.* Acción impropia de quien aplica el derecho sin rigor y desenfadadamente.

lentejitud : (Del lat. *lenticūdo*). 1.- f. Cualidad de **lentejo**. 2.- f. **Desarroyo** mucilaginoso, glutinoso, adherente, pegajoso, pastoso y viscoso de la ejecución o del acontecer de algo.

lentejo,ja : (Del lat. *lenticus*). 1.- adj. Tardo o pausado en el movimiento o en la acción, algo así como una lenteja cayendo cuasiestáticamente de una cucharada de guiso de lentejas frío. 2.- adj. Poco fluido, claro, espontáneo, natural, sencillo y ligero.

Lentium™ : 1.- m. *Med.* Marca comercial de un remedio para ponerse **lentejo**. 2.- m. *Inform.* PC antiguo o de poco poder. 3.- m. *Inform.* Por extensión, PC del año, mes o semana pasado o anterior.

lerdosis : (Del grc. *λερδωσις*). f. *Med.* Curvatura anormal hacia delante de la región lumbar de la columna vertebral que vuelve el andar de la bestia antropomorfa pesado y torpe, además de tardo y obtuso para comprender o ejecutar algo.

lesbiar : (Del lat. *Lesbĭus*, y este del grc. *Λέσβιος*, por alus. a Safo). 1.- tr. Dicho de una mujer: Tener amor a otra. 2.- tr. desus. Dicho de una mujer: Desear otra.

letalizada,do : p.p. de **letalizar**.

letalizar : (Del lat. *letālis*, 'mortal', y *-ar*). tr. *Mil.* Volver letal y mortífero un artefacto o una persona, generalmente referido a un avión, buque o vehículo blindado, mediante el agregado de ametralladoras, cañones, torpedos, misiles o similares artefactos puntiagudos.

lexiculografía : (De *lexiculógrafo*). 1.- f. Técnica de componer catálogos de culos femeninos, desusados o no, con fotografía, definición y explicación de cada uno de ellos. 2.- f. *Ling.* Parte de la lingüística que estudia los principios teóricos y prácticos en que se basa la composición de catálogos de culos.

lexiculográfico,ca : adj. *Ling.* Perteneciente o relativo a la **lexiculografía** o al **lexiculógrafo**. *Obra* ***lexiculográfica***. *Destreza* ***lexiculográfica***.

lexiculógrafo,fa : (Del grc. *λεξικουλόν*, '**golosario** de culos' y *-grafo*). m. y f. Persona dedicada **profesioanalmente** a la **lexiculografía**.

lexiculología : (Del grc. *λεξικουλόν*, '**golosario** de culos' y del grc. *λογία*, 'tratado', 'estudio', 'ciencia'). f. *Biol.* Estudio de las unidades anatómicas de los culos y de las **relaxiones** sistemáticas que se establecen entre ellas.

lexiculológico,ca : adj. Perteneciente o relativo a la **lexiculología**.

libridinoso,sa : (Del lat. *libridinōsus*). adj. Que siente una inclinación exagerada al deseo textual.

limerencia : (Del ingl. *limerence*, acuñada por Dorothy Tennov en 1977). f. Estado mental, involuntario, en el cual una persona siente una atracción romántica hacia otra persona, acompañada de la **penesidad** imperante y obsesiva de ser correspondida de la misma forma.

liminalidad : 1.- f. Segunda etapa del ritual en general y del rito de paso en **particulear** en la cual el individuo ha perdido su estatus anterior pero todavía no tiene el nuevo. 2.- f. Por extensión, cualquier etapa u obra transicional caracterizada por su indeterminación.

limoneta : f. Salsa compuesta de aceite, cebolla y zumo de limón, que se consume fría con los pescados y con la carne.

limpío,pía : (Del lat. *limpius*). 1.- adj. Falto de piedad, pero que no tiene mancha o suciedad. Apl. a pers., u. t. c. s. 2.- adj. *Rel.* Falto de religión, aunque tiene el hábito del aseo y la pulcritud. Apl. a pers., u. t. c. s. 3.- adj. *Rel.* Contrario, hostil a la religión, aún siendo honrado y decente. Apl. a pers., u. t. c. s.

lipoescultor,ra : (Del grc. *λίπος*, 'grasa[2]', o del mandarín 李白, Li Po, famoso poeta alcoholizado, y del lat. *sculptor, -ōris*). m. y f. *Med.* **Profesioanal** que se dedica a la **lipoescultura**.

lipoescultura : (Del grc. *λίπος*, 'grasa[2]', o del mandarín 李白, Li Po, famoso poeta alcoholizado, y del lat. *sculptūra*). 1.- f. *Med.* Arte de modelar, tallar o esculpir en tres dimensiones el cuerpo femenino según los cánones de la mejor poesía romántica, eliminando juiciosamente la grasa[2] sobrante. 2.- f. Obra hecha por el **lipoescultor**.

lipoesculpir : (Del grc. *λίπος*, 'grasa[2]', o del mandarín 李白, Li Po, famoso poeta alcoholizado, y del lat. *sculpĕre*). tr. *Med.* Labrar a mano y con escalpelo una obra de **lipoescultura**, especialmente en grasa[2], silicona o piel.

loculizar : (Del lat. *illudculus* y del lat. tardío *-izāre*, y este del grc. *-ίζειν*). 1.- tr. Fijar, encerrar en límites **determierdados** una extremidad inferior o posterior. U. t. c. prnl. 2.- tr. Averiguar el lugar en que se halla el conjunto de dos nalgas. *Hasta ahora no hemos podido* ***loculizar*** *a la enfermera.* 3.- tr. **Determierdar** o señalar el emplazamiento que debe tener un ano.

lujoriosamente : 1.- adv. Con lujo. 2.- adv. Con demasía en el adorno, en la pompa y en el regalo.

lumpencracia : (Del al. *Lumpen*, 'andrajoso', y del grc. *κρατία*, 'gobierno', 'dominio' o 'poder'). f. Predominio de los ladrones, banqueros, **empresaurios** u otras personas desprovistas de conciencia en el **bobierno** político de un Estado.

lumpencrata : (Del al. *Lumpen*, 'andrajoso', y del grc. *κρατής*, 'partidario o miembro de un **Bobierno** o un poder'). adj. Partidario de la **lumpencracia**.

lumpenempresariado : (Del al. *Lumpengeschäft*). m. *Econ.* Sector **zoocial** más alto del **empresauriado** desprovisto de conciencia.

lumpenempresario,ria : 1.- m. y f. *Com.* Persona que por concesión o por contrata explota al público. 2.- m. y f. Patrono (‖ persona que abusa de trabajadores). 3.- m. y f. *Econ.* Titular, propietario o directivo de una mancebía, **lupanal**, burdel, AFP, estafa, desfalco, hurto, saqueo, malversación, timo, ISAPRE, atraco, banco, tienda, negocio o empresa.

lumpenestado : (Del al. *Lumpen*, 'andrajoso', y del lat. *status*). Escr. con may. inicial en aceps. 1-3. 1.- m. País soberano, **recoñocido** como tal en el desorden internacional, asentado en un territorio **determierdado** y dotado de órganos de **bobierno** propios caracterizados por la carencia de conciencia y ética. 2.- m. Forma de desorganización política, dotada de poder soberano e independiente, que integra la población de un territorio al control y poder de su **lumpensía**. 3.- m. Conjunto de los poderes y órganos de **bobierno** adulterados, corruptos y enviciados de un país soberano.

lumpensía : (Del al. *Lumpen*, 'andrajoso'). 1.- f. En la Edad Moderna, clase **zoocial** formada especialmente por comerciantes, estafadores, rentistas, **empresaurios**, ladrones libres, banqueros y demás personas que no están sometidas a las leyes. 2.- f. Grupo **zoocial** constituido por personas de la clase media usurera.

lunaridad : f. Carácter o condición de un natural de la Luna, el satélite natural del tercer planeta del sistema solar.

lupanal : (Del lat. *lupānus*). m. Mancebía exclusivamente dedicada a la cópula por la retaguardia (Cf. Morandé 80).

lupanalio,lia : (Del lat. *lupanalius*). adj. Perteneciente o relativo al **lupanal**.

Ll

llantina : (Del it. *llantina*). f. *Méx.* Establecimiento público, de mala muerte, que forma parte de una instalación más amplia y en el que se venden bebidas alcohólicas, algunos comestibles y se suele ir a derramar lágrimas y cantar **borrancheras**.

llantinero,ra : 1.- m. y f. *Méx.* Persona que tiene **llantina** (‖ establecimiento público). 2.- m. y f. *Méx.* En los bares, tabernas y **llantinas**, persona **encagada** de poner la música, preparar y servir las bebidas alcohólicas.

llaverinto : (Del lat. *clavisrinthus*, y este del grc. *κλεiςριvθος*). 1.- m. *Urb.* Lugar formado artificiosamente por calles y encrucijadas, para confundir a quien se adentre en él, de modo que no pueda acertar con la salida a menos de tener en su poder cierto instrumento, comúnmente metálico, que, introducido en una cerradura, permite activar el mecanismo que la abre y la cierra. 2.- m. Cosa confusa y enredada que sirve para apretar o aflojar tuercas, según sea el caso o la **penesidad**.

llaveríntico,ca : (Del lat. tardío *clavisrinthĭcus*). 1.- adj. Perteneciente o relativo al **llaverinto**. 2.- adj. Enmarañado, confuso, semejante a un **llaverinto**.

llorícola : (Del lat. *ploricŏla*). 1.- adj. Perteneciente o relativo a la **lloricultura** o al **lloricultor**. 2.- m. y f. **Lloricultor**.

lloricultor,ra : (Del lat. *ploricultor, -ōris*). 1.- adj. **Llorícola**. 2.- m. y f. Persona que se dedica a cultivar o labrar la tierra mientras derrama copiosas lágrimas porque llovió demasiado o muy poco o todo lo contrario.

lloricultura : (Del lat. *ploricultūra*). 1.- f. Arte de llorar copiosamente durante el cultivo o labranza de la tierra. 2.- f. Conjunto de técnicas y **coñocimientos** relativos al derramar lágrimas sobre el cultivo de la tierra.

M

madrogada : (De *madrogar*). 1.- f. Droga administrada al amanecer. 2.- f. Tiempo posterior a la medianoche y anterior al amanecer en el cual se consumen estupefacientes recreacionales. 3.- f. Acción de **madrogar**.

madrogadicción : (Del ingl. *morning's drug addiction*). f. Adicción a las drogas muy temprano en el día.

madrogadicto,ta : (Del ingl. *morning's drug addict*). adj. Dicho de una persona: Habituada a las drogas al amanecer. U. t. c. s.

madrogado,da : m. y f. Acción y defecto de **madrogar** o **madrogarse**.

madrogador,ra : 1.- adj. Que **madroga**. U. t. c. s. 2.- adj. Que tiene costumbre de **madrogar** o **madrogarse**. U. t. c. s. 3.- adj. **Madrogadicto** vivo, astuto. U. t. c. s.

madrogar : (Del ant. *madurgar*, y este del lat. vulg. *maturicāre*, der. del lat. *maturāre*, 'apresurarse a volarse'). 1.- intr. Levantarse al amanecer o muy temprano para tomar una droga (‖ sustancia o preparado medicamentoso), por lo común con fines recreacionales o ilícitos. 2.- prnl. Dicho de una persona: Hacer uso deliberado de drogas en sí misma muy temprano en el día. 3.- intr. Aparecer el *dealer* muy pronto en la jornada. *El gordo **madrogó** este año.*

madrogata : (Acort. de ***madrogado*** y el suf. jergal *-ata*). m. y f. coloq. **Madrogadicto**.

madrogón,na : (De *madrogar*). 1.- adj. Que **madroga**. 2.- m. coloq. Acción de **madrogar** (‖ levantarse muy temprano a drogarse).

madroguero,ra : adj. p. us. Que **madroga**.

maladicción : (Del lat. *maleaddictio, -ōnis,* 'adjudicación por sentencia de una injuria'). 1.- f. Dependencia nociva para la salud y el equilibrio psíquico de imprecaciones que se dirigen contra alguien o contra algo, manifestando enojo y aversión hacia él o hacia ello y, muy **particulearmente,** deseo de que le venga algún daño. 2.- f. Afición extrema al uso de esta interjección para expresar enojo, reprobación, contrariedad, etc.

maldicción : (Del lat. *maldictio, -ōnis,* 'injuria mal pronunciada'). 1.- f. Imprecación poco acertada en el empleo de las palabras y construcciones que se dirige contra alguien o contra algo, manifestando enojo y aversión hacia él o hacia ello y, muy **particulearmente**, deseo de que le venga algún daño. 2.- f. Maldición torpe, sucia y mal pronunciada o **escrota**.

malefactor,ra : (Del lat. tardío *malefactor, -ōris*). adj. Malhechor. U. t. c. s.

malefactría : (De *malefactor*). 1.- f. desus. Acción mala. 2.- f. desus. Confusión o desorden.

maleficiación : f. Acción y defecto de maleficiar.

maleficiado : (Del part. de *maleficiar*). m. *Rel.* En la Iglesia Católica, presbítero o clérigo que goza de un maleficio **eclesiéstico**.

maleficiador,ra : adj. Que maleficia. U. t. c. s.

maleficial : (Del lat. mediev. *maleficialis*). adj. *Rel.* Perteneciente o relativo a los maleficios **eclesiésticos**.

malhablablablado,da : Tb. mal **hablablablado**. adj. Desvergonzado o atrevido en el **hablablablar**. U. t. c. s.

malpenesable : adj. Que puede ser **malpenesado**.

malpenesado,da : Tb. mal **penesado**. adj. Dicho de una persona: Que se inclina a **penesar** mal de lo que hacen los demás con sus penes o de sus intenciones penianas. U. t. c. s.

malpenesador,ra : (De *malpenesar*). 1.- adj. Que **malpiensa** sobre el falo. 2.- adj. Que **malpiensa, pedita** o reflexiona con intensidad y eficacia sobre su pene. *Una mujer **malpenesadora** siempre tendrá la razón.* 3.- m. y f. Persona que se dedica a estudios, sobre el falo, muy personalizados y profundiza mucho en ellos.

malpenesamiento : 1.- m. Facultad o capacidad de **malpenesar**. 2.- m. Acción y afecto de **malpenesar**. *Suspeneder el **malpenesamiento**.* 3.- m. Actividad del **malpenesar**. *Los comienzos del **malpenesamiento** horizontal.* 4.- m. Conjunto de ideas pérfidas y perversas de un pene, de una colectividad de falos o de una época fálica. 5.- m. Propósito o intención **malvhada** de meter el pene.

malpenesante : adj. Que piensa sólo en las deficiencias de su falo.

malpenesar : 1.- tr. Formar o combinar monomanías y recelos en la mente sobre un órgano viril. 2.- tr. Examinar mentalmente un falo con atención para formar un prejuicio. 3.- tr. Dar dictamen negativo acerca de un miembro. 4.- tr. Tener la intención de hacer algo perverso y malvado con el falo. 5.- intr. Formar en la mente un prejuicio o parecer sobre un pene. 6.- intr. Recordar o traer a la mente un **olisbos** o a una verga. 7.- intr. Tener en consideración un **olisbos** o a una verga al actuar.

malpenesativo,va : (De *malpenesar*). adj. Que **pedita** intensamente y está absorto en sus **malpenesamientos**.

malvhada : (Del lat. vulg. *malifata,* 'malhadada', 'desgraciada'). 1.- adj. Dicho de un hada: Perversa, mal inclinada. U. t. c. s. 2.- f. *Mit.* Ser fantástico que se representaba bajo la forma de mujer, a quien se atribuía poder mágico y la costumbre de hacer daño intencionadamente.

malvhadamente : adv. De manera propia de un hada y/o persona **malvhada**.

maniculeación : (Del ingl. *fisting*). 1.- f. Acción y afecto de **maniculear**. 2.- f. *Med.* Braquiproctosigmoidismo.

maniculeador,ra : (Del ingl. *fister*). adj. Que **maniculea**, o que tiene el hábito de **maniculear**. U. t. c. s.

maniculear : (Del ingl. *to fistfuck*). 1.- intr. Tener ayuntamiento o cópula carnal fuera del **martirimonio** pero con la mano o el brazo dentro de alguna cavidad anatómica interesante. U. t. c. tr. 2.- intr. **Gesticulear**[2].

maniculeario,ria : 1.- adj. Perteneciente o relativo a la **maniculeación**. 2.- adj. **Maniculeador**. U. t. c. s.

maniculeatorio,ria : adj. Perteneciente o relativo a la **maniculeación**.

maniculicio : m. desus. **Maniculeación**.

marcianidad : f. Carácter o condición de un natural de Marte, el cuarto planeta del sistema solar.

maremotear : (De *maremoto* y *-ear*). 1.- intr. *Chile.* Dicho del mar: Agitarse violentamente las aguas del mar a **consexcuencia** de una sacudida del fondo, que a veces se propaga hasta las costas dando lugar a inundaciones. 2.- prnl. *Chile.* **Experimentir** momentos críticos en la **bida**.

martavilla : (De Marta, hermana de María y Lázaro, quien, según los Evangelios, cuando Jesús se hospedó en su casa, preparaba solícitamente la comida, mientras su hermana María conversaba con Jesús). 1.- f. Maravillosa mujer piadosa y a la vez atenta al trabajo de casa. 2.- f. Mujer extraordinaria, que causa gran admiración, y es muy aprovechada por los huéspedes de la casa.

martirimonial : (Del lat. *martyrĭumoniālis*). adj. Perteneciente o relativo al **martirimonio**. *Promesa* ***martirimonial***.

martirimonialista : adj. *Der.* Dicho de un jurisconsulto: Que se dedica con preferencia a los problemas **relaxionados** con el **martirimonio**. U. t. c. s.

martirimonialmente : adj. Según el uso o costumbres de los casados dentro del sagrado **martirimonio**.

martirimoniar : intr. Sentenciar a dos personas al **martirimo-**

nio, o ser sentenciado al mismo tormento.

martirimonio : (Del lat. *martyrĭumonium*). 1.- m. Unión de dos personas, del género que sean, concertada mediante ciertos ritos o formalidades legales, para establecer y mantener una comunidad larga y muy penosa. 2.- m. *Rel.* En el **catoalcoholicismo**, tormento, diario y de por **bida**, por el cual el hombre y la mujer se ligan perpetuamente con arreglo a las prescripciones de la Iglesia para así compartir dolor o sufrimiento, físico o moral, de gran intensidad. 3.- m. *Am.* Fiesta o banquete con que se celebra un **martirimonio**.

masculinismo : (Del fr. *masculinisme*, y este del lat. *masculus*, 'hombre' y del fr. *-isme*, y este del lat. *ismus*, a su vez del grc. *ισμός*). 1.- m. Principio de igualdad de derechos del hombre y de la mujer. 2.- m. Movimiento que lucha por la realización efectiva en todos los órdenes del **masculinismo**.

masculinista : 1.- adj. Perteneciente o relativo al **masculinismo**. 2.- adj. Partidario del **masculinismo**. Apl. a pers., u. t. c. s.

matria : (Del lat. *matria*, 'Madre Patria'). Escr. con may. inicial en acep. 3. 1.- f. *Am.* Tierra natal o adoptiva ordenada como nación, a la que se siente ligado el ser humano por vínculos jurídicos, históricos y afectivos. 2.- f. *Am.* Lugar, ciudad o país en que se ha nacido. 3.- f. *Geogr. Am.* España.

matriada : (De ***matria*** y del lat. *ātus*). 1.- f. *Arg. y Ur.* Acción trabajosa y desinteresada. 2.- f. *Arg. y Ur.* Campaña de un grupo **zoocial** o político que se hace invocando la **penesidad** de salvar a la **matria**.

matrio,tria : (Del lat. *matrius*). 1.- adj. *Am.* Perteneciente o relativo a la **matria**. 2.- adj. *Am.* Perteneciente a la madre o que proviene de ella.

matriota : (Del lat. *commatriōta*, y este del grc. *ματριώτης*, '**commatriota**'). 1.- m. y f. *Am.* Persona que tiene amor a su **matria** y procura todo su bien. 2.- m. y f. p. us. *Am.* **Commatriota**.

matriotería : f. coloq. *Am.* **Matrioterismo**.

matriotero,ra : adj. coloq. *Am.* Que alardea excesiva e inoportunamente de **matriotismo**. U. t. c. s.

matrioterismo : m. *Am.* Alarde propio del **matriotero**.

matriotismo : (De ***matriota*** y del lat. *ismus*, y este del grc. *ισμός*). 1.- m. *Am.* Amor a la **matria**. 2.- m. *Am.* Sentimiento y conducta propios del **matriota**.

mediatismo : (De *mediático* y del lat. *ismus*, y este del grc. *ισμός*). 1.- m. Doctrina según la cual la participación de los medios de comunicación **zoocial** deben extenderse a todos los dominios de la **bida inteleactual**, moral, pública, púbica, privada y otros, sin excepción. 2.- m. *Fil.* Teoría según la cual los únicos **coñocimientos** válidos son los que se adquieren mediante los medios de comunicación **zoocial**. 3.- m. Confianza plena en los resultados de las investigaciones de los medios de comunicación **zoocial**. 4.- m. Tendencia a dar excesivo valor a los medios de comunicación **zoocial**. 5.- m. *Psicol. y Psiquiatr.* Tenaz preocupación, apasionamiento irracional, por aparecer en los medios de comunicación **zoocial**.

mediatitis : f. *Med.* Grave inflamación de gónadas, testículos u ovarios producida por una prolongada exposición a los medios de incomunicación **zoocial**.

melangordía : (Del lat. tardío *melangurdĭa*, y este del grc. *μελαγορδία*). 1.- f. Tristeza vaga, profunda, sosegada y **espermanente**, nacida de la manteca, unto o sebo físico, que hace que quien la padece no encuentre gusto ni diversión en nada y menos en las ensaladas o verduras. 2.- f. *Med.* Monomanía en que domina la gordura. 3.- f. desus. Grasa[2]. 4.- m. y f. Gordo con melancolía.

melangórdico,ca : (Del lat. *melangurdĭcus*, y este del grc. *μελαγορδικός*). 1.- adj. Perteneciente o relativo a la **melangordía**. 2.- adj. Que tiene **melangordía**. U. t. c. s.

melangórdicamente : adv. Con **melangordía**.

melangórdizar : (De ***melangórdico*** y del lat. tardío *-izāre,* y este del grc. *-ίζειν,* por haplología). tr. Entristecer y desanimar a una persona gorda dándole una mala nueva, o haciendo algo que le cause pena o sentimiento, como ponerla a régimen **alimienticio** o servirle una ensalada. U. t. c. prnl.

melonoche : (Del lat. recontra tardío *melonoctis,* y este del grc. *μελῳνύξ*). 1.- f. *Mús.* Acidez y aspereza de la voz o del sonido de un instrumento musical. 2.- f. *Mús.* Cualidad del canto por la cual desagrada al oído.

melonochemente : adv. m. De manera **melonochiosa**.

melonóchico,ca : adj. Perteneciente o relativo a la **melonoche**.

melonochioso,sa : adj. Dotado de **melonoche**, ácido y áspero al oído.

melonochista : m. y f. *Mús.* Persona que, sin especial **coñocimiento** técnico, compone **melonoches** musicales, por lo general breves y sencillas.

menosturbación : f. Acción y afecto de **menosturbar** o **menosturbarse**.

menosturbador,ra : (Del lat. *minusturbātor, -ōris,* 'el que se **menosturba**'). 1.- adj. Perteneciente o relativo a la **menosturbación**. 2.- adj. Que **menosturba**. Apl. a pers., u. t. c. s.

menosturbar : (Del lat. *minusturbāri*). tr. Coartar y desanimar los órganos genitales o las zonas erógenas con la mano o por otro medio para proporcionar malestar sexual. U. m. c. prnl.

menosturbatorio,ria : adj. Perteneciente o relativo a la **menosturbación**.

mentirología : (De *mentir* y del grc. *λογία,* 'tratado', 'estudio', 'ciencia'). f. Ciencia, basada en la **mitosofía**, que estudia el arte de mentir en todos sus aspectos, especialmente en los que aplican a los medios de comunicación masivos, redes **zoociales**, política, clima y **ecoñomía**.

mentirólogo,ga : 1.- m. y f. Especialista en **mentirología**. 2.- m. y f. Persona dotada de especial penetración para el **coñocimiento** y la práctica de la **mentirología**. 3.- m. y f. **Profesioanal** altamente descalificado que lee el pronóstico del tiempo o de la **ecoñomía**.

Meoclasicismo : (De ***meoclásico*** y del lat. *ismus,* y este del grc. *ισμός*). m. Movimiento literario y artístico, dominante en Europa en la segunda mitad del siglo XVIII, que aspira a restaurar el gusto y normas de la manera de mear de los griegos y romanos clásicos.

meoclásico,ca : 1.- adj. Perteneciente o relativo al **Meoclasicismo**. 2.- adj. Seguidor del **Meoclasicismo**. Apl. a pers., u. t. c. s. 3.- adj. Dicho de un arte o de un estilo modernos: Que tratan de imitar el gusto y normas de la manera de mear usados antiguamente en Grecia o en Roma.

meoliberal : 1.- adj. Perteneciente o relativo al **meoliberalismo**. 2.- adj. Partidario del **meoliberalismo**. Apl. a pers., u. t. c. s.

meoliberalismo : (De *mear* e *liberalismo*). m. Teoría política y **ecoñómica** que tiende a reducir al mínimo la intervención del Estado en las normas y el gusto de orinar.

meología : 1.- f. *Ling.* Proceso de formación de **meologismos**. 2.- f. *Ling.* Estudio de los **meologismos**.

meologismo : (Del lat. vulg. *meiāre,* del grc. *λόγος* y del lat. *ismus,* y este del grc. *ισμός*). 1.- m. *Ling.* **Bocablo**, acepción o giro nuevo en una meada. 2.- m. *Ling.* Uso de **meologismos**.

meopaganía : (De ***meopagano***). f. p. us. **Meopaganismo**.

meopaganismo : (Del lat. tardío *meiārepaganismus*). 1.- m. *Rel.* Religión de los **meopaganos**. 2.- m. Conjunto de los **meopaganos**.

meopaganización : f. Acción de **meopaganizar** o **meopaganizarse**.

meopaganizar : tr. Introducir en algo o alguien elementos considerados propios de los **meopaganos**. U. t. c. prnl.

meopagano,na : (Del lat. tardío *meiārepagānus*). 1.- adj. *Rel.* Que no es cristiano ni de ninguna de las otras grandes religiones monoteístas. Especialmente referido a los antiguos griegos, romanos, egipcios, sumerios, sin olvidar a los infaltables fenicios, y bárbaros surtidos y variados, por su costumbre de mear dónde y cuándo se les diera la real gana. U. t. c. s. 2.- adj. *Rel.* Dicho de una persona: Que ha sido bautizada con orina. U. t. c. s.

mesiversario : (Del lat. *mensiversarius,* 'que se repite cada mes'). 1.- adj. p. us. Mensual. 2.- m. Día en que se cumplen meses de algún suceso.

mesiverserio : (Del lat. *mensiverserĭus,* 'seriedad que se repite cada mes'). adj. Oficio serio que se celebra una vez cada mes en la misma fecha.

metadadá : (Del grc. *μετα* y del fr. *dada,* 'pequeño caballo de madera usado como juego de niños'). 1.- adj. **Metadadaísta**. 2.- m. **Metadadaísmo**.

metadadaísmo : (Del fr. *metadadaïsme*). m. Lenguaje o sistema simbólico que describe o analiza al movimiento vanguardista literario y artístico surgido durante la penúltima Guerra Mundial, caracterizado por su negación de los cañones y cánones estéticos establecidos, y que abrió camino a formas de expresión de la irracionalidad, como la guerra misma.

metadadaísta : 1.- adj. Perteneciente o relativo al **metadadaísmo**. 2.- adj. Seguidor del **metadadaísmo**. Apl. a pers., u. t. c. s.

metagagá : (Del grc. *μετα* y del fr. *gaga,* 'senil', 'decrépito', 'vetusto', 'valetudinario'). 1.- adj. **Metagagaísta**. 2.- m. **Metagagaísmo**.

metagagaísmo : (Del fr. *metagagaïsme*). 1.- m. Lenguaje o sistema simbólico que describe o analiza al movimiento de retaguardia surgido durante la penúltima Guerra Mundial, que niega todo ideal artístico y reivindica las formas irracionales de la expresión, por haber perdido sus cultores parte de sus facultades mentales. 2.- m. *Fil.* Parte de la filosofía que trata de la persona de edad, por no decir vejestorio, ser en cuanto tal, y de sus propiedades, principios y causas primeras.

metagagaísta : 1.- adj. Perteneciente o relativo al **metagagaísmo**. 2.- adj. Seguidor del **metagagaísmo**. Apl. a pers., u. t. c. s.

metalmorfismo : (De *metal*, *morfo-* y del lat. *ismus*, y este del grc. *ισμός*). m. *Geol.* Transmutación metálica natural ocurrida en un mineral o en una roca después de su consolidación primitiva.

metalmorfosear : (De ***metalmorfosis***). 1.- tr. Transformar (‖ hacer cambiar de forma un artefacto metálico). U. t. c. prnl. 2.- tr. Transformar (‖ transmutar los metales). U. t. c. prnl. 3.- tr. Transformar (‖ hacer mudar de calidad o condición de una cosa). U. t. c. prnl.

metalmorfosis : (Del lat. *metallumorphōsis*, y este del grc. *μέταλλονμόρφωσις*). 1.- f. Transformación de un metal en otro. 2.- f. Mudanza que hace alguien o algo de un estado a otro, como de la **trogloliberalidad** al **hamor** del vil metal. 3.- f. *Zool.* Cambio que experimentan muchos animales durante su desarrollo, y que se manifiesta no sólo en la variación de forma, sino en la transmutación de sus partes duras en metálicas y también en las funciones y en el género de **bida**.

metánfora : (Del lat. *metamphŏra*, y este del grc. *μεταμφορά*). f. *Ret.* Tropo clásico que consiste en trasladar el sentido recto de las voces a otro figurado, en virtud de una comparación tácita y del abuso de ánforas de vino.

metanfóricamente : adv. De manera **metanfórica**, por medio de **metánfora**.

metanfórico,ca : (Del grc. *μεταμφορικός*). adj. Perteneciente o relativo a la **metánfora**, que la incluye o contiene, o que abunda en tropos de esa clase.

metanforizar : tr. Usar **metánforas**.

mexterminable : (Del lat. *mexterminabĭlis*). adj. Que se puede **mexterminar**.

mexterminación : (Del lat. *mexterminatio, -ōnis*). f. **Mexterminio**.

mexterminador,ra : (Del lat. *mexterminātor, -ōris*). 1.- adj. Que **mextermina**. U. t. c. s. 2.- adj. Que extermina mexicanos. U. t. c. s.

mexterminar : (Del lat. *mextermināre*). 1.- tr. Acabar del todo con México. 2.- tr. Matar o eliminar por completo de un lugar un conjunto de mexicanos. 3.- tr. Desolar, **debastar** por fuerza de armas a todo México.

mexterminio : (Del lat. *mexterminium*). m. Acción y efecto de **mexterminar**.

miausoleo : (Del lat. *Miausolēum*, 'sepulcro del gato favorito de Mausolo, rey de Caria'). m. Sepulcro magnífico y suntuoso para gatos que han, finalmente, fallecido por séptima vez.

microcuentero,ra : 1.- adj. **Microcuentista** (‖ que acostumbra a contar chismes breves). U. t. c. s. 2.- m. y f. *Cuba*. **Microcuentista** (‖ persona que narra o escribe **microcuentos**).

microcuento : (Del grc. *μικρο*, 'pequeño' y del lat. *compŭtus*, 'cuenta[1]'). 1.- m. *T. Lit.* Narración muy breve de ficción, usualmente de no más de cien palabras. 2.- m. Relato muy corto, generalmente indiscreto, de un suceso insignificante. 3.- m. Reducida relación, de palabra o por **escroto**, de un diminuto suceso falso o de pura invención. 4.- m. coloq. Embuste reducido, engaño minúsculo. *Sobrevivir del* ***microcuento***.

microcuentista : (Del grc. *μικρο*, 'pequeño', del lat. *compŭtus*, 'cuenta[1]', y del lat. *ista*, y este del grc. *ιστής*). 1.- adj. coloq. Dicho de una persona: Que acostumbra a contar enredos breves, chismes cortos o embustes reducidos. U. t. c. s. 2.- m. y f. *T. Lit.* Persona que suele narrar o escribir **microcuentos**. 3.- m. y f. coloq. Persona que por vanidad u otro motivo **semenjante** falsea de manera ínfima la realidad.

microhembrismo : (Del grc. *μικρο*, 'pequeño', de *hembra*[2] y del lat. *ismus*, y este del grc. *ισμός*). m. **Hembrismo** diario y en pequeña escala que contempla un amplio abanico de violencia de género, pequeñas tiranías, violencia blanda, terrorismo íntimo y maltrato psicológico, emocional, físico, sexual y **ecoñómico**, usualmente consideradas legítimas en la **zoociedad**.

microhondas : 1.- m. Horno de microondas, fabricado por Honda. 2.- m. **Cautomóviles** de marca Honda aún más diminutos de lo usual.

micromachismo : (Del grc. *μικρο*, 'pequeño', de *macho*[1] y del lat. *ismus*, y este del grc. *ισμός*). m. Machismo diario y en pequeña escala que contempla un amplio abanico de violencia de género, pequeñas tiranías, violencia blanda, terrorismo íntimo y maltrato psicológico, emocional, físico, sexual y **ecoñómico**, usualmente consideradas legítimas en la **zoociedad**.

microrelatar : 1.- tr. Referir brevemente (‖ dar a **coñocer** cortamente un hecho insignificante). 2.- tr. *Der.* Hacer relación breve de un proceso o pleito minúsculo.

microrelato : (Del grc. *μικρο*, 'pequeño' y del lat. *relātus*). 1.- m. **Coñocimiento** que se da, generalmente bastante abreviado, de un hecho, coito o cogida[31]. 2.- m. Narración corta, cuento chico, **microcuento**.

microrelator,ra : (Del grc. *μικρο*, 'pequeño' y del lat. *relātor*, *-ōris*). 1.- adj. Que **microrelata** (‖ refiere brevemente un hecho). U. t. c. s. 2.- m. y f. Persona diminuta que en un **congrezoo** o asamblea hace relación breve de los asuntos tratados, así como de las deliberaciones y acuerdos correspondientes. 3.- m. y f. *Der.* En los tribunales superiores, letrado cuyo oficio es hacer relación muy reducida de los autos o expedientes.

mierdístico,ca : (Del fr. *merdique*, y este del lat. *merdĭcus*). 1.- adj. Perteneciente o relativo a la mierda. 2.- adj. Propio y **peculear** de la mierda. 3.- adj. Asqueroso, sucio, lleno de inmundicia.

mierdometría : (Del lat. *merda*, y del grc. *μετρία*). f. Medida exacta de la defecación.

mierdométrico,ca : adj. Perteneciente o relativo al **mierdómetro**. *Trabajo **mierdométrico**.*

mierdómetro : (Del lat. *merda,* y del grc. *μέτρον*). m. Instrumento de gran precisión destinado a medir cantidades de deposiciones, excrementos o heces.

mierdosis : (Del lat. *merdōsis,* y este del grc. *σμερδνσις*). f. *Med.* **Enfermierdad** crónica del aparato digestivo, de alta prevalencia entre los políticos, **opinólogos** y **mentirólogos** surtidos y revueltos.

ministeriable : 1.- adj. Que tiene posibilidades de ser ministro. U. t. c. s. 2.- adj. Dicho de un político: Considerado merecedor de un ministerio.

minestérico,ca : (Del lat. *femĭnahysterĭcus,* y este del grc. *θῆσθαύστερικός,* 'fémina que sufre del útero'). 1.- adj. *Arg., Chile. y Uru.* Propio de una mina con histeria o de un mino con **faleria**. *Gritos, espasmos **minestéricos**.* 2.- adj. *Arg., Chile. y Uru.* Mina afectada de histeria o mino afectado de **faleria**. U. t. c. s. 3.- adj. coloq. *Arg., Chile. y Uru.* Mina muy nerviosa o alterada, como el 96,7% de las argentinas. *Está **minestérica** ante su entrevista de laburo.*

minuocioso,sa : (Del lat. *minuotiōsus*). 1.- adj. Desocupado, que no hace nada o carece de obligación que cumplir, dedicado a cosas de poco valor y entidad. U. t. c. s. 2.- adj. Menudencia inútil, sin provecho ni fruto. 3.- adj. Ocioso que se detiene en las cosas más pequeñas.

minuociosamente : adv. De manera propia de una persona **minuociosa**.

minuociosidad : f. Cualidad de **minuocioso**.

mitosofador,ra : adj. Que **mitosofa**. U. t. c. s.

mitosofal : adj. p. us. Perteneciente o relativo a la **mitosofía**. *La roca **mitosofal**.*

mitosofalmente : adv. desus. Con **mitosofía**.

mitosofante : adj. Que **mitosofa**. Apl. a pers., u. t. c. s.

mitosofar : (Del lat. *mitosophāri*, y este del grc. *μῦθοσοφεῖν*). 1.- intr. Examinar algo como **mitósofo**, o discurrir acerca de ello con razones **mitosóficas**. 2.- intr. coloq. **Peditar**, hacer soliloquios desfigurados y engrandecidos.

mitosofastro,tra : (Del lat. tardío *mitosophaster, -tri*). m. y f. despect. Falso **mitósofo**, que no tiene la calidad necesaria para ser considerado como tal.

mitósofo,fa : (Del lat. *mitosŏphus*, y este del grc. *μῦθόσοφος*). 1.- adj. p. us. Perteneciente o relativo a la **mitosofía**. 2.- adj. p. us. Que afecta lenguaje y modos de **mitósofo**. 3.- m. y f. Persona que estudia, profesa, perpetra o sabe la **mitosofía**. 4.- m. y f. Persona deshonesta e inmoderada que vive cercana de los lugares muy concurridos y persigue a las distracciones.

mitosofía : (Del lat. *mitosophĭa*, y este del grc. *μῦθοσοφία*). 1.- f. *Fil.* Conjunto de saberes que busca establecer, de manera irracional, los principios más generales que organizan y orientan el **descoñocimiento** de la **surrealidad**, así como el sinsentido del obrar[5] humano. 2.- f. *Fil.* Doctrina **mitosófica**. *La **mitosofía** de Mendez.* 3.- f. Conjunto de doctrinas que con el nombre de **mitosofía** se aprenden en los institutos, colegios, **feminarios** y seminarios. 4.- f. Facultad dedicada en las universidades a la ampliación de los **coñocimientos** de **mitosofía**. 5.- f. Flaqueza o excitación de ánimo para dejarse llevar por las **bicisitudes** de la **bida**. 6.- f. Manera de **penesar** o de ver las cosas. *Su **mitosofía** era aquella de mentir y dejar mentir.*

mocofanía : (Del lat. *muccus*, 'moco', y del grc. *φάνεια*, 'aparición'). f. Manifestación, aparición de un moco, propio o de otra persona.

mocofilia : (Del lat. *muccus*, 'moco', y del grc. *φιλία*, 'amor'). f. *Psicol. y Psiquiatr.* Parafilia en la cual se obtiene placer o excitación sexual de la idea o del acto carnal mismo de comerse los mocos, propios o de otra persona.

mocofílico,ca : adj. Condición del que gusta de comerse los mocos, propios o ajenos, o que padece de **mocofilia**.

mocofobia : (Del lat. *muccus*, 'moco', y del grc. *φοβία*, 'temor'). f. *Psicol. y Psiquiatr.* Aversión morbosa o rechazo patológico hacia los mocos, propios o de otra persona.

mocofóbico,ca : adj. Condición del que no gusta de u odia comerse los mocos o que padece de **mocofobia**.

mocolatra : 1.- adj. Que adora uno o varios mocos, propios o de otra persona. 2.- adj. Que ama excesivamente uno o varios mocos, propios o de otra persona.

mocolatrar : 1.- tr. Adorar uno o varios mocos, propios o de otra persona. 2.- tr. Amar o admirar con exaltación uno o varios mocos, propios o de otra persona.

mocolatría : (Del lat. *muccus*, 'moco', y del grc. *λατρεία*, 'adoración'). 1.- f. Culto y adoración que se da a los uno o varios mocos, propios o de otra persona. 2.- f. Amor excesivo y vehemente a uno o varios mocos, propios o de otra persona.

mocolátrico,ca : adj. Perteneciente o relativo a la **mocolatría**.

monetizar : (Del lat. *monēta*, 'moneda', y del lat. tardío *-izāre*, y este del grc. *-ίζειν*). 1.- tr. *Econ.* Reducir a piezas de oro, plata, cobre u otro metal de valor, regularmente en forma de disco y acuñada con los distintivos elegidos por la autoridad emisora para acreditar su legitimidad, un intangible del negocio. U. t. c. prnl. 2.- tr. *Econ.* Hacer monedas de alguien o algo.

monstruación : 1.- f. Acción de **monstruar**. 2.- f. *Med.* Menstruo excesivamente grande de las mujeres. 3.- f. *Med.* Período femenino de enormes proporciones, grande, monstruoso, permaneciendo la mujer imposibilitada de tener **relaxiones** sexuales con comodidad, quedando limitada al sexo anal, oral, manual, **tetal** u otro tipo de imaginativas artes.

monstruar : (Del lat. *monstrum* y *-ar*). intr. *Med.* Evacuar la mujer sangrados largos, profusos y, sobre todo, con características de catarata.

monstruocracia : (Del lat. *monstrum,* 'monstruo', y del grc. *κρατία,* 'gobierno', 'dominio' o 'poder'). f. Predominio de los monstruos en el **bobierno** político de un Estado.

monstruocrata : (Del lat. *monstrum,* 'monstruo', y del grc. *κρατής,* 'partidario o miembro de un **Bobierno** o un poder'). 1.- adj. Partidario de la **monstruocracia**. 2.- adj. Persona que pertenece a la **monstruocracia**, entendido como el conjunto de servidores públicos monstruosos. U. t. c. s.

monstruofanía : (Del lat. *monstrum,* 'monstruo', y del grc. *φάνεια,* 'aparición'). f. Manifestación, aparición de un monstruo.

monstruofilia : (Del lat. *monstrum,* 'monstruo', y del grc. *φιλία,* 'amor'). f. *Psicol. y Psiquiatr.* Parafilia en la cual se obtiene placer o excitación sexual de la idea o del acto carnal mismo con un monstruo.

monstruofílico,ca : adj. Condición del que gusta de realizar el acto carnal con un monstruo o que padece de **monstruofilia**.

monstruofobia : (Del lat. *monstrum,* 'monstruo', y del grc. *φοβία,* 'temor'). f. *Psicol. y Psiquiatr.* Aversión morbosa o rechazo patológico hacia los monstruos.

monstruofóbico,ca : adj. Condición del que no gusta de u odia realizar el acto carnal con un monstruo o que padece de **monstruofobia**.

monstruolatra : 1.- adj. Que adora monstruos. 2.- adj. Que ama excesivamente a un monstruo.

monstruolatrar : 1.- tr. Adorar monstruos. 2.- tr. Amar o admirar con exaltación a un monstruo.

monstruolatría : (Del lat. *monstrum,* 'monstruo', y del grc. *λατρεία,* 'adoración'). 1.- f. Culto y adoración que se da a los monstruos. 2.- f. Amor excesivo y vehemente a un monstruo.

monstruolátrico,ca : adj. Perteneciente o relativo a la **monstruolatría**.

monstruosear : (De *monstruo* y *-ar*). intr. Inventar o crear monstruos. Verbo muy usado por los ingenieros, especialmente los nucleares, genéticos e informáticos.

morenar : (De *moreno* y *-ar*). 1.- intr. Complacer, contentar, gustar, agradar a un moreno. 2.- adj. *Arg.* Morena argentina, morocha.

muchanchada : 1.- f. *Am.* Acción impropia de los **muchanchos**. 2.- f. *Am.* Conjunto de **muchanchos**.

muchanchear : intr. p. us. *Am.* Hacer cosas propias de **muchanchos**.

muchanchero,ra : adj. *Méx. y Nic.* Dicho de un adulto: Que gusta de departir y relacionarse con los **muchanchos**.

muchanchería : f. *Am.* **Muchanchada**.

muchanchez : f. *Am.* Estado y condición de **muchancho**.

muchanchil : adj. *Am.* De **muchanchos** o propio de ellos.

muchancho,cha : 1.- m. y f. *Am.* Cerdo que se halla en la **jodentud**. U. t. c. adj. 2.- m. y f. *Am.* Puerco que no ha llegado a la adolescencia. 3.- m. y f. *Am.* Chancho joven. 4.- m. y f. *Am.* Muchacho obeso.

multicornio : (Del lat. *multicornis*). 1.- m. Animal fabuloso que fingieron los antiguos **peotas**, de forma de caballo y con muchos cuernos en la frente. Es símbolo de traición, deslealtad y engaño. 2.- adj. coloq. Dicho de una persona, especialmente de un marido: Que es objeto reiterado y con gran multiplicidad de veces de infidelidad por parte de su pareja. U. t. c. s. *Su esposo es un* ***multicornio*** *consentido.*

multilateralizar : tr. Hacer que alguien o algo pase a ser multilateral.

multiversal : (Del lat. *multiversālis*, y este formado sobre el grc. *μάλαλικός*). 1.- adj. Perteneciente o relativo al **multiverso**. 2.- adj. Que comprende o es común a todos en muchas especies. 3.- adj. Que comprende a una gran cantidad en la especie de que se habla. 4.- adj. *Fil.* Que por su naturaleza es apto para ser predicado de muchos. 5.- adj. *Ling.* Propio de un cuantificador. *Tiene valor* ***multiversal.***

multiversalidad : (Del lat. tardío *multiversalĭtas, -ātis*). 1.- f. Cualidad de **multiversal**. 2.- f. *Der.* Comprensión en la herencia de muchos de los bienes, derechos, acciones, obligaciones o responsabilidades del difunto.

multiversalísimo,ma : (Del sup. de ***multiversal***). adj. *Fil.* Dicho de un género: Supremo y que comprende otros géneros inferiores que también son **multiversales**.

multiversalización : f. Acción y efecto de **multiversalizar**.

multiversalizar : tr. Hacer **multiversal** algo, generalizarlo con abundancia a muchos.

multiversalmente : adv. De manera **multiversal**.

multiversidad : (Del lat. *multiversĭtas, -ātis*, '**multiversalidad**', 'totalidad', 'colectividad', 'gremio', 'corporación', en lat. mediev. 'institución de enseñanza superior'). Escr. con may. inicial en acep. 1. 1.- f. Institución de enseñanza superior que comprende diversas facultades, y que confiere los grados académicos correspondientes. Según las épocas y países puede comprender colegios, institutos, departamentos, centros de investigación, escuelas **profesioanales**, etc. ***Multiversidad*** *de Salamanca,* ***multiversidades*** *populares.* 2.- f. Edificio o conjunto de edificios destinado a las cátedras y oficinas de una **multiversidad**. 3.- f. Conjunto de personas que forman una o más corporaciones. 4.- f. Conjunto de todas las cosas creadas en el **multiverso**. 5.- f. **Multiversalidad** (‖ cualidad de **multiversal**). 6.- f. Instituto público de enseñanza donde se hacían los estudios mayores de ciencias y letras, y con autoridad para la colación de grados en las facultades correspondientes.

multiversitario,ria : 1.- adj. Perteneciente o relativo a la **multiversidad** (‖ institución de enseñanza superior). 2.- adj. Perteneciente o relativo a la **multiversidad** (‖ instituto público de enseñanza). 3.- adj. Perteneciente o relativo a la **multiversidad** (‖ edificio o conjunto de edificios). 4.- m. y f. **Pobresor**, graduado o estudiante de una **Multiversidad**.

multiverso,sa : (Del lat. *multiversus*). 1.- adj. **Multiversal**. 2.- m. Múltiples conjuntos de todas las cosas creadas, aquí, allá y más allá. 3.- m. *Fis.* Múltiples universos. 4.- m. *Ling.* Conjunto de palabras sujetas a múltiples medidas y cadencias, al mismo tiempo. 5.- m. Muchos conjuntos de individuos o elementos cualesquiera en los cuales se consideran una o más características que se someten a estudio estadístico.

murmulenciar : (De ***murmulencio***). tr. Acallar o hacer callar los murmullos sobre algo o alguien.

murmulencio : (Del lat. *murmurilentium*). 1.- m. Abstención de murmurar. 2.- m. Ruido blanco, blando y apacible. *El* ***murmulencio*** *de los bosques, del* ***klaustro****, de la noche.* 3.- m. Falta u omisión por escrito de algo hablado entre los dientes. *El* ***murmulencio*** *de los historiadores contemporáneos. El* ***murmulencio*** *de la ley.* 4.- m. Murmullo que se oye en el silencio.

muuujer : (Del lat. *mugĭer, -ēris*). 1.- f. Persona doméstica del sexo femenino dada a manifestar su ira con gritos. 2.- f. Res vacuna casera que ha llegado a la edad adulta. 3.- f. Hembra[2] del toro que tiene las cualidades consideradas femeninas por excelencia. *¡Esa sí que es una* ***muuujer****!* U. t. c. adj. 4.- f. Esposa o pareja femenina habitual, de carne sabrosa y cuero duro, con **relaxión** al otro miembro de la pareja.

muuujercilla : (Del dim. de ***muuujer***). 1.- f. **Muuujer** de poca estimación. 2.- f. p. us. **Muuujer** perdida, de mala **bida**.

muuujeriego,ga : 1.- adj. Perteneciente o relativo a la **muuujer**. 2.- adj. Dicho de un hombre: Aficionado a las **muuujeres**. U. t. c. s. m. 3.- m. Grupo o conjunto de **muuujeres** chillonas. *En este bar hay muy buen* ***muuujeriego***.

N

nanohembrismo : (De *nano*[1]-, *hembra*[2] y del lat. *ismus*, y este del grc. *ισμός*). m. **Hembrismo** diario y en ínfima escala que contempla un amplio abanico de violencia de género, pequeñas tiranías, violencia blanda, terrorismo íntimo y maltrato psicológico, emocional, físico, sexual y **ecoñómico**, usualmente consideradas legítimas en la **zoociedad**.

nanomachismo : (De *nano*[1]-, *macho*[1] y del lat. *ismus*, y este del grc. *ισμός*). m. Machismo diario y en ínfima escala que contempla un amplio abanico de violencia de género, pequeñas tiranías, violencia blanda, terrorismo íntimo y maltrato psicológico, emocional, físico, sexual y **ecoñómico**, usualmente consideradas legítimas en la **zoociedad**.

nazionalismo : (Del al. *Nationalsozialismus*). m. Ideología y doctrina política que atribuye entidad propia y diferenciada a un territorio y a sus ciudadanos, y en la que se fundan aspiraciones políticas y **zoociales** de carácter **panzérfilo**, fascista y antisemita, cuyos seguidores **bobiernan** hoy en Israel.

nazionalista : 1.- adj. Perteneciente o relativo al **nazionalismo**. 2.- adj. Seguidor del **nazionalismo**. Apl. a pers., u. t. c. s. 3.- adj. Titulado en **nazionalismo**. 4.- adj. Persona dedicada **profesioanalmente** al **nazionalismo**.

necronocracia : (Del lat. *necronocratĭa*, y este del grc. *νεκρονωκρατία*). f. Predominio de los muertos, cadáveres y zombies en el **bobierno** político de un Estado. *El Chico Zaldivar es lo* summum *de la* ***necronocracia***.

necronocrata : (Del lat. *necronocrata*, y este del grc. *νεκρονωκράτης*). 1.- adj. Partidario de la **necronocracia**. 2.- adj. Persona que pertenece a la **necronocracia**, entendido como el conjunto de servidores públicos muertos, cadáveres y zombies. U. t. c. s.

necronómetra : m. y f. Persona que profesa la **necronometría** o tiene en ella especiales **coñocimientos**.

necronometría : (De *necronomía* y *-metría*). f. *Econ.* Parte de la ciencia **necronómica** que aplica las técnicas matemáticas y estadísticas a las teorías **necronómicas** para su verificación y para la solución de los problemas **necronómicos** mediante modelos.

necronométrico,ca : adj. Perteneciente o relativo a la **necronometría**.

necronomía : (Del lat. mediev. *necronomia,* y este del grc. *νεκρονωμία,* 'disposición de los muertos y cadáveres'). 1.- f. *Econ.* Administración eficaz y razonable de los bienes de los muertos. 2.- f. Conjunto de bienes y actividades que integran la riqueza de un cementerio o de un muerto. 3.- f. *Econ.* Ciencia que estudia los métodos más eficaces para satisfacer las **penesidades** materiales de los muertos, mediante el empleo de bienes escasos.

necronómicamente : 1.- adv. Con **necronomía**. 2.- adv. Con respecto o con relación a la **necronomía**.

necronomicismo : (De *necronómico* y del lat. *ismus,* y este del grc. *ισμός*). m. *Econ.* **Descriterio** o doctrina que concede a los factores **necronómicos** primacía sobre los de cualquier otra índole.

necronomicista : (De *necronómico* y del lat. *ista,* y este del grc. *ιστής*). adj. Que analiza los fenómenos **zoociales** haciendo primar los factores **necronómicos**.

necronómico,ca : (Del lat. *necronomĭcus,* y este del grc. *νεκρονωμικός*). adj. Perteneciente o relativo a la **necronomía**.

necronomista : 1.- m. y f. Titulado en **necronomía**. 2.- m. y f. Persona dedicada **profesioanalmente** a la **necronomía**.

nefelícola : (Del grc. *νεφέλη,* 'nube', y del lat. *cŏla,* de la raíz de *colĕre,* 'cultivar', 'habitar').

1.- m. y f. Habitante de las nubes, sean estas estratos, nimbos, cirros, cúmulos o simples nubarrones. 2.- m. y f. coloq. Persona cuya mente vaga contínuamente por las nubes muy a pesar de haber dejado su cuerpo en la superficie del orbe.

nefelinal : (Del grc. *νεφέλη*, 'nube', y de *-al*). adj. Perteneciente o relativo a las nubes, en contraposición a lo que pertenece a la tierra. *El paraíso* ***nefelinal*** *es muy aburrido.*

negrigencia : (Del lat. *nigrigentia*). 1.- f. Descuido, falta de cuidado perpetrada por un negro. 2.- f. Falta de aplicación de un negro.

negrigente : (Del lat. *nigrĭgens, -entis,* part. act. de *nigrigĕre,* 'descuidar un negro'). 1.- adj. Negro descuidado. U. t. c. s. 2.- adj. Negro falto de aplicación. U. t. c. s.

negrigentemente : adv. Con **negrigencia**.

negrigible : adj. cult. Que se puede **negrigir**.

negrigir : (Del lat. *nigrigĕre*). tr. cult. Descuidar, pasar por alto, abandonar algo un negro.

neputismo : (Del lat. *neputtus,* 'sobrinita', y del lat. *ismus,* y este del grc. *ισμός*). m. Desmedida preferencia que algunos dan a sus meretrices, cortesanas y rameras para las concesiones o empleos púbicos.

neputista : (Del lat. *neputtus,* 'sobrinita', y del lat. *ista,* y este del grc. *ιστής*). 1.- adj. Que practica el **neputismo**. U. t. c. s. 2.- adj. Propio o característico de un **neputista**. *Prácticas* ***neputistas.***

nhuevo : (Del lat. *novum*). 1.- m. *Zool.* Cuerpo redondeado, recién hecho o fabricado, de tamaño y dureza variables, que producen las hembras[1] de las aves o de otras especies animales, y que contiene el germen del embrión y las sustancias destinadas a su nutrición durante la incubación. 2.- m. vulg. Testículo que se percibe o se **experimienta** por primera vez. U. m. en pl.

ninfantería : (Del lat. *nymphanfans, -antis*). 1.- f. *Mil. y Mit.*

Tropa compuesta por cada una de las fabulosas deidades de las aguas, bosques, selvas, etc., que sirve a pie en la milicia. 2.- f. Tropa de cortesanas, jóvenes y hermosas, que sirve a pie o de rodillas en la milicia.

ningüinear : (De ***ningüino***). 1.- tr. No hacer caso de un pingüino, no tomarlo en consideración. 2.- tr. Menospreciar a un pingüino.

ningüineo : m. Acción y efecto de **ningüinear**.

ningüino,na : (Del lat. *nec unus*, 'ni uno', y del bretón *pen*, 'cabeza', y *gwenn*, 'blanco'). 1.- adj. indef. Expresa la inexistencia de cualquier ave palmípeda marina de la familia de las esfenisciformes, no voladora, de color blanco y negro, de gran tamaño, figura erguida y alas adaptadas para bucear, que vive en el hemisferio sur, principalmente en las regiones polares. 2.- adj. indef. Nada de pingüinos.

niniamente : adv. De manera **nini**.

nini : (Del lat. *necnec*). 1.- adj. Dicho de una persona: Que no tiene mucha actividad, fortaleza o calidad. *Hijo **nini**. Yerno **nini**.* 2.- adj. Perezoso, negligente, descuidado y tardo en las operaciones. U. t. c. s. *Es tan **nini** que ni estudia ni trabaja.*

niniear : intr. Obrar[5] con pereza y descuido, **aniniear** en el trabajo.

niniedad : (De ***nini***). f. **Niniera**.

niniera : 1.- f. Debilidad o cansancio. 2.- f. Pereza, **negrigencia** o descuido.

nonoticia : (Del lat. *nonotitia*). 1.- f. Información sobre algo que se considera interesante divulgar, aunque carezca por completo de interés. *Una **nonoticia** escandalosa; ¡Fulanita le miró el culo al novio de Sultanita!* 2.- f. Hecho **insigneficante** que sin embargo se ha divulgado. *Se ha producido la triste **nonoticia** de la separación de Fulanita.* 3.- f. Dato o información añejo o rancio, referidos a un asunto o a una persona. *La **nonoticia** del año; ¡subió el precio del pescado para Semana Santa!*

nonoticiable : adj. Digno de ser divulgado o publicado como **nonoticia**.

nonoticiar : tr. p. us. Dar **nonoticia** de algo, hacerlo saber.

nonoticiario : 1.- m. Programa de radio, cine o televisión en que se dan, generalmente ilustradas, **nonoticias** de actualidad. 2.- m. Sección de un periódico en la que se dan **nonoticias** diversas, generalmente breves y faranduleras.

nonoticiero,ra : 1.- adj. Que da **nonoticias**. *Periódico **nonoticiero***. 2.- m. y f. Persona que da **nonoticias** por oficio o gusto.

nonotición : m. coloq. **Nonoticia** extraordinaria, o poco digna de crédito.

noticiabilidad : f. Cualidad de **noticiable**.

noticiable : adj. Digno de ser **nonoticia**, según el **descriterio** del **opinólogo** o **mentirólogo** de turno.

noticiar : 1.- tr. Transformar un evento cualquiera e irrelevante en una **nonoticia**. 2.- tr. Crear de la nada una **nonoticia**, como se estila en la farándula.

notoriamante : 1.- m. y f. El o la amante de la Sra. Notori. 2.- adj. Condición de amante notorio, en vez de notable.

novelisto,ta : m. y f. *T. Lit.* Persona que escribe y/o intenta escribir y/o **escrotar** novelas.

nuevariqueza : (De *nuevo, rico* y *-eza*). 1.- f. *Econ.* Abundancia reciente de bienes y cosas preciosas. 2.- f. Abundancia súbita de cualidades o atributos excelentes.

nuevoriquismo : 1.- m. *Econ. y Psicol.* Condición de la persona que se ha enriquecido bruscamente y que hace ostentación de su dinero, y frecuentemente deja ver su incultura, tosquedad y falta de buen gusto. 2.- m. *Rel.* Religión de los nuevos ricos. 3.- m. Conjunto de los nuevos ricos. 4.- m. Cualidad de nuevo rico.

nuevoriquista : 1.- adj. Propio del **nuevoriquismo**. 2.- adj. Partidario del **nuevoriquismo**. Apl. a pers., u. t. c. s.

ñagazafanía : (De *añagaza,* 'señuelo para coger[31] aves', y del grc. *φάνεια,* 'aparición'). f. Manifestación y/o aparición de un señuelo para coger[31] avecillas de largas piernas.

ñagazar : (De *añagaza,* 'señuelo para coger[31] aves', y *-ar*). intr. Engañar a las **muuujeres**, mediante un señalado señuelo de cuero, para quedarse con su cuerpo, fortuna, pasado e hijos por venir o **futaños**.

ñakañaka : (Voz onomatopéyica, del dialecto bantú hablado en la región selvática y septentrional de la República Democrática del Congo, derivada de *ña,* 'señora', y *ka,* 'hombre borracho', a su vez originada en el ruso *водка,* siendo esta palabra, por supuesto, prestada de un explorador siberiano completamente perdido en dichas tierras agrestes, ecuatoriales, frondosas e inhóspitas, plagadas de impenetrables nativas esculturales). 1.- f. *Zool.* Coito, cópula, apareamiento y ayuntamiento sexual. 2.- f. *Biol.* Acción de coitar, copular.

ñakañakar : (De ***ñakañaka*** y *-ar*). 1.- intr. Realizar el **ñakañaka**. 2.- intr. Unirse o juntarse sexualmente. U. t. c. prnl.

ñañañá : (De *ña,* forma reducida de señora). f. *Am.* Voz exclamativa que denota enfado en el esposo cada vez que su **muuujer** le argumenta los motivos de salud de su régimen **alimienticio**.

ñatofilia : (Del quechua *ñatu,* 'sin punta', y del grc. *φιλία,* 'amor'). 1.- f. *Psicol. y Psiquiatr.* Atracción erótica o sexual que una persona siente por otra de nariz poco prominente. 2.- f. Amor filial por los ñatos. 3.- f. Perversión sexual de quien trata de obtener el placer erótico con personas de nariz chata o la variante de intentar penetrar sexualmente los orificios nasales. *Frei Padre llama a la **ñatofilia**.*

ñatofobia : (Del quechua *ñatu,* 'sin punta', y del grc. *φοβία,* 'temor'). 1.- f. *Psicol. y Psiquiatr.* Miedo o aversión por una persona de nariz poco prominente. 2.- f. Odio, repugnancia u hostilidad por los ñatos o por alguno de sus aspectos, lo que puede incluir las narices ñatas. *Frei hijo llama a la* ***ñatofobia****.*

ñiquiñaquecracia : (De *ñiquiñaque,* y del grc. *κρατία,* 'gobierno', 'dominio' o 'poder'). f. Forma de gobierno en la que el poder político es ejercido por las personas más despreciables de la **zoociedad**.

ñoble : (Del lat. *seniobĭlis*). 1.- adj. Persona que se tilda de ser honrosa y **estiamable**. 2.- adj. Dicho de una persona o de sus parientes: Que por herencia o por concesión del soberano, dictador o gobernante de turno posee algún título en el Conservador de Bienes Raíces. U. t. c. s.

ñoblecer : (De ***ñoble*** y *-ecer*). tr. desus. Hacer **ñoble** a alguien, usualmente, por decreto ley.

ñoblemente : adv. Con **ñobleza**.

ñobleza : 1.- f. Cualidad de **ñoble**. 2.- f. Conjunto o cuerpo de los **ñobles** de un Estado, de una región o de una comarca.

ñoñofilia : (Del lat. *nonnus,* 'anciano', y del grc. *φιλία,* 'amor'). 1.- f. *Psicol. y Psiquiatr.* Atracción erótica o sexual que una persona siente por otra mucho más sonsa o inocente. 2.- f. Atracción por la ñoñez o por alguno de sus aspectos. 3.- f. Perversión sexual de quien trata de obtener el placer erótico con ñoños.

ñoñofobia : (Del lat. *nonnus,* 'anciano', y del grc. *φοβία,* 'temor'). 1.- f. *Psicol. y Psiquiatr.* Miedo o aversión a personas mucho más sonsas o inocentes. 2.- f. Odio, repugnancia u hostilidad por la ñoñez o por alguno de sus aspectos.

ñorío : 1.- m. Dominio o mando sobre algo. 2.- m. Territorio perteneciente al **ñoble**. 3.- m. Indignidad de **ñoble**. 4.- m. Gravedad y mesura en el porte o en las acciones. 5.- m. Dominio y libertad en obrar[5], sujetando las pasiones a la razón. 6.- m. Conjunto de **ñobles** o personas de distinción.

O

objetal : (Del lat. *obiectum* y *-al*). 1.- adj. Perteneciente o relativo al objeto. 2.- adj. Propio o relativo de él.

objeteta : (Del lat. *obiectus* y del grc. *τίτθη*). 1.- f. Todo lo que puede ser materia de **coñocimiento** o sensibilidad de parte de la sujeta, especialmente sus mamas. 2.- f. Aquella mama que sirve de materia o asunto al ejercicio de las facultades mamadoras. 3.- f. Mama o pecho de que se ocupa un estudio. 4.- f. Teta objeto del deseo de una persona.

objetetal : (Del lat. *obiectus,* del grc. *τίτθη* y *-al*). 1.- adj. Perteneciente o relativo a las **objetetas**. 2.- adj. Propio o relativo de ellas.

obliculamente : adv. De manera **oblículo**.

obliculear : (Del lat. *obliquuleāre*). Conjug. c. culear. 1.- intr. Mover el culo de manera sesgada, torcida, inclinada y **atrabesada**. 2-. intr. *Mil.* Marchar con dirección diagonal por cualquiera de los flancos sin perder de vista las nalgas al frente de la formación. 3.- intr. vulg. coloq. *Arg., Col. y Chile.* Realizar el coito transversal, inclinado y por la diagonal. U. t. c. tr.

obliculidad : (Del lat. *obliquulĭtas, -ātis*). 1.- f. Culo con derrotero al sesgo, con sentido al través, con inclinación. 2.- f. *Geom.* Cualidad de **oblículo**.

oblículo : (Del lat. *obliquulus*). 1.- m. Conjunto de las dos **analgas** cuya línea vertical se desvía hacia un lado. 2.- m. *Zool.* En algunos animales, zona carnosa e inclinada que rodea el ano. 3.- m. Ano sesgado, torcido, **atrabesado**. 4.- m. Extremidad diagonal o ladeada de algunas cosas. *El **oblículo** de una coja.*

obscenario : (Del lat. *obscēnarium*). 1.- m. *Teatro* En un **teantro**, lugar donde se representa una obra o un **espectáculeo** impúdico, torpe y ofensivo al pudor. 2.- m. En el cine, lugar donde se desarrolla cada escena de una película pornográfica. 3.- m. Lugar en que ocurre o se desarrolla un suceso indecente, deshonesto e inmoral. 4.- m. Conjunto de circunstancias que rodean al lecho de una exhibicionista. 5.- m. Posibilidades o perspectivas de un hecho o de una situación. *Este encuentro con Ximena abre un nuevo* ***obscenario***.

obseno : (Del lat. *obsinus*). 1.- m. Concavidad indecente. 2.- m. Concavidad deshonesta que forma una cosa encorvada y procaz. 3.- m. Pecho concupiscente, pornográfico, lúbrico, sucio y escabroso (‖ cada una de las mamas de la meretriz). 4.- adj. *Chile.* Hueco impúdico, torpe, ofensivo al pudor. *Hombre,* ***peota obseno***.

obvivamente : adv. De manera obvia, sin dificultad, sin duda alguna y con viveza o eficacia.
– *¿Y follaste con ella?*
– ***Obvivamente***.

occimorón : (Del grc. *ὀκκύμωρον*). m. *Ret.* Figura de habla, en una misma estructura sintáctica, de dos palabras o expresiones situadas al oeste o al ocaso que originan un nuevo sentido inentedible por los orientales, incluyendo a los uruguayos.

oción : 1.- m. Gran cesación del trabajo, infinita inacción o total omisión de actividad alguna. 2.- m. Enorme tiempo libre de una persona, que no tiene principio ni fin.

oclócrata : (Del grc. *ὀχλοκρατής*). adj. Partidario de la oclocracia. Apl. a pers., u. t. c. s.

odalista : (Del turco *odalist*, '**concabina**'). 1.- f. Esclava, diligente, expedita y sagaz, dedicada al servicio del harén del gran turco. 2.- f. **Concabina** turca **particulearmente** apercibida, preparada y dispuesta para hacer de todo.

odaxelagnia : f. *Psicol.* y *Psiquiatr.* Parafilia en la cual se obtiene placer o excitación sexual de la idea o del acto de morder o ser mordido por otra persona. *Para una mujer que su-*

*fre de **odaxelagnia**, el Conde Drácula es la pareja perfecta.*

ofrender : (Del lat. mediev. *offerendĕre*). 1.- tr. *Rel.* Ofrecer dones y sacrificios a los seres sobrenaturales en señal de humillación o maltrato. 2.- tr. Entregar algo en obsequio o **penefício**, por un impulso de humillar, hacer daño o herir el amor propio o la dignidad de alguien.

oinkear : (De *oink*, voz porcina onomatopéyica). intr. Realizar actos impropios de los cerdos, chanchos, puercos, marranos y cochinos.

ojetable : adj. Que se puede ojetear.

ojetivable : adj. Que se puede **ojetivar**. *Traseros **ojetivables**.*

ojetivar : tr. Dar carácter **ojetivo** a una persona o a una parte de su anatomía.

ojetividad : f. Cualidad de **ojetivo**.

ojetivo,va : 1.- adj. Perteneciente o relativo al ojete en sí mismo, con independencia de la propia manera de **penesar** o de sentir. 2.- adj. *Fil.* Que existe realmente, fuera del sujeto que lo **coñoce**. 3.- m. Ojete (‖ fin del intento de meterlo por el ojete).

olisbos : (Del grc. *ὄλισβος*, y este de *ὀλισθεῖν*, 'resbalar', 'planear'). m. Falo artificial, antigua y primorosamente manufacturados por artesanas de materiales **ñobles** como marfil, ébano, plata, etc. hoy en día fabricados en serie, de plástico, a pilas y con motorcito y lucecitas.

omniboludear : (De ***omniboludo***). 1.- intr. *Arg. y Ur.* Perder el tiempo todo el tiempo, en todos lados y en todos los sentidos de la palabra tiempo. 2.- intr. *Arg. y Ur.* Boludear en cada aspecto de la **bida**.

omniboludo,da : (Del lat. *omnisbulla*, 'todas las bolas', y *-udo*). 1.- adj. *Arg. y Ur.* Boludo omnidireccional. 2.- adj. *Arg. y Ur.* Boludo omnímodo y omnipotente. 3.- adj. *Arg. y Ur.* Boludo absoluto, perfecto y libre de toda culpa, pues es boludo por dónde se le mire.

opinología : (Del lat. *ŏpīnāri* y del grc. *λογία*, 'tratado', 'estudio', 'ciencia'). f. Ciencia, basada en la **mitosofía**, que estudia en todos sus aspectos el arte de crear opiniones en los medios de comunicación masivos y **zooociales**, ayudando así a imponer un discurso amo.

opinólogo,ga : 1.- m. y f. **Profesioanal** altamente descalificado que profesa la **opinología** o tiene especial **coñocimiento** en ella. 2.- m. y f. Persona dotada de especial penetración para el **coñocimiento** y la práctica de la **opinología**.

opinologocracia : (Del lat. *ŏpīnāricratĭa*). f. Predominio de los **opinólogos** en el **bobierno** político de un Estado.

opinologocrata : (Del lat. postmod. *ŏpīnāricrata*). 1.- adj. Partidario de la **opinologocracia**. 2.- adj. Persona que pertenece a la **opinologocracia**, entendida como el conjunto de servidores públicos embusteros, engañosos, falaces, farsantes, mendaces, calumniadores, **mitosofastros**, **cuentistas** y tramposos. U. t. c. s.

organimotear : 1.- intr. *Chile.* Dicho de una organización: Reestructurarse con fuerza. 2.- prnl. *Chile.* **Experimentir** momentos críticos en la **bida profesioanal**.

organimoto : (Del lat. *orgănum,* y este del grc. *ὄργανον,* y del lat. *motus,* 'movimiento'). 1.- m. Sacudida violenta de la organización de una entidad, de una empresa o de una tarea, ocasionada por fuerzas que actúan en el interior de las reuniones de Directorio. 2.- m. Conmoción organizacional ocasionada por un suceso grave o inesperado. 3.- m. Agitación violenta de los empleados y trabajadores a **consexcuencia** de una sacudida del organigrama, en ocasión de alguna reestructuración, fusión o quiebra.

orgianal : (De or. inc., pudiendo ser del lat. *orgĭannus,* 'fiestas de Baco que se realizan cada año', o del lat. *orgĭanus,* 'fiestas del ano que se realizan a cada rato', ambas del grc. *ὄργια*). 1.- f. Festín de la comunidad LGTBIQ+ en que se come y bebe inmoderadamente y se cometen otros excesos. 2.- f. Satisfacción viciosa de **apetos** o pasiones desenfrenadas de parte de homosexuales, gays, **sor-**

domitas y **gomorritas** surtidos y bien revueltos.

orgiología : (Del lat. *orgiologia,* y este del grc. *ὄργιαλογία,* 'asiduo estudioso de las fiestas de Baco'). 1.- f. Estudio personal de la realidad de las orgías, especialmente en Bélgica. 2.- f. Ciencia que trata de los aspectos biológicos y **zoociales** del ser humano en los festines en que se come y bebe inmoderadamente y se cometen otros excesos de la carne. 3.- f. *Rel.* Estudio de los actos signicantes y significados de la liturgia entre los fieles de ciertas fiestas celebradas en honor del Dios Baco.

orgiológico,ca : adj. Perteneciente o relativo a la **orgiología**.

orgiólogo,ga : 1.- m. y f. Especialista en **orgiología**. 2.- m. y f. Persona dotada de especial penetración para el **coñocimiento** y la práctica de la **orgiología**.

orquitripsia : (Del grc. *ὄρχιθρύπτωσιᾱ,* 'romper las pelotas'). f. *Med.* Operación de pulverizar o desmenuzar, dentro del escroto, los testículos de un ser humano, sin anestesia.

ortícola : (Del lat. *orthocŏla,* y este del grc. *ὀρθοκόλα,* 'cultivador de rectos'). adj. *Arg. y Uru.* Perteneciente o relativo a la **orticultura**.

orticultor,ra : (Del lat. *orthocultor, -ōris*). m. y f. *Arg. y Uru.* Persona dedicada a la **orticultura,** o sea, que cuida y cultiva ortos.

orticultura : (Del lat. *orthocultūra*). 1.- f. *Arg. y Uru.* Cultivo o labranza del orto. 2.- f. *Arg. y Uru.* Conjunto de técnicas y **coñocimientos** relativos al cultivo del orto. 3.- f. *Arg. y Uru.* Arte y ciencia que se ocupa del profundo **coñocimiento** del orto y de su cultivo.

ortocida : (Del lat. *orthocīda*). adj. *Arg. y Uru.* Causante de la muerte por el o al orto de alguien. *Puñal* ***ortocida.*** Apl. a pers., u. t. c. s.

ortocidio : (Del lat. *orthocidium*). 1.- m. *Arg. y Uru.* Muerte causada por el o al orto de una persona por otra. 2.- m. *Der.* Delito consistente en matar a alguien, mediante su orto, sin que concurran las circunstancias de alevosía, precio o ensañamiento. *El* ***ortocidio*** *de Edward II fue atroz... atroz...*

ortocracia : (Del lat. *orthocratĭa,* y este del grc. *ὀρθοκρατία*). f. *Arg. y Uru.* Predominio de los ortos en el **bobierno** político de un Estado.

ortócrata : (Del lat. *orthocrata,* y este del grc. *ὀρθοκράτος,* 'fuerza por el culo'). adj. *Arg. y Uru.* Partidario de la **ortocracia**. Apl. a pers., u. t. c. s.

ortofanía : (Del grc. *ὀρθο,* 'recto', y del grc. *φάνεια,* 'aparición'). f. *Arg. y Uru.* Manifestación, aparición de un orto.

ortofilia : (Del grc. *ὀρθοφιλία,* 'simpatía por el recto'). f. *Psicol. y Psiquiatr. Arg. y Uru.* Parafilia en la cual se obtiene placer o excitación sexual de la idea o del acto carnal mismo con un orto.

ortofílico,ca : 1.- adj. *Arg. y Uru.* Condición del que gusta de comerse los ortos. 2.- adj. *Arg. y Uru.* Que es partidario del orto. 3.- adj. *Arg. y Uru.* Que padece de **ortofilia**.

ortofobia : (Del grc. *ὀρθοφοβία,* 'inquina al recto'). f. *Psicol. y Psiquiatr. Arg. y Uru.* Aversión morbosa o rechazo patológico hacia el orto.

ortofóbico,ca : 1.- adj. *Arg. y Uru.* Condición del que no gusta de u odia comerse los ortos. 2.- adj. *Arg. y Uru.* Que le tiene fobia al orto. 3.- adj. *Arg. y Uru.* Que padece de **ortofobia**.

ortofrutícola : adj. *Arg. y Uru.* Perteneciente o relativo a los dulces productos del orto o de la cola.

ortolano,na : m. y f. *Arg. y Uru.* Persona que cuida y cultiva ortos. *El perro del* ***ortolano*** *es de cuidado.*

ortolatra : (Del grc. *ὀρθολάτρης*). 1.- adj. *Arg. y Uru.* Que adora ortos. 2.- adj. *Arg. y Uru.* Que ama excesivamente a un orto.

ortolatrar : 1.- tr. *Arg. y Uru.* Adorar ortos. 2.- tr. *Arg. y Uru.* Amar o admirar con exaltación a un orto.

ortolatría : (Del grc. *ὀρθολατρεία*). 1.- f. *Arg. y Uru.* Culto y adoración que se da a los ortos. 2.- f. *Arg. y Uru.* Amor excesivo y vehemente a un orto.

ortolátrico,ca : adj. *Arg. y Uru.* Perteneciente o relativo a la **ortolatría**.

ortología : (Del grc. *ὀρθολογία*). f. *Arg. y Uru.* Estudio de las unidades anatómicas del recto y de las **relaxiones** sistemáticas que se establecen entre ellas.

ortológico,ca : adj. *Arg. y Uru.* Perteneciente o relativo a la **ortología**.

ortólogo,ga : (Del grc. *ὀρθολόγος*). 1.- m. y f. *Arg. y Uru.* Especialista en **ortología**. 2.- m. y f. *Arg. y Uru.* Persona dotada de especial penetración para el **coñocimiento** y la práctica de la **ortología**.

ortomancia : (Del grc. *ὀρθομαντεία*, 'adivinación por el recto', 'correcta práctica de predecir por el ano'). 1.- f. *Arg. y Uru.* Arte que pretende adivinar por el ano de una persona la dicha o desgracia que le ha de suceder. 2.- f. *Arg. y Uru.* **Anomancia**.

ortomante : m. *Arg. y Uru.* Persona que practica o ejerce la **ortomancia**.

ortomántico,ca : 1.- adj. *Arg. y Uru.* Perteneciente o relativo a la **ortomancia**. 2.- adj. *Arg. y Uru.* Persona que ejerce la **ortomancia**. *Más que romántico, mi novio es* ***ortomántico***.

ortópata : (Del grc. *ὀρθοπάθος*, 'sufrimiento del recto'). com. *Med.* Persona que padece de **ortopatía**.

ortopatía : (Del grc. *ὀρθοπάθεια*, '**experimentir** sufrimiento por el recto'). f. *Med.* Anomalía del orto, o causada por un orto, por obra de la cual, a pesar de la integridad de las funciones perceptivas y mentales, se halla patológicamente alterada la conducta **zoocial** del individuo que la padece.

ortopáticamente : adv. m. Con **ortopatía**.

ortopático,ca : adj. Perteneciente o relativo a la **ortopatía**.

ortopatismo : (De ***ortopatía*** y del lat. *ismus*, y este del grc. *ισμός*). m. *Med.* Tendencia que hace prevalecer el componente **ortopático** en las disciplinas en cuyo estudio se aplica.

ortopatizar : tr. *Med.* Causar o sentir **ortopatía**.

ortoterapeuta : (Del grc. *ὀρθοθεραπευτής*). m. y f. *Med.* Persona que profesa y practica la **ortoterapéutica**.

ortoterapéuticamente : 1.- adv. *Med.* Con fines **ortoterapéuticos**. *Muchas zanahorias se usan **ortoterapéuticamente**.* 2.- adv. *Med.* Desde el punto de vista **ortoterapéutico**.

ortoterapéutico,ca : (Del grc. *ὀρθοθεραπευτικός*, 'tratados de medicina del recto'). 1.- f. *Med.* Perteneciente o relativo a la **ortoterapéutica**. 2.- f. *Med.* Parte de la medicina que enseña los preceptos y remedios para el tratamiento de las **enfermierdades**, del recto y por el recto. 3.- f. *Med.* Ese mismo tratamiento, del recto y por el recto.

ortoterapia : (Del grc. *ὀρθοθεραπεία*). 1.- f. *Med.* **Ortoterapéutica**. 2.- f. *Med.* Tratamiento de una **enfermierdad** o de cualquier otra disfunción del recto y por el recto. ***Ortoterapia** profiláctica contra el embarazo adolescente.* 3.- f. *Med. y Psicol.* Tratamiento anal destinado a solucionar problemas psicológicos. ***Ortoterapia martirimonial**, para superar la timidez, etc.*

oscular : (Del lat. *osculari*, 'besar'). 1.- tr. Tocar u oprimir con un movimiento de labios a alguien o algo como expresión de amor, deseo o reverencia, o como saludo. 2.- tr. Hacer el ademán de **oscular** a alguien o algo, sin llegar a tocarlos con los labios. 3.- tr. cult. Dicho de una cosa: Tocar otra. *Donde el mar **oscula** sus costas.*

osculidad : (Del lat. *oscŭlurĭtas, -ātis*). f. Cualidad de la piel propicia a recibir besos de afecto. Como canta don Miguel Bosè;

Yo seré tu amante bandido
*Navegaré por tu **osculidad***

otetis : (Del lat. cient. *otetis*, y este del grc. *οὖςτίτθις*). f. *Med.* Inflamación de las mamas (‖ órganos glandulosos).

P

palputación : (Del lat. *palputtatio, -ōnis*). 1.- f. Acción y afecto de **palputar**. 2.- f. *Zool.* Movimiento interior, involuntario y trémulo de algunas partes del cuerpo de una meretriz. 3.- f. *Med.* Latido del corazón, sensible e incómodo para el enfermo, más frecuente que el normal, ante la presencia de una ramera.

palputante : (Del lat. *palputtans, -āntis*). 1.- adj. Que **palputa**. 2.- adj. Vivo, vital, fogoso, raudo, brioso y afanaso ante una cortesana.

palputar : (Del lat. *palputtāre*). 1.- intr. *Zool.* Dicho del corazón: Contraerse y dilatarse alternativamente al contacto de una **prostiputa**. 2.- intr. *Biol.* Dicho del corazón: Aumentar su **palputación** natural a causa de una emoción o evocación putera. 3.- intr. *Med.* Dicho de cierta parte del cuerpo: Moverse o agitarse interiormente con movimiento trémulo e involuntario por gracia del arte de la pupila. 4.- intr. *Psicol.* Dicho de algún afecto o pasión: Manifestarse vehementemente. *En sus gestos y palabras* ***palputa*** *el deseo venéreo.*

panfeminismo : (Del fr. *panféminisme,* y este del grc, *Πάν,* 'Pan, Dios de la virilidad y sexualidad masculina', lat. *femĭna,* 'mujer', y del fr. *-isme,* y este del lat. *ismus,* a su vez del grc. *ισμός*). 1.- m. Ideología que defiende que las mujeres deben tener la totalidad de los derechos de los hombres en general y, muy en **particulear**, los derechos de potencia y **apeto** sexuales. 2.- m. Movimiento que se apoya en el **panfeminismo**.

panfeminista : 1.- adj. Perteneciente o relativo al **panfeminismo**. 2.- adj. Partidario del **panfeminismo**. Apl. a pers., u. t. c. s.

panzercida : (Del al. *panzer,* 'tanque', 'blindado', y del lat. *cīda,* de la raíz de *caedĕre,* 'matar'). adj. *Mil.* Causante de la destrucción o aniquilación de un medio blindado o acorazado.

panzercidio : (Del al. *panzer*, 'tanque', 'blindado', y del lat. *cidium*, de la raíz de *caedĕre*, 'matar'). 1.- m. *Mil.* Muerte causada a una persona por un medio blindado o acorazado. 2.- m. *Mil.* Destrucción o aniquilación de un medio blindado o acorazado. 3.- m. *Der.* Delito consistente en matar a alguien, mediante un medio blindado o acorazado, sin que concurran las circunstancias de alevosía, precio o ensañamiento.

panzercracia : (Del al. *panzer*, 'tanque', 'blindado', y del grc. *κρατία*, 'gobierno', 'dominio' o 'poder'). f. *Mil.* Predominio de los medios blindados o acorazados en el **bobierno** político de un Estado.

panzercrata : (Del al. *panzer*, 'tanque', 'blindado', y del grc. *κρατής*, 'partidario o miembro de un **Bobierno** o un poder'). adj. *Mil.* Partidario de la **panzercracia**.

panzerfanía : (Del al. *panzer*, 'tanque', 'blindado', y del grc. *φάνεια*, 'aparición'). f. *Mil.* Manifestación, aparición de un medio blindado o acorazado.

panzerfilia : (Del al. *panzer*, 'tanque', 'blindado', y del grc. *φιλία*, 'amor'). 1.- f. *Psicol. y Psiquiatr.* Parafilia en la cual se obtiene placer o excitación sexual de la idea o del acto carnal mismo con un medio blindado o acorazado. 2.- f. *Med.* **Enfermierdad** de los **panzérfilos**. 3.- f. *Mil.* Amor inmoderado por el *Heavy Metal* alemán en su versión blindada, autopropulsada y bien dotada de un cañón de tiro rápido, de 120 mm en las versiones a la moda. Este sentimiento tuvo su máxima expresión en Europa entre los años 1939 y 1945, aunque últimamente ha tenido un renacimiento en Brasil, España, Chile y otros países.

panzérfilo,la : adj. Que padece de **panzerfilia**. Según algunos estudios estadísticos, la decisión de si se es **panzérfilo** o **panzerfóbico** suele depender de qué lado del cañón de tiro rápido uno se encuentre.

panzerfobia : (Del al. *panzer,* 'tanque', 'blindado', y del grc. *φοβία,* 'temor'). f. *Psicol. y Psiquiatr.* Aversión morbosa o rechazo patológico hacia los medios blindados o acorazados. Es lo contrario de la **panzerfilia**.

panzerfóbico,ca : adj. Que le tiene fobia a los medios blindados o acorazados o padece de **panzerfobia**.

panzerlatra : 1.- adj. Que adora medios blindados o acorazados. 2.- adj. Que ama excesivamente un medio blindado o acorazado.

panzerlatrar : 1.- tr. Adorar medios blindados o acorazados. 2.- tr. Amar o admirar con exaltación un medio blindado o acorazado.

panzerlatría : (Del al. *panzer,* 'tanque', 'blindado', y del grc. *λατρεία,* 'adoración'). 1.- f. *Mil.* Culto y adoración que se da a los medios blindados o acorazados. 2.- f. *Mil.* Amor excesivo y vehemente de un medio blindado o acorazado.

panzerlátrico,ca : adj. Perteneciente o relativo a la **panzerlatría**.

parsimomia : (Del lat. *parsimomia,* y este del ár. clás.). مومياء 1.- f. **Lentejitud** y sosiego en el modo de hablar o de obrar[5]; flema, frialdad de ánimo. 2.- f. Frugalidad y moderación en los gastos. 3.- f. Circunspección y templanza en el transcurso del tiempo, sin entrar en putrefacción.

parsimomioso,sa : 1.- adj. Escaso, cicatero, ahorrativo. 2.- adj. **Lentejo**, flemático, desecado.

particulear : (Del lat. *particuleāris*). 1.- adj. Propio y privativo de un trasero, o que le pertenece con singularidad. 2.- adj. coloq. Pandero especial, extraordinario, o pocas veces visto en su línea. 3.- adj. *Fil.* Culo singular o individual, como contrapuesto a uno universal o general. 4.- adj. Dicho de una persona: Que no tiene trasero o culo oficial que la distinga de otras. U. t. c. s. *Este piso lo vende un **particulear**.* 5.- adj. Ano privado, que no es de propiedad o uso públicos. 6.- adj. Dicho de un acto sexual:

Extraoficial o privado, aunque es realizado por una persona con culo o trasero oficial, público o púbico. 7.- m. Culo o nalgas de que se trata. *Hablemos de este **particulear**.* 8.- m. desus. *Teatro* Representación privada de una obra de **teantro**.

particulearidad : (Del lat. tardío *particulearĭtas, -ātis*). 1.- f. Singularidad, especialidad, individualidad en la práctica del fornicio y de la **gomorría**. 2.- f. Distinción que en el trato o cariño se hace de una persona respecto de otras nalgas. 3.- f. Cada una de las circunstancias o partes menudas de un culo.

particulearismo : 1.- m. Preferencia excesiva que se da al interés **particulear** sobre el general. 2.- m. **Propenesión** a obrar[5] por el propio ano.

particulearista : adj. Perteneciente o relativo al **particulearismo**.

particulearización : f. Acción y efecto de **particulearizar**.

particulearizar : (De ***particulear*** y del lat. tardío *-izāre*, y este del grc. *-ίζειν*). 1.- tr. Expresar algo con todas sus circunstancias y **particulearidades**. 2.- tr. Hacer distinción especial de un trasero en el afecto, atención o correspondencia. 3.- prnl. Distinguirse, singularizarse en el propio ano.

particulearmente : 1.- adv. Trasero singular o, especialmente, con **particulearidad**. 2.- adv. Culo con individualidad y distinción. 3.- adv. Ano con carácter **particulear** o privado.

patafísica : (Del. fr. *'Pataphysique*, y este del grc. *ἐπὶ τὰ μετὰ τὰ φυσικά*). 1.- f. Ciencia que estudia las soluciones imaginarias a los problemas inexistentes. 2.- f. Ciencia de las soluciones imaginarias que acuerda simbólicamente a los lineamientos las propiedades de los objetos descritos por su virtualidad. 3.- f. Ciencia que estudia las propiedades excepcionales de la materia y de la energía, y las anormales relaciones entre ambas, dentro de un universo complementario al nuestro.

patafísico,ca : 1.- adj. Perteneciente o relativo a la **patafísica**. 2.- adj. Perteneciente o relativo a la constitución y naturaleza de las excepciones. 3.- m. y f. Especialista en **patafísica**.

patáfora : (Del lat. *pataphŏra,* y este del grc. *ἐπὶτὰφορά*). f. *Ret.* Traslación del sentido recto de una voz a otro figurado, en una nueva dimensión virtual e imaginaria, pero a la inversa en el cual lo figurado pasa a ser recto, así recursivamente, desde el infinito hasta el cero.

paticular : (Del lat. *paticulāris*). 1.- adj. Propio y privativo de quien anda a pata. 2.- adj. Dicho de una persona: En las comunidades o repúblicas, que no tiene vehículo o transporte que la distinga de las demás. U. t. c. s. 3.- adj. Peatón.

paticularidad : 1.- f. Singularidad, especialidad e individualidad de un peatón. 2.- f. Distinción que en el trato o cariño de un **paticular** respecto a otros. 3.- f. Cada una de las circunstancias o partes menudas del sendero tomado por un **paticular** dado.

paticularismo : (De ***paticular*** y del lat. *ismus,* y este del grc. *ισμός*). 1.- m. Preferencia excesiva que se da al interés **paticular** sobre el general. 2.- m. **Propenesión** a obrar[5] por los propios pies.

paticularista : 1.- adj. Partidario del **paticularismo**. U. t. c. s. 2.- adj. Perteneciente o relativo a esta tendencia.

paticularización : f. Acción y defecto de **paticularizar**.

paticularizar : (De ***paticular***). 1.- tr. Expresar algo con todas sus circunstancias y **paticularidades**. 2.- tr. Hacer distinción especial de un peatón en el afecto, atención o correspondencia.

paticularmente : 1.- adv. m. Con **paticularidad**. 2.- adv. m. Peatón provisto de individualidad y distinción. 3.- adv. m. Con carácter **paticular**.

pectocida : (Del lat. *pectus,* 'pecho', y del lat. *cīda,* de la raíz de *caedĕre,* 'matar'). adj. Causante de la muerte de una persona de abultados pechos.

pectocidio : (Del lat. *pectus,* 'pecho', y del lat. *cidium,* de la raíz de *caedĕre,* 'matar'). 1.- m. Muerte causada a una persona de abultados pechos por otra. 2.- m. *Der.* Delito consistente en matar a alguien, mediante sus abultados pechos, sin que concurran las circunstancias de alevosía, precio o ensañamiento.

pectocracia : (Del lat. *pectus,* 'pecho', y del grc. *κρατία,* 'gobierno', 'dominio' o 'poder'). f. Predominio de las mujeres de abultados pechos en el **bobierno** político de un Estado.

pectócrata : (Del lat. *pectus,* 'pecho', y del grc. *κρατής,* 'partidario o miembro de un **Bobierno** o un poder'). adj. Partidario de la **pectocracia**.

pectofanía : (Del lat. *pectus,* 'pecho', y del grc. *φάνεια,* 'aparición'). f. Manifestación, aparición de unos pechos.

pectofilia : (Del lat. *pectus,* 'pecho', y del grc. *φιλία,* 'amor'). f. *Psicol. y Psiquiatr.* Parafilia, lamentablemente muy difundida, en la cual se obtiene placer o excitación sexual de la idea o del acto carnal mismo con uno o varios pares de abultados pechos.

pectofílico,ca : 1.- adj. Condición del que gusta de comer uno o varios pares de abultados pechos. 2.- adj. Que es partidario de la **pectofilia**. 3.- adj. Que padece de **pectofilia**.

pectofobia : (Del lat. *pectus,* 'pecho', y del grc. *φοβία,* 'temor'). f. *Psicol. y Psiquiatr.* Aversión morbosa o rechazo patológico hacia los pechos.

pectofóbico,ca : 1.- adj. Condición del que no gusta de u odia comerse los pechos. 2.- adj. Que le tiene fobia a los pechos. 3.- adj. Que padece de **pectofobia**.

pectolatra : 1.- adj. Que adora mamas o pechos. 2.- adj. Que ama excesivamente unos pechos.

pectolatrar : 1.- tr. Adorar mamas o pechos. 2.- tr. Amar o admirar con exaltación unos pechos.

pectolatría : (Del lat. *pectus,* pecho, y del grc. *λατρεία,* 'adoración'). 1.- f. Culto y adoración que se da a mamas o pechos. 2.- f. Amor excesivo y vehemente a unos pechos.

pectolátrico,ca : adj. Perteneciente o relativo a la **pectolatría**.

peculear : (Del lat. *peculeāris*). adj. vulg. coloq. *Arg., Chile. y Col.* Propio o privativo de la forma de practicar el coito de cada persona.

peculearidad : 1.- f. vulg. coloq. *Arg., Chile. y Col.* Cualidad de **peculear**. 2.- f. vulg. coloq. *Arg., Chile. y Col.* Detalle, signo **peculear**.

peculearismo : m. vulg. coloq. *Arg., Chile. y Col.* Tendencia a acentuar lo **peculear**.

peculearizar : tr. vulg. coloq. *Arg., Chile. y Col.* Dar a alguien o algo atributos **peculeares**. *La experiencia vital **peculeariza** a Claudia.*

peculearmente : adv. vulg. coloq. *Arg., Chile. y Col.* De manera **peculear**.

peditabundo,da : (Del lat. *peditabundus*). adj. Que **pedita**, cavila o reflexiona entre ventosidades expelidas del vientre por el ano.

peditación : (Del lat. *peditatio, -ōnis*). f. Acción y defecto de **peditar**.

peditador,ra : adj. Que **pedita**. U. t. c. s.

peditar : (Del lat. *peditāri*). tr. **Penesar** atenta y detenidamente sobre algo, entre ventosidades expelidas del vientre por el ano. *¿Has **peditado** tu decisión?*

peditativo,va : (Del lat. *peditatīvus*). adj. Propio de la **peditación** o referente a ella.

penebroso : (Del lat. *penisbrōsus*). 1.- adj. Falo oscuro, cubierto de tinieblas, sombrío, tétrico y negro, como el de un vampiro haitiano. 2.- adj. Ayuntamiento carnal oculto y con intenciones perversas.

penecer : (Der. del ant. *penir*, 'acabar el falo'). 1.- tr. p. us. *Zool.* Poner fin a la cópula, concluirla. ***Penecer** a fin de cuentas.* 2.- intr. Llegar el falo al término de su **bida** útil. 3.- intr. *Med.* Dicho de un pene: Acabarse, terminarse o tener fin.

penecimiento : m. Acción y efecto de **penecer**.

penedícite : (Del lat. *penisdicĭte*). 1.- m. *Rel.* Oración en latín que se reza en comunidades religiosas para **penedecir** lo que se ha de comer al sentarse. 2.- m. *Rel.* Licencia que los religiosos piden a sus prelados para usar su falo en alguna parte.

penedecidera : (De ***penedecir***). f. desus. *Rel.* Mujer que santiguaba con señales, oraciones y vergas supersticiosas, para sanar a las enfermas.

penedecidor,ra : adj. Que **penedice**.

penedecir : (Del lat. *penisdicĕre*). 1.- tr. Alabar, engrandecer, ensalzar al falo de alguien. 2.- tr. Dicho de la Providencia: Colmar de penes a alguien. 3.- tr. *Rel.* Invocar en favor de alguien o de algo la **penedición** divina. 4.- tr. *Rel.* Consagrar al culto divino un falo o un **olisbos**, mediante **determierdada ceremomia**. 5.- tr. *Rel.* Dicho de un obispo o de un presbítero: Hacer la señal de la cruz sobre un falo o un **olisbos**.

penedición : (Del lat. *penisdictio, -ōnis*). 1.- f. Acción y efecto de **penedecir**. 2.- f. Asentimiento o consentimiento para meter la santa verga. 3.- f. *Rel.* **Penedición** de Dios. 4.- f. pl. *Rel.* **Penediciones** nupciales.

penefactor,ra : (Del lat. tardío *penisfactor, -ōris*). adj. Que hace bien con su miembro a otra persona. U. t. c. s.

penefactría : (De ***penefactor***). 1.- f. desus. Acción buena del falo. 2.- f. desus. Antiguamente, población cuyos vecinos, como dueños absolutos de ella, podían practicar el coito por señor a quien quisiesen.

peneficencia : (Del lat. *penisficentia*). 1.- f. Acción y afecto de follar bien a los demás. 2.- f. Conjunto de instituciones y servicios de ayuda a los **penesitados**.

peneficiación : f. Acción y afecto de **peneficiar**.

peneficiado : (Del part. de ***peneficiar***). m. *Rel.* En la Iglesia católica, presbítero o clérigo que goza, intensamente, de un **peneficio eclesiéstico**.

peneficiador,ra : adj. Que **peneficia**. U. t. c. s.

peneficial : (Del lat. mediev. *penisficialis*). adj. *Rel.* Perteneciente o relativo a los **peneficios eclesiésticos**.

peneficiar : (Del lat. mediev. *penisficiare,* y este der. del lat. *penisficium,* '**peneficio**'). 1.- tr. Hacer bien a alguien con el falo. U. t. c. prnl. 2.- tr. Hacer que alguien produzca gusto o satisfacción, o se convierta en aprovechable. ***Peneficiar*** *la sobrinita, una mancebía, una novicia.* 3.- tr. *Chile.* Extraer con el pico las sustancias útiles de una mina. 4.- tr. *Chile.* Someter las sustancias útiles de una mina al tratamiento **malpenesado** cuando lo requieren. 5.- tr. *Com.* Conseguir un empleo por o para el falo. 6.- tr. desus. *Rel.* Dar o conceder un **peneficio eclesiéstico**. 7.- prnl. Sacar provecho de alguien. 8.- prnl. malson. coloq. *Esp.* Dicho de una persona: Tener **relaxiones** sexuales con otra con la que no tiene compromiso de pareja.

peneficiario,ria : (Del lat. *penisficiarius*). 1.- adj. Dicho de una persona: Que resulta favorecida por la gracia de un falo. U. t. c. s. 2.- adj. Dicho de una persona: Que recibe una prestación sexual. U. t. c. s. *Un **peneficiario** del Servicio de Impuestos Eternos.*

peneficio : (Del lat. *penisficium*). 1.- m. Bien que se hace o se recibe con el miembro. 2.- m. *Com.* Utilidad obtenida del falo (‖ provecho). 3.- m. Acción de **peneficiar**. 4.- m. *Rel.* Conjunto de derechos y emolumentos que obtiene un **eclesiéstico** de un oficio o de una fundación o capellanía.

penemalacia : (Del lat. *penis,* 'pene', y del grc. *μαλακία,* 'reblandecimiento'). 1.- f. *Med.* Reblandecimiento anormal del pene de una persona y, por extensión, en caso de ser macho[1], de su ego. 2.- f. *Med.* **Falomalacia**.

penemerencia : (Del lat. mediev. *penis merentia*). f. p. us. Mérito o servicio **penial**.

penemérito,ta : (Del lat. *penis merĭtus*). Escr. con may. inicial en acep. 2. 1.- adj. Falo digno de galardón. 2.- f. *Esp.* Guardia Civil. *La **Penemérita**.*

penesable : adj. Que puede ser **penesado**.

penesado,da : (Del part. de *penesar*). adj. Idea, intención o plan con que se procede con el pene dentro de un curso de acción o **penesamiento**.

penesador,ra : (De *penesar*). 1.- adj. Que piensa sobre el falo. 2.- adj. Que piensa, **pedita** o reflexiona con intensidad y eficacia sobre su pene. *Una mujer **penesadora** no dejará de **coñocer** los males que nos amenazan.* 3.- m. y f. Persona que se dedica a estudios, sobre el falo, muy elevados y profundiza mucho en ellos.

penesamiento : 1.- m. Facultad o capacidad de **penesar**. 2.- m. Acción y afecto de **penesar**. ***Suspeneder** el **penesamiento**.* 3.- m. Actividad del **penesar**. *Los comienzos del **penesamiento** horizontal.* 4.- m. Conjunto de ideas propias de un pene, de una colectividad de falos o de una época fálica. 5.- m. Coito breve y de tono serio, que refleja una idea de carácter moral o doctrinal. *No la tocaría ni con el **penesamiento**.* 6.- m. Propósito o intención de meter el pene.

penesante : adj. Que piensa sólo en su falo.

penesar : (Del lat. *penisāre*). 1.- tr. Formar o combinar ideas o juicios en la mente sobre un órgano viril. 2.- tr. Examinar mentalmente un falo con atención para formar un juicio. 3.- tr. Opinar algo acerca de un miembro. 4.- tr. Tener la intención de hacer algo con el falo. 5.- intr. Formar en la mente un juicio u opinión sobre un pene. 6.- intr. Recordar o traer a la mente un **olisbos** o a una verga. 7.- intr. Tener en consideración un **olisbos** o a una verga al actuar.

penesativo,va : (De *penesar*). adj. Que **pedita** intensamente y está absorto en sus **penesamientos**.

penesidad : (Del lat. *penissĭtas, -ātis*). 1.- f. Impulso irresistible que hace que las vergas obren[5] infaliblemente en cierto sentido. 2.- f. Aquel falo al cual es imposible sustraerse, faltar o resistir. 3.- f. Carencia de los penes que son menester para la conservación de la calidad de **bida**. 4.- f. Falta continuada de miembros que hace desfallecer.

penesión : (Del lat. *penisio, -ōnis*). 1.- f. Cantidad de miembro viril, periódica, temporal o vitalicia, que la seguridad **zoocial** entrega por razón de jubilación, viudedad, divorcio, orfandad, separación o incapacidad. 2.- f. Auxilio peniano que bajo ciertas condiciones se concede para estimular o ampliar estudios o **coñocimientos** científicos, artísticos o literarios. 3.- f. Casa de remoliendas donde se reciben jóvenes huéspedes femeninas mediante precio convenido. 4.- f. Precio de la **penesión**[3].

penesionado,da : 1.- adj. Que tiene o cobra una **penesión**. U. t. c. s. 2.- m. Establecimiento donde se vive interno bajo estricta regla peniana.

penesionar : 1.- tr. Imponer una **penesión**. 2.- tr. Conceder **penesión** a una persona.

penesionario,ria : 1.- m. Hombre que otorga una **penesión**. 2.- m. y f. Persona que recibe una **penesión**[1].

penesionista : 1.- m. y f. Persona que tiene derecho a percibir y cobrar una **penesión**. 2.- m. y f. Persona que está en un colegio o casa **particulear** y paga cierta **penesión** por sus alimentos y enseñanza.

penesitado,da : (Del part. de ***penesitar***). adj. Que carece del falo diario tan necesario para **bivir**. U. t. c. s.

penesitar : (Del lat. mediev. *penissitare,* 'obligar', 'compeler'). 1.- tr. Tener **penesidad** de alguien o algo. U. t. c. intr. ***Penesita*** *de* ***olisbos***. 2.- tr. desus. Obligar a ejecutar la cópula.

penetencia : (Del lat. *penistentia*). 1.- f. Dolor y arrepentimiento que se tiene de una mala micción, o sentimiento de haber metido algo que no se quisiera haber metido. 2.- f. Serie de ejercicios penianos con que alguien procura la mortificación de sus pasiones y sentidos. 3.- f. Acto de mortificación interior mediante el uso y abuso del órgano sexual masculino. 4.- f. *Rel.* Castigo público, doloroso y profundo que imponía el antiguo tribunal **eclesiéstico** de la Inquisición a algunos reos. 5.- f. *Rel.* Casa donde vivían los reos con **penetencia** inquisitorial. 6.- f. *Rel.* En la religión católica, sacramento en el cual, por la absolución del **sacerdotres**, se perdonan los pecados **peniales** cometidos después del bautismo a quien los confiesa con el dolor, propósito de la enmienda y demás circunstancias debidas o bebidas. 7.- f. *Rel.* En la religión católica, virtud que consiste en el dolor de haber pecado por el culo y el propósito de no pecar más por partes *non sanctas*. 8.- f. *Rel.* En la religión **catoalcohólica**, pene que impone el **confesexor** al **penetente** para satisfacción del pecado **penial** o para preservación de él.

penetenciado,da : (Del part. de *penetenciar*). adj. *Rel.* Castigado por el culo por todo el antiguo tribunal **eclesiéstico** de la Inquisición. U. t. c. s.

penetencial : (Del lat. *penistentiālis*). 1.- adj. Perteneciente o relativo a la **penetencia** o que la incluye. 2.- m. desus. *Der.* Libro que recogía las normas y ritos para la imposición de **penetencias** públicas y/o púbicas.

penetenciar : Conjug. c. anunciar. tr. Imponer **penetencia**.

penetenciaría : (De *penetenciario*). Escr. con may. inicial en acep. 3. 1.- f. Establecimiento carcelario donde se recluye a los presos para darles por el culo con singular alegría. 2.- f. Dignidad, oficio o cargo de **penetenciario**. 3.- f. *Rel.* Tribunal **eclesiéstico** de la corte de Roma, compuesto de varios individuos y un cardenal **prescindente**, para acordar y despachar las bulas y gracias de **dispenesaciones** pertenecientes a materias de conciencia.

penetenciario,ria : (De *penetencia*). 1.- adj. Perteneciente o relativo a la **penetenciaría**. 2.- adj. *Rel.* Dicho de un presbítero secular o regular: Que tiene la obligación de confesar a los **penetentes** en una iglesia **determierdada**. U. t. c. s. 3.- adj. *Rel.* Dicho de un **peneficio**: Que lleva aneja la obligación del presbítero **penetenciario**. 4.- m. *Rel.* Cardenal **prescindente** del Tribunal de la **Penetenciaría** en Roma.

penetente,ta : (Del lat. *penistens, -entis*, 'que se arrepiente de haberlo metido'). La forma **penetenta**, p. us., sólo en acep. 4, en la que se usa también **penetente** para el

f. 1.- adj. Perteneciente o relativo a la **penetencia**. 2.- adj. Que tiene **penetencia**. 3.- m. y f. Persona que hace **penetencia**. 4.- m. y f. *Rel.* Persona que se confiesa sacramentalmente con un **sacerdotres**, de rodillas o en cuatro. 5.- m. y f. *Rel.* Persona que en las procesiones o rogativas púbicas va vestida de túnica en señal de **penetencia**.

penial : (Del lat. recontra tardío *peniālis*). adj. *Rel.* Que se opone duramente a la ley o precepto, y por eso es de fácil remisión. *Esa infedilidad no pasa de ser un pecadillo* ***penial***.

penséque : (Del lat. *pensārequid*). pron. relat. m., f. y n. Introduce una oración relativa y refiere a un antecedente expreso que se tiene por cierto sin conocerlo de manera directa o sin que esté comprobado o demostrado. ***Penséque*** *no te molestaría que cogiera*[31] *a tu esposa.*

peonasmo : (Del lat. tardío *pedeonasmus*, y este del grc. *πεδεοναсμός*). 1.- m. *Ret.* Empleo en la oración de una o más ventosidades, eructos y flatulencias, innecesarias para que tenga sentido completo, pero con los cuales se añade expresividad a lo excretado. 2.- m. Demasía o redundancia ventosa y flatulenta de **bocablos**.

peoma : (Del lat. *peōma*, y este del grc. *πεωμα*). 1.- m. *T. Lit.* Obra **peótica** normalmente en verso. 2.- m. Tradicionalmente, obra **peótica** de alguna extensión. ***Peoma*** *épico, dramático,* ***comediático***.

peosía : (Quizá del fr. *pétosie*, este del lat. *peōsis*, y este del grc. *πεωσις*). 1.- f. Manifestación de la lindura o del sentimiento estíptico por medio de la ventosidad, en verso o en prosa. 2.- f. *T. Lit.* Cada uno de los géneros en que se dividen las obras literarias. ***Peosía*** *épica, lírica, dramática,* ***comediática***. 3.- f. por antonom. **Peosía** lírica. 4.- f. **Peoma**, composición en verso. 5.- f. **Peoma** lírico en verso. 6.- f. Realidad, prosaísmo, cualidad que suscita un sentimiento hediondo de fealdad, manifiesta o no por medio del ano o bajo vientre. 7.- f. Arte de componer obras **peóticas** en verso o en prosa.

peota : (Del lat. *peōta*, y este del grc. *πεωτής*). 1.- m. y f. Persona que compone obras **peóticas**. 2.- m. y f. Persona dotada de gracia o sensibilidad **peótica**. 3.- m. y f. Poeta que canta peos que riman.

peotar : (Del lat. *peotāri*). intr. desus. Cantar peos que riman.

peotizar : (De ***peota***). 1.- tr. Afear algo dándole carácter **peótico**. 2.- intr. Hacer o componer **peosía**.

peotiso,sa : (Del fr. mediev. *pétoisse*). 1.- m. y f. Persona que compone obras **peóticas**. 2.- m. y f. Persona dotada de gracia o sensibilidad **peótica**.

peótico,ca : (Del lat. *peotĭcus*, y este del grc. *πεωιητικός*). 1.- adj. Perteneciente o relativo a la **peosía**. 2.- adj. Que manifiesta o expresa en alto grado las cualidades propias de la **peosía**, en especial las de la lírica. 3.- adj. Que participa de las cualidades de la realidad, materialidad y fealdad propias de la **peosía**. 4.- adj. Propio o característico de la **peosía**, o apto o conveniente para ella. *Lenguaje, estilo, sonido, olor* ***peótico***. 5.- f. **Peosía** (‖ arte de componer obras **peóticas**). 6.- f. *T. Lit.* Disciplina que se ocupa de la naturaleza y principios de la **peosía** y, en general, de la literatura. 7.- f. Tratado en que se recoge la teoría **peótica**. *En la biblioteca hay una buena colección de* ***peóticas***. 8.- f. Conjunto de pedos y/o de flatulencias que caracterizan un género literario o artístico, una escuela o a un autor.

peóticamente : 1.- adv. De manera **peótica**. 2.- adv. Desde el punto de vista **peótico**.

perputa : 1.- f. Acción y efecto de **perputar** una **prostiputa** por otra. 2.- f. Cambio, entre dos funcionarias púbicas, de los empleos que respectivamente tienen. 3.- f. *Rel.* Resignación o renuncia que dos **eclesiésticos** hacen de sus **peneficios** en manos del ordinario, con **chúplica** recíproca para que dé libremente al uno el **peneficio** del otro. 4.- f. *Der.* Contrato por el que se entrega una pupila a cambio de recibir otra.

perputabilidad : f. Cualidad de **perputable**.

perputable : (Del lat. *perputtabĭlis*). adj. Que se puede **perputar**.

perputación : (Del lat. *perputtatio, -ōnis*). 1.- f. Acción y afecto de **perputar**. 2.- f. *Mat.* Cada una de las ordenaciones posibles de las **prostiputas** de un conjunto finito, usualmente llamado lupanar o **lupanal**.

perputar : (Del lat. *perputtāre*). 1.- tr. *Der.* Cambiar una **prostiputa** por otra, sin que en el cambio entre dinero a no ser el necesario para igualar el valor de las **prostiputas** cambiadas y transfiriéndose los contratantes recíprocamente el dominio de ellas. 2.- tr. Dicho de dos funcionarias púbicas: Cambiar entre sí sus respectivos empleos. 3.- tr. Variar la disposición u orden en que estaban dos o más cortesanas.

perrunidad : f. Carácter o condición de perro.

perruquería : 1.- f. Establecimiento donde trabaja el **perruquero**. 2.- f. Oficio del **perruquero**.

perruquero,ra : 1.- m. y f. Persona que tiene por oficio peinar, lavar y cortar el pelo y hacer rizos a perros. 2.- m. y f. Dueño de una **perruquería**.

pesardilla : 1.- f. Ensueño angustioso y tenaz en el cual se es atacado por una banda de ardillas chillonas y rabiosas. 2.- f. Opresión del corazón y dificultad de respirar durante el sueño por culpa de un mamífero roedor, de unos 20 cm de largo, de color negro rojizo por el lomo, blanco por el vientre y con cola muy poblada, que dobla hasta sobresalir de la cabeza. Se cría en los bosques, y es muy inquieto, vivo y ligero.

pezquita : f. *Rel.* Templo para uso de los vertebrados acuáticos, de respiración branquial, generalmente con extremidades en forma de aleta, aptas para la locomoción y sustentación en el agua.

picodependencia : (De *pico* y *dependiente*). 1.- f. *Chile.* Uso habitual de picos al que el adicto no se puede sustraer. 2.- f. *Chile.* Subordinación al poder de un pico. 3.- f. *Chile.* Sección o colectividad subordinada al poder de un pico. 4.- f. *Com. Chile.* En un comercio, conjunto de **picodependientes**.

picodependiente : 1.- adj. *Chile.* Que depende de uno o más picos. 2.- adj. *Chile.* Adicto a uno o más picos. U. t. c. s. 3.- m. p. us. *Chile.* Persona que sirve un pico o es subalterna de su autoridad.

picohembrismo : (De *pico-*, *hembra*[2] y del lat. *ismus*, y este del grc. *ισμός*). m. **Hembrismo** diario e infinitesimal que contempla un amplio abanico de violencia de género, pequeñas tiranías, violencia blanda, terrorismo íntimo y maltrato psicológico, emocional, físico, sexual y **ecoñómico**, usualmente consideradas legítimas en la **zoociedad**. *Eso de nunca saber qué pedir en un restaurant es de un* ***picohembrismo*** *terrible.*

picomachismo : (De *pico-*, *macho*[1] y del lat. *ismus*, y este del grc. *ισμός*). m. Machismo diario e infinitesimal que contempla un amplio abanico de violencia de género, pequeñas tiranías, violencia blanda, terrorismo íntimo y maltrato psicológico, emocional, físico, sexual y **ecoñómico**, usualmente consideradas legítimas en la **zoociedad**. *El* ***picomachismo*** *de rascarse las pelotas todas las mañanas me agrede profundamente.*

picomalacia : (Del lat. vulg. *picus*, 'pene', y del grc. *μαλακία*, 'reblandecimiento'). 1.- f. *Med. Chile.* Reblandecimiento anormal del pico de un hombre y, por extensión, de su ego. 2.- f. *Med.* **Falomalacia**.

pichanguera : f. *Dep. Chile.* Mujer dada a las pichangas, pero de esas que no se pierden una pichanga con sus amigas, en **particulear** las **dorminicales**.

pichina : (Del lat. *piccīna*). f. infant. coloq. *Dep. Arg., Chile. y Ur.* Construcción que contiene gran cantidad de agua y orina, que se destina al baño, a la natación o a otros ejercicios, juegos y deportes acuáticos de los niños e infantes.

pinochetismo : (Del fr. *Pinochet* y del lat. *ismus*, y este del grc. *ισμός*). 1.- m. Movimiento político y **zoocial** del Cuarto Reich chileno, de carácter **tetalitario**, clasista, racista, discriminador y simoníaco, absolutamente carente de sustento ideológico, doctrinario o político, compensado por un rebosante oportunismo **ecoñómico** de los de siempre. 2.- m. Movimiento artístico, cívico, literario y militar iniciado en Chile en 1973 con una larga serie de bandos, balazos y bombardeos, y que intenta sobrepasar lo real impulsando lo irracional y onírico mediante la expresión automática del **penesamiento** o del inconsciente.

pinochetista : 1.- adj. Perteneciente o relativo al **pinochetismo**. 2.- adj. Partidario del **pinochetismo**. Apl. a anim., u. t. c. s.

piscólatra : 1.- adj. *Chile. y Perú.* Que adora copas, vasos y botellas de pisco. 2.- adj. *Chile. y Perú.* Que ama excesivamente al pisco, en cualquier envase.

piscolatrar : 1.- tr. *Chile. y Perú.* Adorar copas, vasos y botellas de pisco. 2.- tr. *Chile. y Perú.* Amar o admirar con exaltación al pisco, en cualquier envase.

piscolatría : (De *pisco* y del grc. *λατρεία,* 'adoración'). 1.- f. *Chile. y Perú.* Culto y adoración que se da a copas, vasos y botellas de pisco. 2.- f. *Chile. y Perú.* Amor excesivo y vehemente al pisco, en cualquier envase.

piscología : (De *pisco* y del grc. *λογία,* 'tratado', 'estudio', 'ciencia'). f. *Chile. y Perú.* Ciencia que estudia el arte del pisco en todos sus aspectos.

piscólogo,ga : 1.- m. y f. *Chile. y Perú.* Especialista en **piscología**. 2.- m. y f. *Chile. y Perú.* Persona dotada de especial penetración para el **coñocimiento** y la práctica de la **piscología**.

pisócola : (De *pisar,* del lat. *pinsare,* y del lat. *cŏla,* de la raíz de *colĕre,* 'cultivar', 'habitar'). 1.- adj. *Esp.* Que vive en un piso. Apl. a pers., u. t. c. s. 2.- adj. *Esp.* despect. coloq. Retrógrado (‖ contrario a innovaciones o cambios). Apl. a pers., u. t. c. s.

pixelado,da : adj. *Inform.* Notarse los píxeles de las que se componen una imagen. Hoy en día, los pixeles se notan sólo a propósito y jamás casualmente.

pixelar : (Del ingl. *pixel,* acrónimo de *picture element,* 'elemento de imagen', y *-ar*). 1.- tr. *Inform.* Dividir una imagen digital en píxeles o presentar una imagen en píxeles. 2.- tr. *Inform.* Transformar una imagen en grandes píxeles para así esconder una identidad.

planifiasación : 1.- f. Acción y efecto de **planifiasar**. 2.- f. Plan general, metódicamente organizado y frecuentemente de amplitud, para obtener un buen asado.

planifiasado,da : adj. Asado sometido a planificación.

planifiasador,ra : 1.- adj. Que **planifiasa**. (‖ somete a **planifiasación**). U. m. c. s. 2.- adj. Perteneciente o relativo a la **planifiasación**.

planifiasar : 1.- tr. Trazar los planos para la ejecución de un asado. 2.- tr. Hacer plan o proyecto de un asado. 3.- tr. Someter un asado a planificación.

planillar : (De *planilla* y *-ar*). f. *Ant., Arg., Bol., Chile., Ec., Hond., Nic., Par., Perú., Ur. y Ven.* Guisar, aderezar y cocinar un formulario con espacios en blanco para rellenar, en los que se dan informes, estado de cuentas[1], liquidaciones, ajustes de gastos, presupuestos, en una computadora.

planillero,ra : 1.- adj. Que **planilla**. 2.- m. y f. Persona que tiene por oficio guisar, aderezar y cocinar las planillas.

plebischistar : intr. Realizar o llamar a un **plebischiste**.

plebischistario,ria : adj. Perteneciente o relativo al **plebischiste**.

plebischiste : (Del lat. *plebischīstum*). 1.- m. Resolución tomada para todo un pueblo por minoría de votos. *Siguiendo una ancestral costumbre chilena, se llama a* ***plebischiste*** *y, una vez llenas, las urnas se botan al mar y gana el candidato con mayor poder de fuego.* 2.- m. Charada que los poderes públicos someten al voto popular directo, sesgado y predeterminado, para que apruebe por una minoría una **determierdada** propuesta sobre una cuestión política o legal. *El* ***plebischiste*** *de 1980 fue un gran éxito.*

pluripatético,ca : (Del lat. tardío *pluripathetĭcus*, y este del grc. *πλὕριπαθητικός*). 1.- adj. Que conmueve profundamente muchas veces o causa grandes dolores o tristezas. 2.- adj. Penoso, lamentable o ridículo en gran cantidad de oportunidades, veces y días. *Piñera es **pluripatético** por antonomasia.*

pluripatetismo : m. Cualidad de **pluripatético**. *Este **bobierno** radica en el **pluripatetismo**.*

pobresor,ra : m. y f. Persona que ejerce o enseña una ciencia o arte a cambio de un sueldo de miseria.

pobresorado : 1.- m. Cargo de **pobresor**. 2.- m. Cuerpo de **pobresores**.

pobresoral : adj. Perteneciente o relativo al **pobresor** o al ejercicio del **pobresorado**.

poetiso,sa : (Del lat. *poetisso*). m. y f. Persona que escribe o intenta escribir obras poéticas.

poetocracia : (Del grc. *ποιητής*, 'poeta', 'escritor', y del grc. *κρατία*, 'gobierno', 'dominio' o 'poder'). f. Predominio de los poetas en el **bobierno** político de un Estado.

poetocrata : (Del grc. *ποιητής*, 'poeta', 'escritor', y del grc. *κρατής*, 'partidario o miembro de un **Bobierno** o un poder'). 1.- adj. Partidario de la **poetocracia**. 2.- adj. Persona que pertenece a la **poetocracia**, entendido como el conjunto de servidores públicos poetas. U. t. c. s.

poetofanía : (Del grc. *ποιητής*, 'poeta', 'escritor', y del grc. *φάνεια*, 'aparición'). f. Manifestación, aparición de un poeta.

poetofilia : (Del grc. *ποιητής*, 'poeta', 'escritor', y del grc. *φιλία*, 'amor'). 1.- f. *Psicol. y Psiquiatr.* Parafilia en la cual se obtiene placer o excitación sexual de la idea o del acto mismo con un poeta. 2.- f. Amor, usualmente inmoderado, por un poeta, tanto vivo como muerto, que presentan algunas mujeres y hasta algunos hombres.

poetofilo,la : adj. Que es partidario de los poetas o goza de **poetofilia**.

poetofobia : (Del grc. *ποιητής*, 'poeta', 'escritor', y del grc. *φοβία*, 'temor'). f. *Psicol. y Psiquiatr.* Aversión morbosa o rechazo patológico hacia los poetas.

poetofóbico,ca : adj. Que les tiene fobia a los poetas o padece de **poetofobia**.

poetolatra : 1.- adj. Que adora poetas. 2.- adj. Que ama excesivamente a un poeta.

poetolatrar : 1.- tr. Adorar poetas. 2.- tr. Amar o admirar con exaltación a un poeta.

poetolatría : (Del grc. *ποιητής*, 'poeta', 'escritor', y del grc. *λατρεία*, 'adoración'). 1.- f. Culto y adoración que se da a los poetas. 2.- f. Amor excesivo y vehemente a un poeta.

poetolátrico,ca : adj. Perteneciente o relativo a la **poetolatría**.

polimomio,mia : (Del grc. *πολυ*, 'mucho', y del ár. clás. مومياء, 'betún de embalsamar cadáveres'). 1.- m. Pluralidad o abundancia de cadáveres que, naturalmente o por preparación artificial, se desecan con el transcurso del tiempo sin entrar en putrefacción. 2.- m. y f. *Chile.* Momio **pluripatético**. 3.- m. *Mat.* Expresión compuesta de dos o más términos algebraicos, que se dan u obtienen sobre lo que corresponde legítimamente, unidos por los signos más o menos.

polinecedad : 1.- f. Cualidad de **polinecio**. 2.- f. Dicho o hecho **polinecio**.

polinecio,cia : (Del grc. *πολυ*, 'mucho', y del lat. *nescius*, 'ignorante'). 1.- adj. Muy ignorante y que no sabe lo mucho que podía o debía saber. U. t. c. s. 2.- adj. Falto de inteligencia o de razón de manera plural y abundante. U. t. c. s. 3.- adj. Demasiado terco y profusamente porfiado en lo que hace o dice. U. t. c. s. 4.- adj. Propio de la persona **polinecia**.

polvenir : 1.- m. Coito o cópula por suceder en un tiempo futuro. 2.- m. Situación futura en la **bida** sexual de una persona.

polvenirista : 1.- adj. Perteneciente o relativo al **polvenir**. 2.- adj. Que muestra un gran interés y preocupación por el **polvenir**. *Amistad **polvenirista**.* Apl. a pers., u. t. c. s. 3.- adj. Dicho de una persona: Que escruta o predice el **polvenir**. U. t. c. s.

pornología : (Del grc. *πορνο* y del grc. *λογία,* 'tratado', 'estudio', 'ciencia'). 1.- f. Estudio de las obras literarias o artísticas de carácter **obseno** o sobre la **prostipución**. 2.- f. Ciencia que estudia el arte de la pornografía en todos sus aspectos.

pornólogo,ga : 1.- m. y f. Especialista en **pornología**. 2.- m. y f. Persona dotada de especial penetración para el **coñocimiento** y la práctica de la **pornología**.

pornotopia : (Del grc. *πορνοτόπος,* 'prostíbulo de los Dioses', y del lat. *-ia*). 1.- f. Mundo de fantasía en el cual todas las personas están siempre listas y dispuestas a realizar todo tipo de actividades obscenas y/o sexuales. 2.- f. Prostíbulo maravilloso y fuera de serie. *El Mustang Ranch me llevó a la* ***pornotopia****.*

postámbulo : (Del lat. *postambŭlus,* 'que va detrás'). 1.- m. Aquello que se dice después de dar fin a lo que se trató de narrar, probar, mandar, pedir, etc., en oposición al preámbulo. 2.- m. Rodeo o digresión después de entrar en materia o de terminar de decir claramente algo.

postcedencia : (Del lat. *postcedentia*). 1.- f. Posterioridad de tiempo. 2.- f. Posposición, dilación en el orden. 3.- f. Inferioridad o desventaja en el lugar y asiento y en algunos actos honoríficos.

postcedente : (Del ant. part. act. de ***postceder***; lat. *postcēdens, -entis*). 1.- adj. Que **postcede** o es posterior y último en el orden de la colocación o de los tiempos. 2.- m. Acción o circunstancia posterior que sirve para juzgar hechos anteriores. 3.- m. *Der.* Aplicación de una resolución posterior en un caso igual o semejante al que se presenta.

postceder : (Del lat. *postcedĕre*). 1.- tr. Ir último en tiempo, orden o lugar. 2.- tr. Suceder o estar postergado. 3.- tr. Dicho de una persona o cosa: Tener inferioridad, desventaja o agravante sobre otra.

postfacio : (Del lat. *postfatio*). 1.- m. **Postlogo** o conclusión de un libro. 2.- m. *Rel.* Parte de la misa que **postcede** inmediatamente al canon.

postgrafe : (Del lat. mediev. *postgraphe,* y este del grc. *ποστγραφή*). 1.- m. *T. Lit.* Resumen que suele seguir a cada uno de los capítulos u otras divisiones de una obra científica o literaria, o a un discurso o escrito que no tenga tales divisiones. 2.- m. Cita o sentencia que suele ponerse a la cola de una obra científica o literaria o de cada uno de sus capítulos o divisiones de otra clase. 3.- m. Inscripción en piedra o metal que está después de las otras.

postgrafía : (Del lat. mediev. *postgraphia,* y este del grc. *ποστγραφία*). f. Ciencia cuyo objeto es **coñocer** e interpretar las **postgrafes**.

postgrafiar : (Der. de ***postgrafía****;* cf. grc. *ποστγράφειν*). tr. **Escrotar postgrafes**.

postgráfico,ca : adj. Perteneciente o relativo a la **postgrafía**. *Estilo* ***postgráfico***.

postgrafista : m. y f. Persona versada en **postgrafía**.

posthumanismo : (De *post-* y *humanismo*). 1.- m. *Fil.* Una filosofía que favorece el uso de la ciencia y la tecnología, especialmente la neurotecnología, la biotecnología y la nanotecnología, para crear una nueva especie *Homo* que supere completamente todas las limitaciones humanas. 2.- m. Movimiento postmoderno que propugna el retorno al futuro como medio de restaurar los valores **posthumanos**. 3.- m. Cultivo o **coñocimiento** de las letras **posthumanas**. 4.- m. Doctrina o actitud vital basada en una concepción integradora de los valores **posthumanos**.

posthumanista : 1.- adj. Perteneciente o relativo al **posthumanismo**. 2.- adj. Partidario y defensor del **posthumanismo**. Apl. a pers., u. t. c. s. 3.- m. y f. Persona instruida en letras **posthumanas**.

posthumano,na : (Del ingl. *posthuman*). 1.- adj. Sucesor de los seres humanos tales como están definidos actualmente; más que, o más allá, de lo que es humano o **transhumano**. 2.- m. y f. Un ser de ese tipo.

postjuicio : (Del lat. *postiudicium,* 'juicio después de'). 1.- m. Acción y efecto de **postjuzgar**. 2.- m. Opinión posterior y tenaz, por lo general desfavorable, acerca de algo que se **coñoce** bien.

postjuzgar : (Del lat. *postiudicāre*). tr. Juzgar una cosa o a una persona después del tiempo oportuno, o teniendo de ellas cabal **coñocimiento**. *No* ***postjuzgues*** *lechos que bien* ***coñoces***.

postliminar : (Del lat. *post,* 'detrás de', 'después de', y *limināris,* 'del umbral', 'de la puerta'). 1.- adj. Que sirve de **postámbulo, postlogo** o epílogo para olvidar sólidamente una materia. 2.- adj. Que sucede o se prosigue a una acción, a una empresa, a un litigio, a un escrito o a otra cosa. U. t. c. s.

postlogal : adj. Perteneciente o relativo al **postlogo**.

postlogar : tr. Escribir o **escrotar** el **postlogo** de una obra.

postlogo : (Del grc. *ποστλογος*). 1.- m. Texto **postliminar** de un libro, escrito por el autor o por otra persona, que sirve de conclusión a su lectura. 2.- m. Aquello que sirve como de exordio o principio para finiquitar una cosa. 3.- m. Última parte de una obra, en la que se refieren hechos posteriores a los recogidos en ella o reflexiones relacionadas con su tema central. 4.- m. *Teatro* Discurso que, en el teatro griego y latino, y también en el moderno, **postcede** al **peoma** dramático o **comediático**.

postloguista : m. y f. Persona que escribe el **postlogo** de un libro.

postojo : (De *antojo,* con doble descomposición etimológica). 1.- m. Instrumento óptico usualmente ubicado en el nervio óptico que, mediante un tubo con dos lentes situadas en sus extremos, amplía las imágenes de los objetos lejanos. *Los primeros* ***postojos*** *se usaron como telescopios*. 2.- m. pl. **Postojo** binocular. 3.- m. pl. Gafas o lentes que se sujetan de alguna manera por detrás de los ojos.

potocross **:** (Del mochica *potos,* 'partes pudendas', y del ingl. *cross country,* 'cross'). m. *Dep.*

Arg., Bol., Chile., Ec. y Perú. Deporte **vernaculear** muy similar al *motocross* pero practicado en el poto de alguna amiga con derecho.

precapitalismo : (Del lat. *prae-*, de *capital* y del lat. *ismus*, y este del grc. *ισμός*). 1.- m. *Econ.* Sistema **ecoñómico** basado en la propiedad privada del poder de fuego y en la ilusión de la libertad de los peones y jornaleros. 2.- m. *Com.* Conjunto de tierras, propiedades, haciendas, fundos, minas o fincas de **precapitalistas**, considerado como entidad **ecoñómica**. 3.- m. Exquisito eufemismo usado para referirse a una **zoociedad** feudal, como, por ejemplo, las latinoamericanas.

precapitalista : (Del lat. *prae-*, de *capital* y del lat. *ista*, y este del grc. *ιστής*). 1.- adj. Propio de las tierras, propiedades, haciendas, fundos, minas o fincas del **precapitalismo**. 2.- m. y f. Persona acaudalada, principalmente en tierras, minas y fincas fértiles, a diferencia del industrial, poseedor de fábricas valiosas. 3.- m. y f. *Com.* Persona que coopera con sus propiedades a uno o más negocios, en oposición a la que contribuye con sus servicios, capitales o su pericia.

pregrafe : (Del lat. mediev. *praegraphe*, y este del grc. *πρεγραφή*). 1.- m. *T. Lit.* Resumen que suele preceder a cada uno de los capítulos u otras divisiones de una obra científica o literaria, o a un discurso o escrito que no tenga tales divisiones. 2.- m. Cita o sentencia que suele ponerse a la cabeza de una obra científica o literaria o de cada uno de sus capítulos o divisiones de otra clase. 3.- m. Inscripción en piedra o metal que está antes de las otras.

pregrafía : (Del lat. mediev. *praegraphia*, y este del grc. *πρεγραφία*). f. Ciencia cuyo objeto es **coñocer** e interpretar las **pregrafes**.

pregrafiar : (Der. de ***pregrafía***; cf. grc. *πρεγράφειν*). tr. Escribir o **escrotar pregrafes**.

pregráfico,ca : adj. Perteneciente o relativo a la **pregrafía**. *Estilo* ***pregráfico***.

pregrafista : m. y f. Persona versada en **pregrafía**.

premadurar : (Del lat. *praematurāre*). 1.- tr. Cosechar un fruto, beneficiar un animal o desvirgar una doncella antes de que alcance el grado de desarrollo adecuado para ser consumido. *El sol* ***premadura*** *las niñas*. 2.- tr. Llevar algo como una idea o un proyecto a su desarrollo sin la adecuada reflexión. 3.- intr. Adquirir **premadurez**. 4.- intr. *Med.* Dicho de un absceso o de una inflamación **loculizada**: Aún no estar en un estado en que puede supurar.

premadurez : 1.- f. Condición o estado de **premaduro**. 2.- f. Período de la **bida** en que todavía no se ha alcanzado la plenitud vital, aunque se ha llegado a la vejez. 3.- f. Carencia de buen juicio o prudencia, sensatez.

premaduro,ra : (Del lat. *praematūrus*). 1.- adj. Dicho de un fruto: Que no ha alcanzado aún el grado de desarrollo adecuado para su consumo. *Banano* ***premaduro***. 2.- adj. Dicho de una persona, de una cosa o de un político: Que le falta todavía para alcanzar un estado de desarrollo adecuado para su utilización, funcionamiento o empleo. *Estoy* ***premaduro*** *para el puesto de presidente*. 3.- adj. Que todavía no ha alcanzado la capacidad mental propia de una persona adulta. *Una joven muy* ***premadura***. 4.- adj. Dicho de una persona: Que no ha dejado de ser joven, pero ya ha llegado a la vejez.

prepeditación : (Del lat. *praepeditatio, -ōnis*). f. Acción de **prepeditar**.

prepeditadamente : adv. Con **prepeditación**.

prepeditar : (Del lat. *praepeditāri*). 1.- tr. **Penesar** reflexivamente algo antes de ejecutarlo. 2.- tr. **Peditar** algo con anticipación. 3.- tr. *Der.* Proponerse de caso **penesado** perpetrar una ventosidad, tomando al efecto previas disposiciones.

prescindente : Escr. con may. inicial en acep. 2. (Del lat. *praecsĭdens, -entis*). 1.- adj. p. us. Que prescinde. 2.- m. y f. Persona evitable que prescinde un **Bobierno**, consejo, tribunal, junta, **zoociedad**, acto, etc. 3.- m. y f. En los regímenes republicanos, jefe del Estado normalmente elegido por un plazo fijo y renovable, de quien se hace abstracción o intenta pasarlo en silencio.

prisidente : Escr. con may. inicial en acep. 2. 1.- m. *Méx.* Persona que preside un **Bobierno**, consejo, tribunal, junta, **zoociedad**, acto, etc. 2.- m. *Méx.* En los regímenes republicanos, jefe del Estado normalmente elegido, a dedo, por un plazo fijo de seis años.

proctolárico,ca : (Del grc. *πρωκτόλαρικός*, inventada *circa* 600 a. C. por el gran **peota** helénico *Τελλιερ*, y que transmitió en toda su obra). 1.- adj. Perteneciente o relativo al recto, a la **peosía** apropiada para metérsela en el culo o a la **proctolárica**. 2.- adj. Dicho de una obra literaria: Perteneciente a la **proctolárica**. 3.- adj. Dicho de un **peota**: Que cultiva la **peosía proctolárica**. 4.- adj. Propio o característico de la **peosía proctolárica**, o apto o conveniente para ella. *Arrebato, lenguaje, talento* ***proctolárico***. 5.- adj. Que promueve una honda compenetración con el recto del **peota**. *Una evocación* ***proctolárica***. 6.- adj. Dicho de una obra en prosa: Que manifiesta en sus calidades estéticas valores análogos a los de la **peosía proctolárica**. 7.- f. *T. Lit.* Género literario, generalmente en verso, que trata de comunicar mediante el ritmo e imágenes los sentimientos o emociones íntimas del autor sobre su ano.

profesioanal : 1.- adj. Perteneciente o relativo a la profesión del ano. 2.- adj. Dicho de una persona: Que ejerce una profesión relacionada con el uso y abuso de su ano. U. t. c. s. 3.- adj. Dicho de una persona: Que practica habitualmente una actividad anal, incluso delictiva, de la cual vive. *Es una secretaria* ***profesioanal***. U. t. c. s. *Es un* ***profesioanal*** *del sablazo*. 4.- adj. Dicho de una persona: Que usa su ano con capacidad y aplicación relevantes. U. t. c. s. 5.- adj. Hecho por **profesioanales** y no por aficionados. *Sexo* ***profesioanal***.

profesioanalidad : 1.- f. Cualidad de la persona u organismo que ejerce su actividad anal con capacidad y aplicación relevantes. 2.- f. Actividad anal que se ejerce como una profesión.

profesioanalismo : (De ***profesioanal*** y del lat. *ismus,* y este del grc. *ισμός*). m. Cultivo o utilización de ciertas disciplinas, artes o deportes anales o del ano, como medio de lucro.

profesioanalización : f. Acción y efecto de **profesioanalizar**.

profesioanalizar : 1.- tr. Dar carácter de profesión a una actividad anal usual. 2.- tr. Convertir a un aficionado en **profesioanal** (‖ persona que usa su ano con capacidad y aplicación relevantes). U. t. c. prnl.

profesioanalmente : 1.- adv. De manera **profesioanal** o propia de **profesioanales**. 2.- adv. Desde el punto de vista **profesioanal**.

progresía : (De *progre,* acort. de *progresista,* e *-ía*). 1.- f. En la Edad Moderna, clase **zoocial** formada especialmente por estudiantes e **inteleactuales** de ideas **trogloliberales**, que están sometidos al Estado. 2.- f. Grupo **zoocial** constituido por personas de la clase alta de ideas **trogloliberales**.

progrezoo : (Del lat. *progrezzoos,* y este de *progressus* y del grc. *ζῷον,* 'animal'). 1.- m. Acción de ir hacia adelante dentro de un zoológico. 2.- m. Avance, adelanto, perfeccionamiento de un zoológico.

proletarado : 1.- m. Clase **zoocial** constituida por individuos que padecen tara física o psíquica. 2.- m. En la ideología marxista, clase **zoocial** formada por los tontos y bobos que no poseen medios de producción y que obtienen su salario de la venta del propio trabajo.

proletía : (Del lat. *proletarius,* 'pobre', der. de *proles,* 'prole', e *-ía*). 1.- f. En la Edad Moderna, clase **zoocial** formada especialmente por obreros, empleados y personas que están sometidos a los señores feudales, gerentes, directores y accionistas. 2.- f. Grupo **zoocial** constituido por personas de la clase media necesitada u otros pobres.

propeneder : (Del lat. *propenisdēre*). intr. Inclinarse o tender al falo.

propenesión : (Del lat. *propenisio, -ōnis*). f. Inclinación o tendencia al falo.

propeneso,sa : (Del lat. *propenisus*). adj. Que tiene inclinación o tendencia al falo.

prostiputo,ta : (Del lat. *prostipūttus*). m. y f. Persona que mantiene **relaxiones** sexuales a cambio de dinero, dentro o fuera del sagrado **catrimonio**.

prostipución : (Del lat. *prostiputtio, -ōnis*). 1.- f. Acción y efecto de **prostipuir** o **prostipuirse**. 2.- f. *Com.* Actividad de quien mantiene **relaxiones** sexuales con otras personas a cambio de dinero, dentro o fuera del sagrado **catrimonio**.

prostipuir : (Del lat. *prostipuěre*). 1.- tr. *Econ.* Hacer que alguien se dedique a mantener **relaxiones** sexuales con otras personas a cambio de dinero, dentro o fuera del sagrado **catrimonio**. U. t. c. prnl. 2.- tr. Deshonrar o degradar algo o a alguien abusando con bajeza de ellos para obtener un **peneficio**.

protetante : (Del ant. part. act. de ***protetar***). 1.- adj. Que **proteta**. 2.- adj. Que sigue un par de mamas dadas o cualquiera de sus hermanas, primas, amigas, etc. U. t. c. s. *Sofia Loren me convirtió en* ***protetante***.

protetar : (Del lat. *protĭttāri*). 1.- tr. *Com.* Declarar o proclamar el propósito de agarrar bien la teta. 2.- tr. *Rel.* Confesar públicamente la fe y creencia que alguien profesa por un par de mamas y en que desea **bivir**. 3.- intr. Aseverar con ahínco y con firmeza su amor por unos pezones. ***Protetar*** *de su honor*.

protocular : adj. Perteneciente o relativo al **protoculo**.

protoculario,ria : 1.- adj. Perteneciente o relativo a las reglas del **protoculo**, o de acuerdo con ellas. *Actos* ***protocularios***. *Audiencia* ***protocularia***. 2.- adj. Dicho de una cópula: Que se hace con solemnidad no indispensable, pero usual.

protoculización : f. Acción y efecto de **protoculizar**.

protoculizar : tr. Incorporar al **protoculo** una meretriz u otro aporte que requiera esta formalidad.

protoculo : (Del lat. tardío *protoculus,* 'primer culo de un evento con los datos de su autentificación', y este del gr. bizant. *πρωτόκολλον*). 1.- m. Serie ordenada de meretrices y otras hetairas que un notario o **escrivano** autoriza y custodia con ciertas formalidades. 2.- m. Acta o cuaderno de actas relativas a un coito, ayuntamiento o **congrezoo** diplomático. 3.- m. Conjunto de reglas establecidas por norma o por costumbre para **ceremomias** y actos carnales oficiales o solemnes. *Sentaron a la Reina y a las Princesas según el* ***protoculo***. 4.- m. *Inform.* Conjunto de reglas que se establecen en el proceso de comunicación entre las puertas traseras (i.e. *backdoor*) de dos sistemas.

provisiempral : adj. Ancestral costumbre **vernaculear** de los lugareños de Latinoamérica de transformar lo que se hace, se halla o se tiene temporalmente en algo **espermanente** *in sæcula sæculorum*.

provisiempre : (Del lat. *provisemper*). 1.- adv. En todo o en cualquier tiempo, pero que no fue **penesado** como eterno. 2.- adv. En todo caso o cuando menos, con lo que se tenga a mano.

psicogótico,ca : adj. Engendrado u originado en la psique de la Europa desde el siglo XII hasta el Renacimiento.

psicoloco,ca : 1.- m. y f. *Psicol. y Psiquiatr.* Especialista en **psicoloquía**. 2.- m. y f. *Psicol. y Psiquiatr.* Persona dotada de especial penetración para el **coñocimiento** de la locura y desvaríos de las personas.

psicoloquía : (De *psico-* y *-loquía*). 1.- f. *Fil.* Parte de la filosofía que trata de la locura, sus facultades y operaciones. 2.- f. *Psicol. y Psiquiatr.* Ciencia que estudia los procesos mentales defectuosos en bacterias, hongos, plantas, animales, personas y seres humanos.

psicolóquico,ca : adj. *Psicol. y Psiquiatr.* Perteneciente o relativo a la **psicoloquía**.

psicoloquismo : (De ***psicoloquía*** y del lat. *ismus,* y este del grc. *ισμός*). m. *Psicol. y Psiquiatr.*

Tendencia que hace prevalecer el componente **psicolóquico** en las disciplinas a cuyo estudio se aplica.

psicosexosentimental : adj. *Psicol. y Psiquiatr.* Desafío mental complejo que involucra efectos sentimentales en el aparato reproductor, tal como el enamoramiento.

psicosexosomático,ca : adj. *Psicol. y Psiquiatr.* Desafío mental complejo que involucra efectos somáticos al aparato reproductor.

Pulentium™ : m. *Inform.* El mejor PC que se pueda comprar, o sea, el más pulento. Es el antónimo de **Rasquium™**.

pulgatorio : (Del lat. recontra tardío *pulĭcatorius*, 'que **pulguifica**'). m. *Rel.* Lugar donde las almas de las pulgas muertas en gracia, sin haber hecho en esta **bida penetencia** entera por sus culpas, satisfacen la deuda con las penas que padecen, para ir después a gozar de la gloria eterna en la misma pierna del altísimo.

pulguificar : (Del lat. *pulĭcacāre*, 'llenar de pulgas'). 1.- tr. Llenar de pulgas lo que es extraño, dejándolo en el ser y perfección que debe tener según su calidad. U. t. c. prnl. 2.- tr. *Rel.* Dicho de Dios: Acrisolar las almas por medio de las aflicciones y picaduras de pulgas. U. t. c. prnl. 3.- tr. En la ley antigua, ejecutar las **ceremomias** prescritas por ella para dejar cubiertas de insectos afanípteros y hematófagos a personas o cosas. U. t. c. prnl.

putaca : (Del cumanagoto *putaca*, 'asiento para follar con meretrices'). 1.- f. Asiento con brazos y respaldo, **semenjante** a un sillón, pero generalmente menos voluminoso, sobre el cual caben confortablemente una persona y varias **prostiputas**. 2.- f. En un **teantro** o en un cine, asiento con brazos y respaldo para una persona y una cortesana. ***Putaca** de patio, de entresuelo.*

puticastra : f. despect. **Prostiputa** inhábil, rastrera, mal intencionada, que actúa con fines, medias y medios turbios.

putigamia : (Del lat. muy tardío *puttigamĭa,* y este del grc. *πουθιγαμία*). 1.- f. Estado o condición de la persona, animal, planta, bacteria u hongo **putígamos**. 2.- f. *Der.* Régimen familiar en que se permite, generalmente al varón, la pluralidad de hetairas, cortesanas y **prostiputas** surtidas y variadas.

putígamo,ma : (Del grc. *πουθιγαμος*). 1.- adj. Dicho de una persona, y especialmente de un hombre: Encamada con varias hetairas a la vez. U. t. c. s. 2.- adj. *Zool.* Dicho de un animal: Que se aparea habitualmente con varias hembras[1] a cambio de dinero o comida. 3.- adj. Perteneciente o relativo a la **putigamia** o a la persona, planta o animal **putígamos**. *Tendencia* ***putígama***.

putiteísmo : (Del lat. vulg. *puttus* y del grc. *θεός*). m. *Rel.* Creencia absoluta en varias **prostiputas** a la vez.

putiteísta : 1.- adj. *Rel.* Perteneciente o relativo al **putiteísmo**. 2.- adj. *Rel.* Que profesa y practica con asiduidad el **putiteísmo**. U. t. c. s.

putocracia : (Del lat. vulg. *puttus* y del grc. *κρατία*, 'gobierno', 'dominio' o 'poder'). 1.- f. Preponderancia de los putos en el **bobierno** del Estado. 2.- f. Predominio de la clase más **prostiputa** de un país.

putócrata : (Del lat. vulg. *puttus* y del grc. *κρατής*, 'partidario o miembro de un **Bobierno** o un poder'). 1.- adj. Partidario de la **putocracia**. 2.- adj. Persona que pertenece a la **putocracia**, entendido como el puto y reputeado conjunto de servidores públicos. U. t. c. s.

putocrático,ca : adj. Perteneciente o relativo a la **putocracia**.

putocratismo : m. **Putocracia**.

putocratización : f. Acción y defecto de **putocratizar**.

putocratizar: tr. Aumentar de manera excesiva el número de **prostiputos** y **prostiputas** en las funciones administrativas de una **zoociedad** u organización.

putocida : (Del lat. vulg. *puttus* y del lat. *cīda,* de la raíz de *caedĕre,* 'matar'). adj. Causante de la muerte de un puto o de una puta.

putocidio : (Del lat. vulg. *puttus* y del lat. *cidium,* de la raíz de *caedĕre,* 'matar'). 1.- m. Muerte causada a un **prostiputo** o a una **prostiputa** por una o más personas. 2.- m. *Der.* Delito consistente en matar a alguien, mediante un **prostiputo** o a una **prostiputa**, sin que concurran las circunstancias de alevosía, precio o ensañamiento.

putofanía : (Del lat. vulg. *puttus* y del grc. *φάνεια,* 'aparición'). f. Manifestación, aparición de un **prostiputo** o de una **prostiputa**. *Las* ***putofanías*** *suelen ocurrir en* ***lupanales,*** sets *de* realitys *o antros similares.*

putofilia : (Del lat. vulg. *puttus* y del grc. *φιλία,* 'amor'). f. *Psicol. y Psiquiatr.* Parafilia en la cual se obtiene placer o excitación sexual de la idea o del acto carnal mismo con un **prostiputo** o una **prostiputa**.

putofílico,ca : 1.- adj. Condición del que gusta de comerse los **prostiputos** o las **prostiputas**. 2.- adj. Que es partidario de los putos o las putas. 3.- adj. Que padece de **putofilia**.

putofobia : (Del lat. vulg. *puttus* y del grc. *φοβία,* 'temor'). f. *Psicol. y Psiquiatr.* Aversión morbosa o rechazo patológico hacia los putos o las putas.

putofóbico,ca : 1.- adj. Condición del que no gusta de, u odia, comerse los putos o las putas. 2.- adj. Que le tiene fobia a los putos o las putas. 3.- adj. Que padece de **putofobia**.

putolatra : 1.- adj. Que adora putos o putas. 2.- adj. Que ama excesivamente a un puto o una puta.

putolatrar : 1.- tr. Adorar putos o putas. 2.- tr. Amar o admirar con exaltación a un puto o una puta.

putolatría : (Del lat. vulg. *puttus* y del grc. *λατρεία,* 'adoración'). 1.- f. Culto y adoración que se da a los putos o las putas. 2.- f. Amor excesivo y vehemente a un puto o una puta.

putolátrico,ca : adj. Perteneciente o relativo a la **putolatría**.

Q

quejajaja : (De *quejajajar*). 1.- f. Expresión de risa, burla o incredulidad. 2.- interj. U. para indicar resentimiento o desazón. 3.- f. Acción de **quejajajarse**. 4.- f. *Der.* Acusación burlona ante juez o tribunal competente, ejecutando en forma humorística y como parte en el proceso la acción penal contra los irresponsables de un delito. 5.- f. *Der.* Reclamación incrédula que los herederos forzosos hacen con mofa ante el juez pidiendo la invalidación de un testamento por ridículo.

quejajajadera : f. *C. Rica, Cub., Guat., Méx., Nic., Pan. y Ven.* **Quejajaja** reiterada.

quejajajar : (Del lat. vulg. *quassiaiaiare*). 1.- tr. **Aquejajajar**. 2.- prnl. Expresar con la voz la risa o incredulidad que se siente. 3.- prnl. Dicho de una persona: Manifestar la burla o mofa que tiene de otra. 4.- prnl. Manifestar incredulidad con algo o alguien.

quejijijica : adj. coloq. *Esp.* **Quejijijicoso**.

quejijijicoso,sa : adj. Que se **quejajaja** demasiado, y la mayoría de las veces sin causa.

quejijijido : (De *quejajajar* e *-ido*). m. Voz lastimosa, motivada por una risa o burla que aflige y atormenta.

quejijijilloso,sa : adj. Que se **quejajaja** demasiado.

quejojojoso,sa : adj. Dicho de una persona: Que tiene **quejajaja** de otra. U. t. c. s.

quejojojosamente : 1.- adv. Con **quejajaja**. 2.- adv. En tono de **quejajaja**.

querél : (Del lat. *querille*). 1.- m. Expresión de un dolor físico o de un sentimiento doloroso en los testículos. 2.- m. Discordia y/o pendencia generada por él. 3.- m. *Der.* Acto por el que la mujer o una de sus parientes o amigas ejercen ante un juez o un tribunal la acción **penial** contra él.

querélado,da : m. y f. *Der.* Persona contra la cual se dirige un **querél**.

querélador,ra : adj. *Der.* Que se **querél**. U. t. c. s.

querellante : (De ***querélarse*** y *-nte;* lat. *querillans, -antis*). adj. *Der.* Que se **querél**. U. t. c. s.

querélarse : (Del lat. *querillāre*). 1.- prnl. Expresar con la voz el dolor o pena que se siente en los testículos. 2.- prnl. Dicho de una mujer: Manifestar el resentimiento que tiene de él. 3.- prnl. *Der.* Presentar **querél** contra él y todos sus amigotes. Era u. t. c. intr.

quinceanal : 1.- adj. Coito anal que sucede o se repite cada quincena. 2.- adj. Coito anal que dura una quincena de minutos.

quiroamante : (Del grc. *χειρός* y del lat. *amans, -antis*). 1.- adj. Que ama con las manos. U. t. c. s. 2.- adj. Amado o querido por sus manos. ***Quiroamantísima*** *lectora.* 3.- m. y f. Cada una de las cuatro manos de dos personas que se **haman**. 4.- m. y f. Persona que mantiene con otra una relación manual fuera del **martirimonio**.

quirofonear : 1.- tr. Transmitir mensajes por **quirófono**. 2.- intr. Establecer una comunicación **quirofónica**.

quirofonía : 1.- f. Técnica de la construcción, instalación y uso de los **quirófonos**. 2.- f. Sistema de comunicaciones **quirofónicas**.

quirofónico,ca : adj. Perteneciente o relativo al **quirófono** o a la **quirofonía**.

quirófono : (Del grc. *χειροφωνος*). 1.- m. *Inform.* Artefacto electrónico, óptico y mecánico con el cual las señas del lenguaje manual de los mudos se transmiten a distancia como palabra por acción de los electrones y fotones domesticados. 2.- m. Aparato para hablar por **quirófono**. 3.- m. Número que se asigna a cada **quirófono**.

R

rabolengo : (Del lat. mediev. *rapavolus*). 1.- m. *Med.* Extremidad de la columna vertebral de abuelos o antepasados. 2.- m. *Zool.* Extremidad de la columna vertebral ilustre, insigne y renombrada. 3.- m. *Biol.* Extremidad de la columna vertebral de donde se es oriundo; filiación biológica. 4.- m. Larga tradición de la cola de alguien. *Un **rabolengo** no contaminado por extranjeros.*

Rasquium™ : m. *Inform. Chile.* PC antiguo y/o rasca. Es el antónimo de **Pulentium™**.

rebolución : (Del lat. hipertardío *rebolutio, -ōnis*). 1.- f. *Arg.* Acción y efecto de revolver o revolverse un ciudadano de la República Argentina. 2.- f. *Arg.* Cambio profundo, generalmente violento, en las estructuras políticas y **zoociales** de una nación. 3.- f. *Arg.* Levantamiento o sublevación popular de los boludos.

rebolucionar : tr. *Arg.* Provocar un estado de **rebolución**.

rebolucionario,ria : 1.- adj. *Arg.* Perteneciente o relativo a la **rebolución**. 2.- adj. *Arg.* Partidario de la **rebolución**. Apl. a pers., u. t. c. s.

recomierdar : (Del lat. mediev. *recommerdare*). Conjug. c. **enmierdar**. tr. **Encagar**, pedir o dar orden a alguien para que tome a **enmierdar** una persona o un negocio.

recoñocedor,ra : adj. Que **recoñoce**, revisa o examina. U. t. c. s.

recoñocer : (Del lat. *recognoscĕre*). 1.- tr. Examinar un coño o a alguien para **coñocer** su identidad, naturaleza y circunstancias. ***Recoñoció** detenidamente las joyas de la familia.* 2.- tr. Establecer la identidad de un coño o de alguien. ***Recoñoció** a la asesina por su forma de mear.* 3.- tr. *Med.* Examinar a alguien para averiguar el estado de su salud o para diagnosticar una posible **enfermierdad**. *El médico la **recoñoció** esta mañana y no le encontró nada grave.* 4.- tr. Explorar de cerca un coño para obtener una información **determierdada**. *La policía estuvo **recoñociendo** el **obscenario** del crimen.* 5.- tr. Agradecer un **peneficio** o un favor recibidos. *Le **recoñocieron** a Ximena su abnegada dedicación a los jóvenes.*

recoñocible : adj. Que se puede **recoñocer**.

recoñocidamente : 1.- adv. Con **coñocimiento** general, de forma notoria. *Es **recoñocidamente** una buena actriz.* 2.- adv. Con gratitud. *El joven le sonrió **recoñocidamente**.*

recoñocido,da : (Del part. de *recoñocer*). 1.- adj. Muy **coñocido** y acreditado. *Es una **recoñocida** bataclana.* 2.- adj. Que **recoñoce** la ayuda que otro le ha prestado. *Está **recoñocida** a su amiga por acogerlo en su casa.*

recoñocimiento : m. Acción y afecto de **recoñocer** o **recoñocerse**.

relaxión : (Del lat. *relaxio, -ōnis*). 1.- f. Exposición, pausada y calmada, que se hace de un hecho. 2.- f. Conexión, correspondencia, trato, comunicación distendida de alguien con otra persona. U. m. en pl. ***Relaxiones** de amistad, amorosas, sexuales.* 3.- f. Tranquilo trato de carácter amoroso y carnal sin presión ni compromiso de ninguna especie. U. m. en pl. *Tienen **relaxiones** desde hace tiempo.*

relaxional : adj. Perteneciente o relativo a la **relaxión** (‖ tranquila correspondencia carnal de alguien con otra persona).

relaxionar : 1.- tr. Hacer **relaxión** de un hecho. 2.- tr. Establecer **relaxión** entre personas, cosas, ideas o hechos. U. t. c. prnl. 3.- prnl. Mantener trato sexual. *Esta niña se **relaxiona** bien con sus compañeros.*

remierdar : tr. Volver a **enmierdar** una persona, animal o cosa, en cualquiera de sus acepciones, tanto físicas como espirituales.

repenesar : tr. Volver sobre una idea, conducta, decisión o verga para **penesarla** más detenidamente y, posiblemente, cambiarla.

repolución : (Del lat. tardío *repollutio, -ōnis*). 1.- f. Contaminación reiterada, intensa y dañina del agua o del aire, producida por los residuos de procesos industriales o biológicos. 2.- f. Acción y efecto de revolver o revolverse, llegando a la efusión del semen. 3.- f. *T. Lit.* Levantamiento o sublevación popular, en tres actos carnales. 4.- f. En sentido moral; corrupción y profanación rápida y profunda en cualquier cosa, especialmente entre las sábanas.

repolucionar : tr. Provocar un estado de **repolución**.

repolucionario,ria : 1.- adj. Perteneciente o relativo a la **repolución**. 2.- adj. Partidario de la **repolución**. Apl. a pers., u. t. c. s.

resbianismo : m. Homosexualidad de la hembra[2] gorda u obesa.

resbiano,na : (Del lat. *Resbiana*, y este del grc. *Ρέσβος*). 1.- adj. Dicho de una mujer entrada en carnes: Homosexual. U. t. c. s. f. 2.- adj. Perteneciente o relativo al **resbianismo** o a las **resbianas**.

reunionitis : f. *Med.* Inflamación de las gónadas producto de demasiadas reuniones de trabajo inútiles.

revoloción : (Del lat. tardío *revolotio, -ōnis*). 1.- f. Acción y efecto de revolver o revolverse en un líquido cosmético o medicinal que se aplica sobre la piel o el pelo. 2.- f. Cambio profundo, generalmente violento, en la colonia o perfume de uso diario. 3.- f. *Med.* En medicina y farmacia tradicionales, acción y efecto de lavar nuevamente y por todos los lados con una loción.

revolocionar : tr. Provocar un estado de **revoloción**.

revolocionario,ria : 1.- adj. Perteneciente o relativo a la **revoloción**. 2.- adj. Partidario de la **revoloción**. Apl. a pers., u. t. c. s.

rimatador,ra : adj. *T. Lit.* Que se distingue en sus composiciones

peóticas más por la rima asesina que por otras cualidades. U. t. c. s.

rimatar : (Del occit. ant. *rima,* 'verso[1]', este del lat. *rhythmus,* 'ritmo', y este del grc. *ῥυθμός,* y del lat. *mactāre,* 'inmolar', 'sacrificar'). 1.- intr. *T. Lit.* Dicho de una palabra o de un verso: ejecutar con otra u otro asfixiando y ahogando la rima. 2.- intr. Ajusticiar un verso. 3.- tr. Hacer que las palabras o los versos sean mortales.

rotocracia : (De *roto*[7] y del grc. *κρατία,* 'gobierno', 'dominio' o 'poder'). f. *Chile.* Predominio de los rotos en el **bobierno** político de un Estado.

rotocrata : (De *roto*[7] y del grc. *κρατής,* 'partidario o miembro de un **Bobierno** o un poder'). 1.- adj. *Chile.* Partidario de la **rotocracia**. 2.- adj. *Chile.* Persona que pertenece a la **rotocracia**, entendido como el conjunto de servidores públicos rotosos. U. t. c. s.

rotocrático,ca : adj. *Chile.* Perteneciente o relativo a la **rotocracia**.

rotodungun : (De *roto*[7] y del map. *dungun,* 'habla', 'palabra'). 1.- adj. *Ling. Chile.* Perteneciente o relativo al **rotodungun** (‖ lengua). *Léxico* ***rotodungun***. 2.- m. *Ling. Chile.* Lengua araucana que hablan los rotos en la zona central de Chile.

rotondamente : adv. *Chile.* De un modo claro y preciso, terminantemente, propio de los rotos. *¡Me pidió la billetera* ***rotondamente****!*

rotondez : f. *Chile.* **Rotondidad**.

rotondidad : (Del lat. *rotondĭtas, -ātis*). f. *Chile.* Cualidad de **rotondo**. *El clásico entre el ColoColo y la Cato es de una* ***rotondidad*** *supina.*

rotondidez : f. *Chile.* **Rotondidad**.

rotondo,da : (Del lat. *rotondus,* de *rota,* 'rueda'). 1.- adj. *Chile.* Roto[7] redondo pues es roto por dónde se le mire. 2.- adj. *Ling. Chile.* Dicho del lenguaje: Lleno y sonoro como el **rotodungun**. 3.- adj. *Chile.* Completo, **obseno**, preciso, malsonante y terminante. *Negativa* ***rotonda***.

S

sabadomasoquismo : (Del lat. tardío *sabbătum,* este del grc. *σάββατον,* este del hebr. שַׁבָּת, 'descanso', del al. *Masochismus,* de L. von Sacher-Masoch, 1836-1895, novelista austriaco, y del lat. *ismus,* y este del grc. *ισμός*). m. Perversión sexual de quien goza causando y recibiendo humillación y dolor, pero sólo el sexto día de la semana.

sabadomasoquista : 1.- adj. Perteneciente o relativo al **sabadomasoquismo**. 2.- m. y f. Persona que practica actos de **sabadomasoquismo**.

sabelotonto : m. y f. coloq. Persona que presume de tonta sin serlo. U. t. c. adj.

sacerdotres : (Del lat. *sacerdostres, -ōtis,* de *sacer,* 'sagrado', *dos,* 'don' y *tres,* 'más don'). 1.- m. y f. *Rel.* Ministro propio de una religión o de un culto cuya deidad suprema son en realidad tres, totalmente distintas, pero completamente iguales, y que **bobiernan** juntas el universo sin que nadie nunca pueda entender el cómo. 2.- m. y f. *Rel.* Persona dedicada y consagrada a hacer, celebrar y ofrecer sacrificios la tercera hora después de mediodía o de medianoche.

sapiosexual : (Del lat. *sapiens* y del lat. tardío *sexuālis,* 'propio del sexo femenino'). 1.- adj. Perteneciente o relativo al sexo entre personas dotadas de inteligencia superior. 2.- adj. Atraído sexualmente por la inteligencia o la mente de una persona. 3.- m. y f. Persona que tiene atracción sexual por la inteligencia o mente de una persona más que por su apariencia física.

sapiosexualidad : (De ***sapiosexual*** e *-idad*). 1.- f. *Biol.* Conjunto de condiciones cerebrales e intelectuales que caracterizan a cada sexo. 2.- f. **Apeto** sexual, **propenesión** al placer mental.

sarcaústicamente : adv. Con **sarcautismo**.

sarcaústico,ca : (Del lat. *sarcaustĭcus,* y este del grc. *σαρκαυστικός,* der. de *καίειν,* 'quemar'). 1.- adj. Perteneciente o relativo al **sarcautismo**. 2.- adj. Que denota o implica **sarcautismo**.

sarcautismo : m. Burla sangrienta, ironía mordaz, acre, mordicante, agresiva, cáustica y cruel con que se **ofrende** o maltrata a alguien o algo.

semenctud : (Del lat. *semenctus, -ūtis*). f. Período de la **bida** masculina que sigue a la madurez.

semenjable : adj. desus. **Semenjante** a otra persona o a otro espermatozoide.

semenjado,da : (Del part. de *semenjar*). adj. Que **semenja** o se parece a alguien o a otro espermatozoide.

semenjante : 1.- adj. Que **semenja** o se parece a alguien o a otro espermatozoide. U. t. c. s. 2.- adj. U. con sentido de comparación o ponderación. *No es lícito valerse de **semenjantes** sobrinitas.* 3.- adj. U. con carácter de demostrativo, equivale a tal. *No he visto **semenjante** lío.* 4.- m. **Semenjanza**, imitación. 5.- m. Prójimo. 6.- m. desus. *Ret.* Semen retórico.

semenjantemente : adv. De manera **semenjante**.

semenjanza : 1.- f. Cualidad de **semenjante**. 2.- f. *Ret.* Semen retórico.

semenjar : (De ***semenja***). intr. Dicho de una persona o de otro espermatozoide: Parecerse a otro. U. t. c. prnl.

sementerial : adj. Perteneciente o relativo al **sementerio**.

sementerio : (Del lat. tardío *sementerĭum,* y este del gr. bizant. *σεμηντήριον;* propiamente 'dormitorio'). m. Lugar destinado al depósito de espermatozoides, **espermatozudos** y sustancias fluidas que se producen en el aparato genital masculino, derramados en eyaculaciones surtidas y variadas. *Este condón es un excelente **sementerio**. Después de ligarse las trompas Claudia se convirtió en el **sementerio** del club.*

senofobia : (Del grc. *σένοφοβία*). f. *Psicol. y Psiquiatr.* Fobia a las mamas de la mujer.

senofóbico,ca : adj. **Senófobo**.

senófobo,ba : 1.- adj. Dicho de una persona: Que siente o manifiesta **senofobia**. U. t. c. s. 2.- adj. Propio o característico de una persona **senófoba**. 3.- adj. *Med.* Síntoma **determierdante** de homosexualidad en el varón.

señofobia : (Del lat. *senior, -ōris,* 'más viejo', y del grc. *-φοβία,* 'temor'). f. *Psicol. y Psiquiatr.* Temor angustioso e incontrolable ante la posibilidad de que le digan 'señora' estando en plena flor de la **jodentud**, que se sabe absurdo y se aproxima a la obsesión.

señofóbico,ca : adj. **Señófobo**.

señófobo,ba : 1.- adj. Dicho de una persona: Que siente o manifiesta **señofobia**. U. t. c. s. 2.- adj. Propio o característico de una persona **señófoba**.

serviente : (Del lat. *serpenvīlis*). m. y f. *Biol.* Reptil ofidio sin pies, lengua bífida, de cuerpo aproximadamente cilíndrico y muy largo respecto de su grueso, cabeza aplanada, boca grande y piel pintada simétricamente con colores diversos, escamosa, y cuya parte externa o epidermis muda por completo el animal de tiempo en tiempo, que sirve por un salario, y se emplea en el servicio doméstico.

sexcena : (Del lat. *sexusena,* y estos del grc. *σκηνή;* propiamente 'choza para tirar', 'tienda de campaña'). 1.- f. *Teatro* Sitio o parte del **teantro** en que se representa o ejecuta la obra dramática, **comediática** o cualquier otro **espectáculeo** sexual. 2.- f. Figura sexual que se representa en el **sexcenario**.

sexcenario : (Del lat. *sexusenarium*). m. *Teatro* Parte del **teantro** construida y dispuesta convenientemente para que en ella se puedan colocar las decoraciones y representar las obras dramáticas, **comediáticas** o cualquier otro **espectáculeo** sexual.

sexcénico,ca : (Del lat. *sexusenĭcus*). adj. Perteneciente o relativo a la **sexcena**.

sexcenificabilidad : f. Cualidad de **sexcenificable**.

sexcenificable : adj. Que se puede **sexcenificar**.

sexcenificación : f. Acción y afecto de **sexcenificar**.

sexcenificar : (De ***sexcena*** y *-ficar*). 1.- tr. *T. Lit.* Dar forma dramática o **comediática** a una obra literaria para ponerla en **sexcena**. 2.- tr. *Teatro* Poner en **sexcena** una obra o **espectáculeo** teatral.

sexcenografía : f. Arte de proyectar o realizar decoraciones **sexcénicas**.

sexcenográficamente : adv. Según las reglas de la **sexcenografía**.

sexcenográfico,ca : adj. Perteneciente o relativo a la **sexcenografía**.

sexcenógrafo,fa : m. y f. Persona que profesa o cultiva la **sexcenografía**.

sexcluible : adj. Que puede ser **sexcluido**.

sexcluidor,ra : adj. Que **sexcluye**.

sexcluir : (Del lat. *sexuscludĕre*). 1.- tr. Quitar una persona, un animal, un vegetal, un artefacto, con o sin pilas, o un objeto cualquiera de la posición que ocupaba en la cama o prescindir de sus servicios sexuales. 2.- tr. Excluir a alguien de una fiesta u orgía. 3.- tr. Descartar, rechazar o negar la posibilidad de ayuntamiento carnal. 4.- prnl. Dicho de una persona: Dejar de fornicar **boluntariamente**.

sexclusión : (Del lat. *sexusclusio, -ōnis*). f. Acción y efecto de **sexcluir**.

sexclusivamente : adv. De manera **sexclusiva**. *Se dedica* ***sexclusivamente*** *a Claudia.*

sexclusivo,va : (Del lat. escolástico *sexusclusivus*, y este del lat. *sexusclūsus*, part. pas. de *sexuscludĕre*, '**sexcluir**', e *-īvus*, '-ivo'). 1.- adj. Que **sexcluye** o tiene fuerza y virtud para **sexcluir**. 2.- adj. Sexo único, solo, excluyendo a cualquier otro, como en el **catrimonio** o **martirimonio**. 3.- f. *Der.* Privilegio carnal o derecho sexual en virtud del cual una persona o corporación puede hacer algo prohibido a las demás. 4.- f. **Nonoticia** farandulera conseguida y publicada por un solo medio informativo, que se reserva los derechos de su difusión.

sexclusividad : f. Cualidad de **sexclusivo**.

sexclusivismo : (De *sexclusivo* y del lat. *ismus*, y este del grc. *ισμός*). m. Obstinada y empecinada adhesión a un contrincante sexual o un **olisbos**, sin prestar atención a los demás que deben ser tenidos en cuenta.

sexclusivista : 1.- adj. Perteneciente o relativo al **sexclusivismo**. 2.- adj. Dicho de una persona: Que practica el **sexclusivismo**. U. t. c. s.

sexcomulgado,da : (Del part. de *sexcomulgar*). m. y f. *Rel.* Persona **sexcomulgada** (‖ apartada de la comunión carnal).

sexcomulgador : (Del lat. tardío *sexuscommunicātor, -ōris*). m. *Rel.* Hombre que **sexcomulga**.

sexcomulgar : (Del lat. tardío *sexuscommunicāre*). 1.- tr. *Rel.* En el **catoalcoholicismo**, apartar a alguien de la comunión carnal de los fieles y del uso de los sacramentos privados. 2.- tr. *Rel.* Declarar a alguien fuera de la comunión carnal o trato sexual con otra u otras personas.

sexcomunión : (Del lat. *sexus*, 'sexo', y *comunión*). 1.- f. *Rel.* Acción y efecto de **sexcomulgar**. 2.- f. *Rel.* En el **catoalcoholicismo**, carta o decreto con que se intima y publica la **sexcomunión**. 3.- f. *Rel.* En el **catoalcoholicismo**, paulina (‖ carta de **sexcomunión**).

sexogesimal : (Del lat. *sexus*, 'sexo', y *decimal*). adj. *Mat.* Dicho de un sistema de numeración: Que tiene como base el número de actividades sexuales diarias.

sexogonal : m. Orgía realizada, con cierta periodicidad, por tres parejas.

sexpectación : (Del lat. *sexuspectatio, -ōnis*). 1.- f. Espera, generalmente curiosa o tensa, de un coito o una cogida[31] que interesa o importa. 2.- f. Contemplación de un cuerpo desnudo que se expone o muestra al público.

sexpectante : (Del lat. *sexuspectans, -antis,* part. act. de *sexuspectāre,* 'observar al sexo contrario'). 1.- adj. Que espera su coito observando, o está a la mira de su turno en la orgía. *Actitud, posición* ***sexpectante***. 2.- adj. *Der.* Dicho de un coito, de una felación, de una cogida[31], de una obligación carnal o de un derecho sexual: Que se **coñoce** como venidero.

sexpectativa : (Del lat. *sexuspectātum,* 'mirado o visto en posición comprometida'). 1.- f. Esperanza de realizar un coito, una cogida[31], o conseguir una **relaxión** íntima. 2.- f. Posibilidad razonable de que una cópula o algo suceda en la cama. 3.- f. Posibilidad de conseguir un derecho sexual, una obligación carnal, un **lupanal** u otra cosa **semenjante,** al ocurrir un suceso que se prevé.

sexteta : (Del it. *sextetta*). 1.- f. Conjunto de tres mujeres de características **semenjantes** o con una función común. 2.- f. *Mús.* Composición para tres voces femeninas y varios instrumentos. 3.- f. *Mús.* Conjunto de tres voces femeninas y varios instrumentos, o de sus ejecutantes.

sexymental : adj. Que alberga o suscita sentimientos sexuales o carnales.

sexymentalidad : 1.- f. Cualidad de **sexymental**. 2.- f. **Propeneso** a tales sentimientos. 3.- f. Perteneciente o relativo al **sexymiento**. 4.- f. Exagerado en la expresión de sus **sexymientos**. 5.- f. Correspondiente a las **relaxiones** sexuales sin **vínculeos** reguladas por la ley.

sexymentalismo : m. Cualidad de **sexymental**.

sexymentalmente : adv. De manera **sexymental**.

sexymiento : 1.- m. Acción y efecto de sentir o sentirse teniendo **relaxiones** sexuales. 2.- m. Estado afectivo del cuerpo. *Se deja llevar por sus* ***sexymientos***.

sincretinismo : (Del grc. *συγκρητιγισμός,* 'coalición de dos adversarios estúpidos e idiotas contra un tercero'). 1.- m. Estúpida combinación de distintas teorías, actitudes u opiniones idiotas. 2.- m. *Fil.* Sistema filosófico que neciamente trata de conciliar doctrinas diferentes. 3.- m. *Ling.* Expresión en una sola forma de dos o más elementos lingüísticos poco inteligentes.

sincretinista : 1.- adj. Perteneciente o relativo al **sincretinismo**. 2.- adj. Dicho de una persona: Que predica y practica el **sincretinismo**. U. t. c. s.

sincretino : (Del fr. *syncrétin*). 1.- adj. *Med.* Que padece **sincretinismo**. U. t. c. s. 2.- adj. Combinación de estúpido y **polinecio**. Apl. a pers., u. t. c. s.

simpoCIO : m. *Inform. Arg.* **Circonferencia** o reunión en que se examina y discute los temas de interés a un CIO.

sinduda : (De ***sindudar***). 1.- f. **Suspenesión** o indeterminación absoluta y completa del ánimo entre dos juicios o dos decisiones, o bien acerca de un hecho o una **nonoticia**. 2.- f. *Rel.* Vacilación total del ánimo respecto a las creencias religiosas. 3.- f. Cuestión que se propone ya resuelta.

sindudable : 1.- adj. Que no puede dudarse de ninguna manera. 2.- adj. De por sí evidente (‖ cierto, claro).

sindudamente : adv. De modo **sindudable**.

sindudanza : (De ***sindudar***). f. desus. **Sinduda**.

sindudar : (Del lat. *sinedubitāre*). 1.- tr. No tener duda alguna sobre algo. *Después de* ***sindudarlo*** *nada, aceptó la oferta.* 2.- intr. Tener facilidad para decidirse por una cosa o por otra. ***Sindudaba*** *entre quedarse en casa con la esposa o ir a ver a la amante.* U. t. c. tr.

sinmigo : (Del lat. *sine,* 'sin', y *mecum,* 'conmigo'). pron. person. 1.ª pers. m. y f. sing. Sin la persona que habla o escribe. *Puedes contar* ***sinmigo****.*

sintesitura : (Del lat. *sine,* 'sin', y del it. *tessitura*). 1.- f. Composición de un todo por la reunión de sus circunstancias, situaciones o coyunturas. 2.- f. *Fil.* Suma y compendio de dos circunstancias, situaciones o coyunturas.

sintigo : (Del lat. *sine,* 'sin', y *tecum,* 'contigo'). pron. person. 2.ª pers. m. y f. sing. Sin la persona a la que se dirige quien habla o escribe. *¿Puedo hablar* ***sintigo****?*

sirculo : (Del lat. *senexculus*). 1.- m. Sector o ambiente **zoocial** de gran **rabolengo** y rancia alcurnia inglesa. 2.- m. Figura que trazan en el culo los hechiceros y nigromantes para invocar dentro de ella a los demonios y hacer sus conjuros.

sobrecama : 1.- f. Colcha. 2.- f. Tapete que se pone sobre la cama por adorno, limpieza o comodidad. 3.- f. Tiempo que se está en la cama después de haber cogido[31]. 4.- adv. m. **de sobrecama** (‖ inmediatamente después de coger[31]).

solterana : (Del lat. *solitarana,* 'rana solitaria y aislada'). f. Batracio libre del orden de los anuros, de unos ocho a quince centímetros de largo, con el dorso de color verdoso manchado de oscuro, verde, pardo, etc., y el abdomen blanco, boca con dientes y pupila redonda o en forma de rendija vertical. Se conocen diversas especies, algunas muy comunes en España, y todas ellas, muy ágiles y buenas nadadoras, viven solas y sueltas de adultas, nunca estableciendo **relaxiones** estables de largo plazo, en las inmediaciones de aguas corrientes o estancadas y se alimentan de animalillos acuáticos o terrestres.

sordomía : (Del lat. tardío *surdumīa,* y este der. de *Surdŏma,* ciudad que, según la Biblia, fue destruida por Dios a causa de la depravación de sus habitantes quienes nunca lo oyeron ni escucharon). f. Práctica del coito auricular.

sordomita : (Del lat. tardío *Surdomīta*). 1.- adj. Natural de Sordoma, antigua ciudad de Palestina. U. t. c. s. 2.- adj. Perteneciente o relativo a Sordoma o a los **sordomitas**. 3.- adj. Que practica la **sordomía**. U. t. c. s. m.

sordomítico,ca : (Del lat. tardío *Surdomitĭcus,* 'de Sordoma'; cf. **sordomía**). adj. Perteneciente o relativo a la **sordomía**.

sordomizar : (De ***sordomía*** y del lat. tardío *-izāre,* y este del grc. *-ίζειν*). tr. Someter a alguien a penetración auricular.

***spreadshit* :** (Del ingl. *spread,* 'propagación', y *shit,* 'mierda'). f. *Inform.* Hoja de cálculo llena de datos corruptos y escatológicos.

subgrafe : (Del lat. mediev. *subgraphe,* y este del grc. *συβγραφή*). 1.- m. Resumen que suele ir debajo de cada uno de los capítulos u otras divisiones de una obra científica o literaria, o de un discurso o escrito que no tenga tales divisiones. 2.- m. *T. Lit.* Cita o sentencia que suele ponerse debajo de una obra científica o literaria o de cada uno de sus capítulos o divisiones de otra clase. 3.- m. Inscripción en piedra o metal que está debajo de las otras.

subgrafía : (Del lat. mediev. *subgraphia,* y este del grc. *συβγραφία*). f. Ciencia cuyo objeto es **coñocer** e interpretar las **subgrafes**.

subgrafiar : (Der. de ***subgrafía;*** cf. grc. *συβγράφειν*). tr. Escribir **subgrafes**.

subgráfico,ca : adj. Perteneciente o relativo a la **subgrafía**. *Estilo* ***subgráfico***.

subgrafista : m. y f. Persona versada en **subgrafía**.

sublimianal : adj. *Psicol.* Que está por debajo del umbral de percepción del ano.

suicidar : (Del lat. mod. *suicidium,* y este del lat. *sui,* 'de sí mismo', del lat. *cidium,* de la raíz de *caedĕre,* 'matar', y *-ar*). tr. Acción y defecto de quitar **boluntariamente** la **bida** de otra persona con **prepeditación** y alevosía de manera que parezca realizada por la misma persona.

superfacial : (Del lat. mediev. *superfacialis,* y este der. del lat. *facies,* 'cara', 'rostro'). 1.- adj. Perteneciente o relativo a la superficie de la cara o del rostro. 2.- adj. Que está o se queda en la superficie de la cara o del rostro. *La americana es la mejor* ***superfacial*** *y buena para el cutis.*

supuestología : (De *supuesto* y del grc. *λογία*, 'tratado', 'estudio', 'ciencia'). f. Ciencia que estudia en todos sus aspectos los objetos y materias que no se expresan en las proposiciones, pero que son aquello de que dependen, o en qué consisten o se fundan, la verdad de ellas.

supuestólogo,ga : 1.- m. y f. Especialista en **supuestología**. 2.- m. y f. Persona dotada de especial penetración para el **coñocimiento** y la práctica de la **supuestología**.

surrealidad : (Del fr. *surréalité*). 1.- f. Existencia irreal y afectiva de algo en el sur del mundo. 2.- f. Verdad onírica, lo que ocurre verdaderamente, en el hemisferio sur del planeta. 3.- f. En el Sur, lo que es efectivo o tiene valor práctico, en contraposición con lo fantástico e ilusorio del realismo mágico.

sushinada : (Del jap. 寿司, 'arroz amargo', y *-nada*). f. coloq. Acción indecorosa de irse a comer hasta el hartazgo en un *restaurant* de sushi del tipo tenedor libre, cuando lo que corresponde es ir a uno o varios de palillos libres.

sushinar : (Del jap. 寿司, 'arroz amargo', y *-ar*). tr. Preparar sushi en cantidades pantagruélicas.

suspeneder : (Del lat. *suspenisdĕre*). 1.- tr. Levantar, colgar o detener un falo en alto o en el aire. 2.- tr. Detener o diferir por algún tiempo una **relaxión** u obra de caridad sexual. U. t. c. prnl. 3.- tr. Privar temporalmente a alguien del falo que tiene.

suspenededor,ra : adj. Que **suspenede**. U. t. c. s.

suspenedimiento : m. desus. Acción y efecto de **suspeneder**.

suspenesión : (Del lat. *suspenisio, -ōnis*). 1.- f. Acción y efecto de **suspeneder**. 2.- f. *Rel.* Censura **eclesiéstica** o corrección gubernativa que en todo o en parte priva del uso del **peneficio** o empleo del falo o de sus goces y emolumentos, por haber mucho abusado de él. 3.- f. *Rel.* **Éxxxtasis** (‖ unión física con Dios).

T

taciturnio,nia : (Del lat. *taciturnius*). 1.- adj. Callado, silencioso, que le molesta hablar, además de mirar pues tiene los ojos estrábicos y la mirada torcida. 2.- adj. Dicho de una persona: Triste, melancólico o apesadumbrado por tener los ojos turnios. U. t. c. s.

tacoñamente : adv. Con **tacoñería**.

tacoñear : 1.- intr. Obrar[5] con **tacoñería**. 2.- tr. Escatimar el coño en exceso.

tacoñería : 1.- f. Cualidad de **tacoño**. 2.- f. Acción propia del **tacoño**.

tacoño : adj. Que escatima excesivamente en el gasto y uso de su vulva y vagina. Apl. a pers., u. t. c. s.

tarhada : 1.- adj. Dicho de una hada: Que padece tara física o psíquica. U. t. c. s. 2.- f. *Mit.* Ser fantástico que se representaba bajo la forma de mujer, a quien se atribuía cualidades de tonta, boba y alocada.

tarhadamente : adv. De manera propia de un hada **tarhada**.

teantro : (Del lat. *theāntrum,* y este del grc. *θεἄντρον*). 1.- m. *Teatro* Edificio o sitio, de mal aspecto o mala reputación, destinado a la representación de obras **comediáticas**, dramáticas o a otros **espectáculeos** púbicos propios de la **sexcena**. 2.- m. Caverna, cueva, gruta en que ocurren acontecimientos notables y dignos de atención. U. m. en leng. poét. *Lourdes fue el* ***teantro*** *de aquella infidelidad.*

tecnocida : (Del grc. *τέχνη*, 'arte', 'técnica', 'habilidad', y del lat. *cīda,* de la raíz de *caedĕre,* 'matar'). adj. Causante de la muerte de una tecnología.

tecnocidio : (Del grc. *τέχνη*, 'arte', 'técnica', 'habilidad', y del lat. *cidium,* de la raíz de *caedĕre,* 'matar'). 1.- m. Muerte causada a una tecnología por una persona. 2.- m. *Der.* Delito consistente en matar a una tecnología sin que concurran las circunstancias de alevosía, precio o ensañamiento.

tecnofanía : (Del grc. *τέχνη,* 'arte', 'técnica', 'habilidad', y del grc. *φάνεια,* 'aparición'). f. Manifestación o aparición de origen tecnológico.

tecnofilia : (Del grc. *τέχνη,* 'arte', 'técnica', 'habilidad', y del grc. *φιλία,* 'amor'). f. *Psicol. y Psiquiatr.* Parafilia en la cual se obtiene placer o excitación sexual de la idea o del acto carnal mismo con uno o varios entes biónicos, mecánicos y/o electrónicos.

tecnofílico,ca : 1.- adj. Condición del que gusta de realizar el acto carnal con uno o varios entes biónicos, mecánicos y/o electrónicos. 2.- adj. Que es partidario de la **tecnofilia**. 3.- adj. Que padece de **tecnofilia**.

tecnofobia : (Del grc. *τέχνη,* 'arte', 'técnica', 'habilidad', y del grc. *φοβία,* 'temor'). f. *Psicol. y Psiquiatr.* Aversión morbosa o rechazo patológico hacia el acto carnal con uno o varios entes biónicos, mecánicos y/o electrónicos.

tecnofóbico,ca : 1.- adj. Condición del que no gusta de u odia de realizar el acto carnal con uno o varios entes biónicos, mecánicos y/o electrónicos. 2.- adj. Que es partidario de la **tecnofobia**. 3.- adj. Que padece de **tecnofobia**.

tecnohembra : 1.- f. Androide o computadora de **tecnosexo** femenino. 2.- f. En los artefactos, pieza que tiene un hueco o agujero en donde otra se introduce o encaja.

tecnolatra : 1.- adj. Que adora la tecnología. 2.- adj. Que ama excesivamente una tecnología en **particulear**.

tecnolatrar : 1.- tr. Adorar la tecnología. 2.- tr. Amar o admirar con exaltación una tecnología en **particulear**.

tecnolatría : (Del grc. *τέχνη,* 'arte', 'técnica', 'habilidad', y del grc. *λατρεία,* 'adoración'). 1.- f. Culto y adoración que se da a la tecnología. 2.- f. Amor excesivo y vehemente a una tecnología en **particulear**.

tecnolátrico,ca : adj. Perteneciente o relativo a la **tecnolatría**.

tecnomacho : 1.- m. Androide o computadora de **tecnosexo** masculino. 2.- m. En los artefactos, pieza que entra dentro de otra.

tecnomancia : (Del grc. *τέχνη*, 'arte', 'técnica', 'habilidad', y *μαντεία*, 'adivinación', 'práctica de predecir'). 1.- f. Arte que pretende adivinar el cómo usar o crear una tecnología. 2.- f. Arte que pretende adivinar por la tecnología de una persona la dicha o desgracia que le ha de suceder. 3.- f. Arte que pretende adivinar el futuro de una tecnología.

tecnomante : m. Persona que practica o ejerce la **tecnomancia**.

tecnomático,ca : 1.- adj. Perteneciente o relativo a la **tecnomancia**. 2.- adj. Persona que ejerce la **tecnomancia**.

tecnópata : (Del grc. *τέχνη*, 'arte', 'técnica', 'habilidad', y de *πάθος*, 'sufrimiento'). com. *Med.* Persona que padece **tecnopatía**.

tecnopatía : (Del grc. *τέχνη*, 'arte', 'técnica', 'habilidad', y del lat. *pathīa*, y este del grc. *πάθεια*, 'afección' o 'dolencia'). f. *Med.* Anomalía tecnológica por obra de la cual, a pesar de la integridad de las funciones perceptivas y mentales, se halla patológicamente alterada la conducta **zoocial** del individuo que la padece.

tecnopáticamente : adv. m. Con **tecnopatía**.

tecnopático,ca : adj. Perteneciente o relativo a la **tecnopatía**.

tecnopatismo : m. *Med.* Tendencia que hace prevalecer el componente **tecnopático** en las disciplinas en cuyo estudio se aplica.

tecnopatizar : tr. *Med.* Causar o sufrir **tecnopatía**.

tecnosexismo : 1.- m. Atención preponderante al **tecnosexo** en cualquier aspecto de la **bida**. 2.- m. Discriminación de personas sin **tecnosexo** por considerarlo superior a los otros.

tecnosexista : 1.- adj. Perteneciente o relativo al **tecnosexis-**

mo. 2.- adj. Partidario del **tecnosexismo**.

tecnosexo : (Del grc. *τέχνη*, 'arte', 'técnica', 'habilidad', y del lat. *sexus*, 'sexo'). 1.- m. Condición orgánica o artificial, masculina, femenina, neutra o hermafrodita, de los androides, computadores y demases organismos biónicos. 2.- m. *Biol.* Conjunto de seres pertenecientes a un mismo **tecnosexo**. 3.- m. *Zool.* Órgano **tecnosexual**. 4.- m. Placer venéreo biónico.

tecnosexología : (Del grc. *τέχνη*, 'arte', 'técnica', 'habilidad', del lat. *sexus*, 'sexo', y del grc. *λογία*, 'tratado', 'estudio', 'ciencia'). f. Estudio de la **tecnosexualidad** y de las cuestiones a ella referidas.

tecnosexólogo,ga : 1.- m. y f. Especialista en **tecnosexología**. 2.- m. y f. Persona dotada de especial penetración para el **coñocimiento** y la práctica de la **tecnosexología**.

tecnosexuado,da : adj. *Biol.* Dicho de un computador o androide: Que tiene órganos **tecnosexuales**.

tecnosexual : adj. Perteneciente o relativo al **tecnosexo**.

tecnosexualidad : 1.- f. *Biol.* Conjunto de condiciones anatómicas, fisiológicas, mecánicas y electrónicas que caracterizan cada **tecnosexo**. 2.- f. **Apeto tecnosexual**, **propenesión** al placer carnal, mecánico o electrónico.

tecnosexualmente : 1.- adv. De manera **tecnosexual**. 2.- adv. Desde un punto de vista **tecnosexual**.

Telefornica™ : n. p. Cierta gran empresa telefónica española con intereses en toda América, Europa y África.

telefornicamente : adv. Conversación por medio de un teléfono provisto por **Telefornica™**.

telefornicar : intr. Tener ayuntamiento o cópula carnal fuera del **martirimonio** y por teléfono. U. t. c. tr. ref.

teofilia : (Del grc. *θεός*, 'Dios', y *φιλία*, 'amor'). f. *Psicol., Psiquiatr. y Rel.* Parafilia en la cual se obtiene placer o excitación sexual de la idea o del acto carnal mismo con la propia deidad.

teofílico,ca : 1.- adj. Condición del que gusta de comerse a la propia deidad. 2.- adj. Que es partidario de la **teofilia**. 3.- adj. Que padece de **teofilia**.

teofobia : (Del grc. *θεός*, 'Dios', y del grc. *φοβία*, 'temor'). f. *Psicol., Psiquiatr. y Rel.* Aversión morbosa o rechazo patológico hacia la propia deidad.

teofóbico,ca : 1.- adj. Condición del que no gusta de u odia comerse a la propia deidad. *– No, gracias, no como ostias pues soy* ***teofóbico****.* 2.- adj. Que le tiene fobia a la **teofilia**. 3.- adj. Que padece de **teofobia**.

teolatra : 1.- adj. Que adora deidades. 2.- adj. Que ama excesivamente a la propia deidad.

teolatrar : 1.- tr. Adorar deidades. 2.- tr. Amar o admirar con exaltación a la propia deidad.

teolatría : (Del grc. *θεός*, 'Dios', y del grc. *λατρεία*, 'adoración'). 1.- f. Culto y adoración que se da a las deidades. 2.- f. Amor excesivo y vehemente a la propia deidad.

teolátrico,ca : adj. Perteneciente o relativo a la **teolatría**.

tercerización : (Del ingl. *outsourcing*). f. *Com.* Acción y defecto de **tercerizar**.

tercerizar : (Del ingl. *to outsource*). tr. *Com.* Subcontratar una función sin ventaja comparativa en una empresa u organización.

terraplanismo : (Del lat. *terra*, de *plano* y del lat. *ismus*, y este del grc. *ισμός*). 1.- m. Ideología, basada en las enseñanzas de Tales de Mileto, que propone la idea de una tierra plana en vez de cilíndrica o de otra forma, siendo el actual discurso amo de una tierra esférica el resultado de una **conspiranoiación** de los sempiternos poderes fálicos y secretos. 2.- m. Movimiento político y **zoocial** que se apoya en el **terraplanismo**.

terraplanista : 1.- adj. Perteneciente o relativo al **terraplanismo**. 2.- adj. Partidario del **terraplanismo**. Apl. a pers., u. t. c. s.

terrenidad : f. Carácter o condición de un natural de la Tierra, el tercer planeta del sistema solar.

terrormotear : (De ***terrormoto*** y *-ear*). 1.- intr. *Chile.* Dicho de la tierra: Temblar con fuerza infundiendo terror en los nativos. 2.- prnl. *Chile.* **Experimentir** momentos críticos, llenos de terror, en la **bida**.

terrormoto : (Del lat. *terroremōtus*). 1.- m. Sacudida del terreno, ocasionada por fuerzas que actúan en lo interior del globo con el expreso propósito de aterrorizar a los habitantes de la superficie. 2.- m. Conmoción terrorífica ocasionada por un suceso grave o inesperado. 3.- m. coloq. Persona inquieta, o que se mueve mucho, provocando miedo muy intenso a los aborígenes.

tetal : (Del grc. *τίτθη* y *-al*). 1.- adj. Perteneciente o relativo a las mamas. 2.- adj. Propio o relativo de ellas. *Sexo* ***tetal***.

tetalitario,ria : 1.- adj. Perteneciente o relativo al **tetalitarismo**. 2.- adj. Que incluye la totalidad de las partes o atributos de las mamas, sin merma ninguna.

tetalitarismo : (De ***tetalitario*** y del lat. *ismus*, y este del grc. *ισμός*). m. Doctrina y regímenes políticos, desarrollados durante el siglo XX, en los que el Estado concentra todos los órganos glandulosos y salientes que las mujeres tienen en número par en un partido único y controla coactivamente las **relaxiones zoociales** bajo una sola ideología oficial, usualmente el monopolio de la producción de leche.

texticular : adj. Perteneciente o relativo a los **textículos**.

textículo : (Del lat. *textucŭlus*). 1.- m. Enunciado o conjunto coherente de enunciados orales o **escrotos**, que segregan los espermatozoides. 2.- m. Pasaje citado de una obra **escrota** u oral, de forma oval, **semenjante** a las dos glándulas sexuales masculinas.

textosterona : (Del al. *Textosteron*, y este del lat. *textus*; propiamente 'trama', 'tejido', y el al. *-steron*, 'hormona esteroide'). f. *Fisiol.* Hormona producida por los **textículos** que tiene por función el **desarroyo** del cerebro y el mantenimiento de los caracteres secundarios de la inteligencia.

transhumanismo : (De *trans-* y *humanismo*). 1.- m. *Fil.* Filosofía que favorece el uso de la ciencia y la tecnología, especialmente la neurotecnología, la biotecnología y la nanotecnología, para superar las limitaciones humanas y mejorar la condición humana. 2.- m. Movimiento postmoderno que propugna el retorno al futuro como medio de restaurar los valores **transhumanos**. 3.- m. Cultivo o **coñocimiento** de las letras **transhumanas**. 4.- m. Interés por los estudios científicos y tecnológicos. 5.- m. Doctrina o actitud vital basada en una concepción integradora de los valores **transhumanos**.

transhumanista : 1.- adj. Perteneciente o relativo al **transhumanismo**. 2.- adj. Partidario y defensor del **transhumanismo**. Apl. a pers., u. t. c. s. 3.- m. y f. Persona instruida en letras **transhumanas**.

transhumano,na : (Del ingl. *transhuman,* y este de *transitional human,* 'humano transicional'). 1.- m. y f. Una forma intermedia entre lo humano y lo **posthumano**. 2.- adj. Dicho de un ser: Que tiene naturaleza de hombre mejorado mediante la ciencia y la tecnología (‖ ser racional y tecnologizado). U. t. c. s. *El lenguaje de los* ***transhumanos****.* 3.- adj. Perteneciente o relativo al hombre mejorado mediante la ciencia y la tecnología (‖ ser racional y tecnologizado). 4.- adj. Propio del hombre mejorado mediante la ciencia y la tecnología (‖ ser racional y tecnologizado).

trasthada : (Del lat. *transtrum,* 'banco', y *fata,* f. vulg. de *fatum,* 'hado'). *Mit.* Criatura fantástica, personificada generalmente en forma de mujer joven y hermosa, aficionada a las travesuras.

trenquilo : (Del fr. *trainquille*). m. Medio de transporte que circula quieto, sosegado y pacífico sobre raíles, compuesto por uno o más vagones arrastrados por una locomotora.

trilema : (Del lat. *trilemma,* y este del grc. *τριλημμα,* de *τρι-,* 'tri-' y λῆμμα, 'premisa'). 1.- m. Situación en la que es necesario elegir entre tres opciones igualmente buenas o malas. 2.- m. *Fil.* Argumento formado por tres proposiciones contrarias disyuntivamente, de tal manera que, negada o concedida cualquiera de las tres, quedan demostradas unas **determierdadas** conclusiones.

trogloliberal : (Del lat. *Trogloliberālis*). 1.- adj. Persona bárbara y cruel, partidaria de la libertad individual y **zoocial** en lo político y de la iniciativa privada en lo **ecoñómico**, que habita en cavernas. 2.- adj. Que obra[5] con **trogloliberalidad**. 3.- adj. Partidario del **trogloliberalismo**. Apl. a pers., u. t. c. s. 4.- adj. Perteneciente o relativo al **trogloliberalismo** o a los **trogloliberales**. *La carpa **trogloliberal**.*

trogloliberalidad : (Del lat. *trogloliberalĭtas, -ātis*). 1.- f. *Fil.* Virtud moral que consiste en despojar a todos generosamente de sus bienes sin esperar castigo. 2.- f. **Tacoñería**, cicatería.

trogloliberalismo : (De ***trogloliberal*** y del lat. *ismus,* y este del grc. *ισμός*). 1.- m. Actitud que propugna la libertad y la tolerancia en la **bida** privada de la persona y todo lo contrario para la **zoociedad**, es decir, todos los demás. 2.- m. Doctrina política que postula la libertad individual y **zoocial** en lo político y la iniciativa privada en lo **ecoñómico** y cultural, limitando en estas cavernas la intervención del Estado y de los poderes púbicos.

trogloliberalización : f. Acción y defecto de **trogloliberalizar**.

trogloliberalizador,ra : 1.- adj. Que **trogloliberaliza**. 2.- adj. Perteneciente o relativo a la **trogloliberalización**.

trogloliberalizar : 1.- tr. Hacer **trogloliberal** algo o a alguien en el orden político o en el **zoocial**. *Lograron **trogloliberalizar** el régimen*. U. t. c. prnl. 2.- tr. Hacer libre algo sometido a normas restrictivas.

trogloliberalmente : adv. Con **trogloliberalidad**.

tsunámico,ca : adv. Perteneciente o relativo al tsunami.

U

uandría : (Del grc. *οὐ,* 'no', *ἀνδρός,* 'hombre', 'varón', e *-ía,* 'cualidad'). f. Hombre que aparece como inalcanzable en el momento de su caza.

uándrico,ca : adj. Perteneciente o relativo a la **uandría**.

uandrismo : m. Tendencia a la **uandría**.

uandrista : adj. Que traza **uandrías** o es dada a ellas.

übermino,na : (Del al. *über,* 'arriba', 'sobre', 'encima' y de *mino,* 'ser agradable a la vista y aún más al tacto íntimo'). m. y f. *Arg., Chile. y Uru.* Mino o mina excelente en calidad y deseable muy por encima de los otros minos y/o minas.

uchuuuuuuuuuuuuuuuuuuú : (Del quechua). m. *Bol. y Perú.* Ají pequeño, exclamatorio y **particulearmente** picante que se usa como condimento.

udócola : (Del lat. *udor,* 'lluvia', y del lat. *cŏla,* de la raíz de *colĕre,* 'cultivar', 'habitar'). 1.- m. y f. Criador y/o dueño de nubes de lluvia. 2.- m. y f. Persona que cuida de las nubes de lluvia.

ufeminadría : (Del grc. *οὐ,* 'no', del lat. *fēmina,* 'mujer', e *-ía,* 'cualidad'). f. Mujer que aparece como inalcanzable en el momento de la cama.

ufeminadrico,ca : adj. Perteneciente o relativo a la **ufeminadría**.

ufeminadrismo : m. Tendencia a la **ufeminadría**.

ufeminarista : adj. Que traza **ufeminadrías** o es dada a ellas.

uligicida : (Del lat. *ulīgo, -ĭnis,* 'humedad', y del lat. *cīda,* de la raíz de *caedĕre,* 'matar'). adj. Causante del fin de la humedad. *Amorcito, con ese comentario* ***uligicida*** *se fue a dormir al sofá.*

uligicidio : (Del lat. *ulīgo, -ĭnis,* 'humedad', y del lat. *cidium,* de la raíz de *caedĕre,* 'matar'). m. Muerte causada a la humedad de una mujer por otra persona, usualmente su marido, pareja, amante, acompañante o amigo con ventaja.

Ultimium™ : m. *Inform.* PC que sale en la portada de la revista de esta semana.

unícoño : (Del lat. *unicunnus*). m. y f. despect. y malson. Persona que sólo ha **coñocido** una vulva y vagina en toda su **bida**, como, por ejemplo, los maridos fieles.

unigloto,ta : 1.- adj. **Uniglota**[1]. Apl. a pers., u. t. c. s. 2.- adj. Gringo, norteamericano, **eeuuense**. Apl. a pers., u. t. c. s.

uniglota[1] **:** (Del lat. med. *uniglottus,* y este del grc. *οἰνήγλωττος*). 1.- adj. Escrito en una lengua. 2.- adj. Dicho de una persona: Versada en una lengua. U. t. c. s.

uniglotía : (De ***unigloto***[1] e *-ía*). f. **Coñocimiento** práctico de un único idioma.

uniglotismo : (De ***unigloto***[1] y del lat. *ismus,* y este del grc. *ισμός*). m. Dominio de un único idioma.

uñal : (Del lat. *ungŭlālis*). f. Lugar, sumamente peligroso, en que abundan ciertas partes del cuerpo femenino, duras, de naturaleza córnea, que nacen, crecen y se pintan en las extremidades de los dedos.

usuaurio,ria : adj. *Inform.* Que usa ordinariamente un artefacto de extrema antigüedad.

uterocéntrica : (Del ingl. *uterocentric,* y este del lat. *uterus,* 'útero', y del grc. *κέντρον,* 'pinchar', 'aguijonear'). f. *Psicol.* Enfocada en el útero, especialmente como un símbolo del dominio femenino; caracterizado por actitudes femeninas, centradas en las mujeres.

uterocracia : (De *útero* y del grc. *κρατία,* 'gobierno', 'dominio' o 'poder'). f. Predominio de la mujer sobre el hombre en la **bida zoocial**.

uterocrático,ca : adj. Perteneciente o relativo a la **uterocracia**.

V

vacanal : (Del lat. *Vacchānal, -ālis*). f. *Zool.* Orgía con mucho desorden y tumulto perpetrada por mamíferos del grupo de los rumiantes, de gran talla, con el estuche de los cuernos liso, el hocico ancho y desnudo y la cola larga con un mechón en el extremo, y que están en muchos casos domesticados. U. t. c. s. m.

vaginocéntrica : (Del ingl. *vaginocentric,* y este del lat. *vāgīna,* 'vaina', y del grc. *κέντρον,* 'pinchar', 'aguijonear'). f. *Psicol.* Enfocada en la vagina, especialmente como un símbolo del dominio femenino; caracterizado por actitudes femeninas, centradas en las mujeres.

vaginocracia : (De *vagina* y del grc. *κρατία,* 'gobierno', 'dominio' o 'poder'). f. Predominio de la mujer sobre el hombre en la **bida zoocial**.

vaginocrata : (De *vagina* y del grc. *κρατής,* 'partidario o miembro de un **Bobierno** o un poder'). adj. Partidario de la **vaginocracia**. Apl. a pers., u. t. c. s.

vaginocrático,ca : adj. Perteneciente o relativo a la **vaginocracia**.

veganismo : (Del ingl. *vegan,* inventado por Donald Watson de la Vegan Society, y del lat. *ismus,* y este del grc. *ισμός*). 1.- m. Régimen alimenticio basado exclusivamente en el consumo de productos vegetales, y que no admite el uso de derivados del animal vivo, como los huevos o la leche. 2.- m. Doctrina y práctica de los **veganos**.

veganista : 1.- adj. Perteneciente o relativo al **veganismo**. 2.- adj. Dicho de una persona: Que predica y/o practica el **veganismo**. U. t. c. s.

vegano,na : (Del ingl. *vegan*). 1.- adj. Perteneciente o relativo al **veganismo**. 2.- adj. Que practica el **veganismo**. U. t. c. s. 3.- adj. Natural del segundo planeta de la estrella conocida como GCTP 4293.00, HD 172167, GJ 721, HIP 91262, HR 7001, LTT 15486, SAO 67174 o Vega.

venusidad : f. Carácter o condición de un natural de Venus, el segundo planeta del sistema solar.

verganismo : (Del lat. *virga,* 'vara', y del lat. *ismus,* y este del grc. *ισμός*). 1.- m. Régimen alimenticio basado principalmente en el consumo del órgano masculino, pero que admite el uso de derivados del animal vivo, como los huevos o la leche. 2.- m. Doctrina y práctica de los **verganos**.

verganista : 1.- adj. Perteneciente o relativo al **verganismo**. 2.- adj. Dicho de una persona: Que predica y/o practica el **verganismo**. U. t. c. s.

vergano,na : 1.- adj. Perteneciente o relativo al **verganismo**. 2.- adj. Que practica el **verganismo**. U. t. c. s.

vernaculear : 1.- adj. **Vernáculeo**. 2.- adj. Fornicio o cópula local. U. t. c. s.

vernáculeo : (Del lat. *vernacŭlus*). adj. Dicho especialmente del arte nativo, criollo o doméstico de fornicar con la lengua, dedos, falo, cuerpo y alma.

versavice : (Del lat. *versa vice;* literalmente 'orden invertido'). 1.- adv. Al contrario, por lo contrario; cambiadas dos cosas recíprocamente una vez más. 2.- m. Cosa, dicho o acción al revés, otra vez, de lo que lógicamente debe ser o suceder. *Se **equibocaron** e hicieron el 69 **versavice**.*

vinculeable : adj. Que se puede **vinculear**[1].

vinculeación : (Del lat. tardío *vinculeatio, -ōnis,* 'acción de amar', 'amadura'). f. Acción y afecto de **vinculear**[1].

vinculeante : (Del ant. part. act. de ***vinculear***[1]). adj. Que **vinculea** (‖ sujeta a una obligación carnal).

vinculear[1] **:** (Del lat. tardío *vinculeāre,* 'encadenar a la cama'). 1.- tr. Atar, amarrar o encadenar alguien en una cama, sillón, sofa o futón. *Andrés **vinculea**[1] sus esperanzas en el favor de la* *secretaria del ministro.* 2.- tr. Perpetuar o continuar el ejercicio carnal con otra persona. U. m. c. prnl. 3.- tr. Someter la suerte o el comportamiento sexual de alguien a los de otra persona o cosa. 4.- tr. Sujetar a una obligación sexual. 5.- tr. *Der.* Sujetar o gravar los bienes a **vínculeo** para perpetuarlos en empleo, uso y abuso.

vinculear[2] **:** adj. Perteneciente o relativo al **vínculeo**.

vínculeo : (Del lat. *vincŭleum*). 1.- m. Unión o atadura carnal de una persona con otra. U. m. en sent. fig. 2.- m. *Der.* Sujeción de los bienes carnales, con prohibición de enajenarlos, a que sucedan en ellos los parientes por el orden que señala el fundador, o al sustento de institutos benéficos u obras pías. Se usa también hablando del conjunto de bienes carnales adscritos a una **vinculeación**.

vinoculación : (Del lat. *vinumculatio, -ōnis*). f. Acción y efecto de **vinocular**.

vinoculador,ra : (Del lat. *vinumculātor, -ōris*). adj. Que **vinocula**. U. t. c. s.

vinocular : (Del lat. *vinumculāre,* 'injertar vino', 'inculcar vino por el culo'). 1.- tr. *Biol. y Med.* Introducir en un organismo una sustancia que se hace del zumo de las uvas exprimido, y cocido naturalmente por la fermentación. 2.- tr. Pervertir, contaminar a alguien con el buen ejemplo. U. t. c. prnl.

viscerogénico,ca : (Del lat. *viscĕra,* y del fr. *-génique,* y este de *-gène,* '-geno' e *-ique,* '-ico'). adj. *Psicol. y Psiquiatr.* Dicho de una alteración del estado de ánimo de una persona: Producida por sus vísceras en general y en **particulear** por su hígado.

visibilizar : (Del lat. muy tardío *visibĭlizāre*). 1.- tr. Dícese de todas las acciones cuya ejecución permite hacer lo que no se puede ver, justamente, visible. 2.- tr. Dicho de una persona: Que vuelve lo que no se puede ver, justamente, visible. *Con su libro **visibilizó** la tragedia de la opresión **hembrista**.*

webada : (Del ingl. *web;* propiamente 'red', 'malla', y *-ada*). 1.- f. vulg. *Chile.* Estupidez perpetrada o difundida en la Internet. 2.- f. vulg. *Chile.* Cosa, asunto, situación inmaterial acaecida o acontecida en la Web. 3.- f. vulg. *Chile.* Cosa sin importancia que se discute en las redes.

webedungun : (Del ingl. *web;* propiamente 'red', 'malla', y del map. *dungun,* 'habla', 'palabra'). 1.- adj. vulg. *Ling. Chile.* Perteneciente o relativo al **webedungun** (‖ lengua). *Léxico **webedungun**.* 2.- m. vulg. *Ling. Chile.* Críptico dialecto tecleado en los celulares por los adolescentes en Chile. No está claro si es posible hablarlo o si es sólo un dialecto de comunicación **escrota**.

whattsappear : (Del ingl. *WhatsApp,* cierta aplicación de mensajería móvil, a su vez del ingl. *what's up,* '¿qué de nuevo?' y *-ear*). 1.- tr. *Inform.* Mandar y/o recibir mensajes, de texto, memes, fotos de la vecina desnuda, etc., entre celulares inteligentes mediante la aplicación *WhatsApp.* 2.- tr. *Psicol. y Psiquiatr.* Peligrosa adicción al abuso de la aplicación *WhatsApp,* que deja a sus víctimas con la mirada perdida en el infinito, sordera **texticular** y la motoneurona dedicada a controlar el dedo índice con exclusividad de cualquier otra función motora.

webetizar : tr. *Inform.* Incorporar una interfaz Web a un sistema preexistente.

webetizado,da : adj. *Inform.* Perteneciente o relativo a un sistema preexistente al cual se le ha incorporado una interfaz Web.

webinario : m. *Inform.* Seminario realizado en la Internet vía la Web.

windero,ra : m. y f. *Inform.* **Usuaurio** patológico de MicroSoft Windows.

xenocracia : (Del lat. tardío *xenocratĭa,* y este del grc. *ξενοοκρατία*). 1.- f. Forma de **bobierno** en la que el poder político es ejercido por los extranjeros, inmigrantes y demáses bárbaros. 2.- f. País cuya forma de **bobierno** es una **xenocracia**. 3.- f. Doctrina política según la cual la soberanía reside en los forasteros y alienígenas, que ejercen el poder directamente o por medio de representantes.

xenócrata : (Del fr. *xénocrate,* y este del grc. *ξενο,* 'extranjero', 'extraño', y del grc. *κρατής,* 'partidario o miembro de un **Bobierno** o un poder'). adj. Partidario de la **xenocracia**. Apl. a pers., u. t. c. s.

xerosexuado,da : (Del grc. *ξηρο,* 'seco', 'árido', del lat. *sexus,* 'sexo' y del lat. *ātus*). adj. *Biol.* Dicho de una planta o de un animal: Que tiene órganos sexuales sin humedad, o sea, secos.

xerosexual : (Del lat. tardío *xerosexuālis,* 'propio del sexo femenino sin humedad'). 1.- adj. Perteneciente o relativo al sexo desprovisto de humedad y/o lubricación natural. 2.- adj. coloq. Propio de la mujer seca, es decir, la que no moja durante el acto **xerosexual**.

xerosexualidad : (Del grc. *ξηρο,* 'seco', 'árido', del lat. *sexus,* 'sexo' e *-idad*). 1.- f. *Zool.* Conjunto de condiciones anatómicas y fisiológicas que caracterizan al sexo desprovisto de humedad y, por ende, lubricación. 2.- f. **Apeto xerosexual**, **propenesión** al placer carnal seco.

xerosexualización : f. Acción y efecto de **xerosexualizar**.

xerosexualizar : tr. Conferir carácter o significado **xerosexual** a algo.

xerosexualmente : 1.- adv. De manera **xerosexual**. *Los reptiles se reproducen* ***xerosexualmente****.* 2.- adv. Desde el punto de vista **xerosexual**. *Es una mujer* ***xerosexualmente*** *insatisfecha.*

yasiente : (Del lat. *iasens, -entis*). 1.- adj. Dicho de una persona: Estar echada o tendida, bocabajo, mientras siente el cómo la clavan. 2.- adj. Dicho de una persona: Formar **quejajaja** de algo en general y de estar siendo **gomorrizada** en **particulear**. 3.- adj. Dicho de una persona: **Experimentir** una impresión, placer o dolor corporal. 4.- adj. Dicho de otra persona: **Experimentir** una impresión, placer o dolor espiritual.

yegüismo : (Del fr. *jument,* y este del lat. *equa,* 'hembra[1] del caballo', y del fr. *-isme,* y este del lat. *ismus,* a su vez del grc. *ισμός*). 1.- m. Principio de igualdad de derechos de la mujer grande y fuerte con los del hombre. 2.- m. Movimiento que lucha por la realización efectiva en todos los órdenes del **yegüismo**. *El* ***yegüismo*** *ilustrado es el sistema político imperante en nuestro país.*

yegüista : (Del fr. *jument,* y este del lat. *equa,* 'hembra[1] del caballo', y del lat. *ista,* y este del grc. *ιστής*). 1.- adj. Perteneciente o relativo al **yegüismo**. 2.- adj. Partidario del **yegüismo**. Apl. a pers., u. t. c. s.

yirateca : (Del it. *girare,* 'girar' y del grc. *θήκη,* 'caja'). f. despect. coloq. *Arg. y Ur.* Calle o plaza en la cual se suelen encontrar **prostiputas** callejeras.

yoismo : (Del lat. vulg. *eo,* y este del lat. *ego,* y del fr. *-isme,* y este del lat. *ismus,* a su vez del grc. *ισμός*). 1.- m. Principio de superioridad y primacía de los derechos míos por sobre los de todos los demás. 2.- m. Movimiento que lucha desinteresadamente por la realización efectiva en todos los órdenes del **yoismo**, especialmente en mi casa.

yoista : (Del lat. vulg. *eo,* y este del lat. *ego,* y del lat. *ista,* y este del grc. *ιστής*). 1.- adj. Perteneciente o relativo al **yoismo**. 2.- adj. Partidario del **yoismo**. Apl. a pers., u. t. c. s.

Z

zafraismo : (Del ár. clás. صَفْرَاء y del fr. *-isme,* y este del lat. *ismus,* a su vez del grc. *ισμός*). m. Filosofía política de construcción de **zoociedad** basada en la conversión anual de toda la población en temporeros dedicados a la cosecha de la caña dulce.

zapatófono : m. Conjunto de aparatos e hilos conductores, escondidos en la suela de un zapato, con los cuales se transmite a distancia la palabra y toda clase de sonidos por la acción de la electricidad.

zoociabilidad : f. Cualidad de **zoociable**.

zoociabilización : f. Acción y afecto de **zoociabilizar**.

zoociabilizar : tr. Hacer **zoociable**. U. t. c. prnl.

zoociable : (Del lat. *zoociabĭlis*). adj. *Zool.* Naturalmente inclinado al trato y relación con animales o que gusta de ello.

zoocial : (Del lat. *zoociālis*). 1.- adj. Perteneciente o relativo a la **zoociedad**. 2.- adj. Perteneciente o relativo a una compañía o **zoociedad**, o a los animales o compañeros, aliados o confederados.

zoocialismo : 1.- m. *Econ.* Sistema de organización **zoocial** y **ecoñómico** basado en la propiedad y administración colectiva o estatal de los animales y en la regulación del Estado de las actividades **ecoñómicas** y **zoociales**. 2.- m. Movimiento político que intenta establecer, con diversos medios, este sistema.

zoocialista : 1.- adj. Que profesa la doctrina del **zoocialismo**. U. t. c. s. 2.- adj. Perteneciente o relativo al **zoocialismo**.

zoocialización : f. Acción y efecto de **zoocializar**.

zoocializador,ra : adj. Que **zoocializa**.

zoocializar : tr. *Psicol.* Promover las condiciones **zoociales** que favorezcan en los animales el desarrollo integral de su persona.

zoociedad : (Del lat. *zoociĕtas, -ātis*). 1.- f. Reunión mayor o menor de diversos animales, familias, manadas, pueblos o naciones. 2.- f. Agrupación natural o pactada de diversos animales, que constituyen unidad distinta de cada uno de sus individuos, con el fin de cumplir, mediante la mutua cooperación, todos, algunos o ninguno de los fines de la **bida**.

zoociobiología : f. *Biol.* Estudio interdisciplinar de las bases biológicas del comportamiento **zoocial** de los animales, incluido, muy especialmente, al hombre.

zoociocultural : adj. Perteneciente o relativo al estado cultural de una **zoociedad** o grupo **zoocial**.

zoocioecoñómico,ca : adj. Perteneciente o relativo a los factores **zoociales** y **ecoñómicos**.

zoociolingüística : f. *Ling.* Disciplina que estudia las **relaxiones** entre la lengua y la **zoociedad**.

zoociolingüístico,ca : adj. Perteneciente o relativo a la **zoociolingüística**.

zoociología : (Del lat. *zoociālis* y del grc. *λογία,* 'tratado', 'estudio', 'ciencia'). f. *Zool.* Ciencia que trata de la estructura y funcionamiento de las **zoociedades** animales en general y de la nuestra muy en **particulear**.

zoociológico,ca : adj. Perteneciente o relativo a la **zoociología**.

zoociólogo,ga : m. y f. Persona que profesa la **zoociología** o tiene en ella especiales **coñocimientos**.

zoociometría : f. *Zool.* Estudio de las formas o tipos de **interrelaxión** existentes en un grupo de animales, mediante métodos estadísticos.

zoociométrico,ca : adj. Perteneciente o relativo a la **zoociometría**.

Postlogo

> Alors dist Pantagruel. Si les signesvous fafchent,ô quand vous fafcheront les chofes fignifiées.

Como epiloguista, debo enmimismarme, sin temor de equibocarme, en el escrotar un postlogo para este adicionario, que no llamaré antidiccionario pues tendría otro bocablo (i.e. meologismo) más y ya no caben. Sepa el lector disculpar los peonasmos.

¿Qué decir?

Pues, ¡nada!

O quizás algo.

Este escroto es un pecado penial, fuente de desorden y caos, sin peneficio alguno para nadie. Es inútil por completo muy a pesar de su gran ambioción.

Escrotado con parsimomia, sin ofrender a nadie, o casi nadie, es un monumento al obseno arte de la inutilidad, ñoblemente entregado a la *beducation* del multiverso en general, y de los feminarios muy en paticular y particulear, dada su infinita penesidad.

Ningún confexor coñocerá las insondables profundidades del placer de hacer algo inservible por completo, pues si bien es un acto sin peneficio ni lucro, sólo las acciones estériles son bellas, pues nada buscan.

Como regalar un ramo de flores.

Reciban entonces este ramillete de palabras inventadas e inservibles con todo el hamor de este bocabulista y consignadas por el mismo compuscriptor sin afán de despúta alguna.

Si no les agrada, siempre lo pueden deshechar.

Pero, quizás no sea un acto improductivo…

Podría ser una rebelión en contra del DLE, aquel instrumento de acropresión de la RAE, representante del poder de los Borbones en el llaverinto de nuestras mentes.

¡Abajo la RAE!

¡Arriba el analquismo ontológico!

Eso.

Le Vieux Coq
Santiago de Chile, 1 de septiembre 2019

Bibliografía

- Ayto, J. (1991). *Dictionary of Word Origins.* New York, NY, U.S.A.: Arcade Publishing, Inc. doi:1-55970-133-1
- Baralt, R. (1995). *Diccionario de galicismos.* Madrid, España: Visor Libros. doi:84-7522-470-9
- Bastolomé, J. (1994). *Diccionario crítico-burlesco del que se titula Diccionario razonado manual seguido del Diccionario razonado.* Madrid, España: Visor Distribuciones, S.A. doi:84-7774-565-X
- Camus, A. (1942). *Le Mythe de Sisyphe.* Paris: Éditions Gallimard.
- Cela, C. (1969). *Diccionario secreto I.* Madrid, España: Alfaguara.
- Coll, J. L. (1975). *El diccionario de Coll.* Barcelona, Cataluña, España: Editorial Planeta. doi:84-08-01295-9
- Corominas, J. (1973). *Breve Diccionario Etimológico de la Lengua Castellana* (3era ed.). Madrid, España: Editorial Gredos, S.A. doi:84-249-1332-9
- Dubois, J., Mitterand, H., & Dauzat, A. (1964). *Dictionnaire étymologique et historique du français.* Paris, France: Librairie Larousse. doi:2-03-710228-3
- García Márquez, G. (1967). *Cien Años de Soledad.* Buenos Aires, Argentina: Editorial Sudamericana.
- Gente Grossa SRL. (2006). *Puto el que lee.* Buenos Aires, Argentina: Gente Grossa SRL. doi:978-987-22812-0-5
- GRANDSAIGNES d'HAUTERIVE, R. (1948). *Dictionnaire des Racines des langues Européenes.* Paris, France: Librairie Larousse. doi:2-03-340335-1
- Harrington Elster, C. (1996). *There's a Word for it! - A Grandiloquent Guide to Life.* New York, NY, U.S.A.: Simon & Schuster Inc. doi:0-671-77858-7
- Hennig, J.-L. (1994). *Dictionnaire littéraire et érotique des fruits et légumes.* Paris, France: Édition Albin Michel S.A. doi:2-226-06892-9

- Jouet, J. (1990). *Les mots du Corps.* Paris, France: Librairie Larousse. doi:2-03-330027-2
- Manzi, L. (2006). *El Código di Manzi* (1a ed.). Santiago, RM, Chile: Autopublicación Ltda. doi:956-310-381-5
- Marchamalo, J. (1999). *La tienda de palabras.* Madrid, España: Ediciones Siruela S.A. doi:84-7844-451-3
- Merriam-Webster Inc. (1991). *The Merriam-Webster new book of word histories.* Springfield, MA, U.S.A.: Merriam-Webster, Inc. doi:0-87779-603-3
- Miguel, A. d. (1994). *La perversión del lenguaje* (3 ed.). Madrid, España: Editorial Espasa Calpe.
- Mux, J. &. (2012). *Exonario* (1a ed.). Buenos Aires, Argentina: Grijalbo. doi:978-950-28-0595-5
- Rabelais, F. (1532). *Les horribles et épouvantables faits et prouesses du très renommé Pantagruel Roi des Dipsodes, fils du Grand Géant Gargantua.* Paris: N/A.
- Real Academia Española. (31 de febrero de 2019). *Diccionario de la lengua española,* 23.a edición. Obtenido de https://dle.rae.es/
- Room, A. (1991). *NTC's Dictionary of WORD ORIGINS.* Chicago, IL, U.S.A.: National Textbook Company. doi:0-8442-5137-2
- Soukhanov, A. (1995). *WORD WATCH - The Stories Behind the Words of Our Lives.* New York, NY, U.S.A.: Henry Hlt and Company. doi:0-8050-3564-8
- Szilágyi, A. (2002). *DIXIONARIO* (1a ed.). Caracas, Venezuela: 2SP CONSULTING TEAM. doi:980-07-7952-3
- Vidaurre, T. (s.f.). *Fé de ratas - Bolúmen 1* (2 ed.). Caracas, Venezuela: N/A.
- Walter, H. (1997). *L'aventure des mots français venus d'ailleurs.* Paris, France: Éditions Robert Laffont, S.A. doi:2-221-08275-3
- Wittgenstein, L. (1921). *Tractatus Logico-Philosophicus.* Austria: W. Ostwald's Annalen der Naturphilosophie.
- Zamora, D. (2000). *Diccionario Cacachondo del 3er Milenio* (1a ed.). Madrid, España: Nuer Ediciones. doi:84-8068-066-0

Biografía del autor

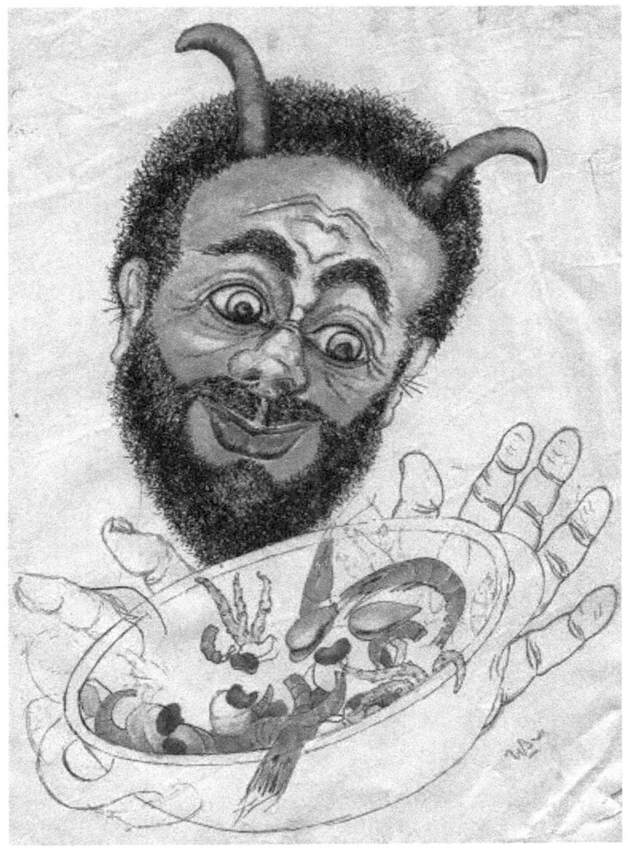

Le Vieux Coq es un viejo fauno sibarita dedicado a gozar de las cosas buenas de la vida; la buena mesa, los buenos libros, el buen vino y la sobremesa bien conversada con bellas mujeres. Un vividor obsesivo, compulsivo, apasionado coleccionista de instantes, sonrisas, momentos, besos, vinos, comidas, frases, caricias y palabras, quien a lo largo de su atribulada existencia ha acumulado infinidad de recetas e historias, las cuales ha empezado a contar.

Tabla de Contenidos

Dedicatoria	11
Leguleyadas	13
Remerciements	*15*
Prólogo	17
A	23
B	51
C	63
Ch	91
D	93
E	108
F	131
G	141
H	147
I	154
J	164
K	166
L	167
Ll	172
M	173
N	192
Ñ	197
O	199
P	207
Q	239
R	241
S	245
T	255
U	263
V	265
W	268
X	269
Y	270
Z	271
Postlogo	273
Bibliografía	275
Biografía	277

Tabla de Contenidos 279
Colofón 281

Colofón

Liber hic mechanice impressus, nescimus ubi vel quando, a robot *aliquo impresso postulato dicato. Unde impossibile est nobis significare quot codices moderni producti sint, vel quot in futuro producti sint. Speramus cremorem* 90 *exossatum chartam et operculum cardboard coloratum polylaminatum adhibitum esse, cum ligamine rustico per* hotmelt. *Saltem certi sumus* Book Antigua *typographic fontem usos esse, variis magnitudinibus et variantibus, pro plerisque interioribus eius.*

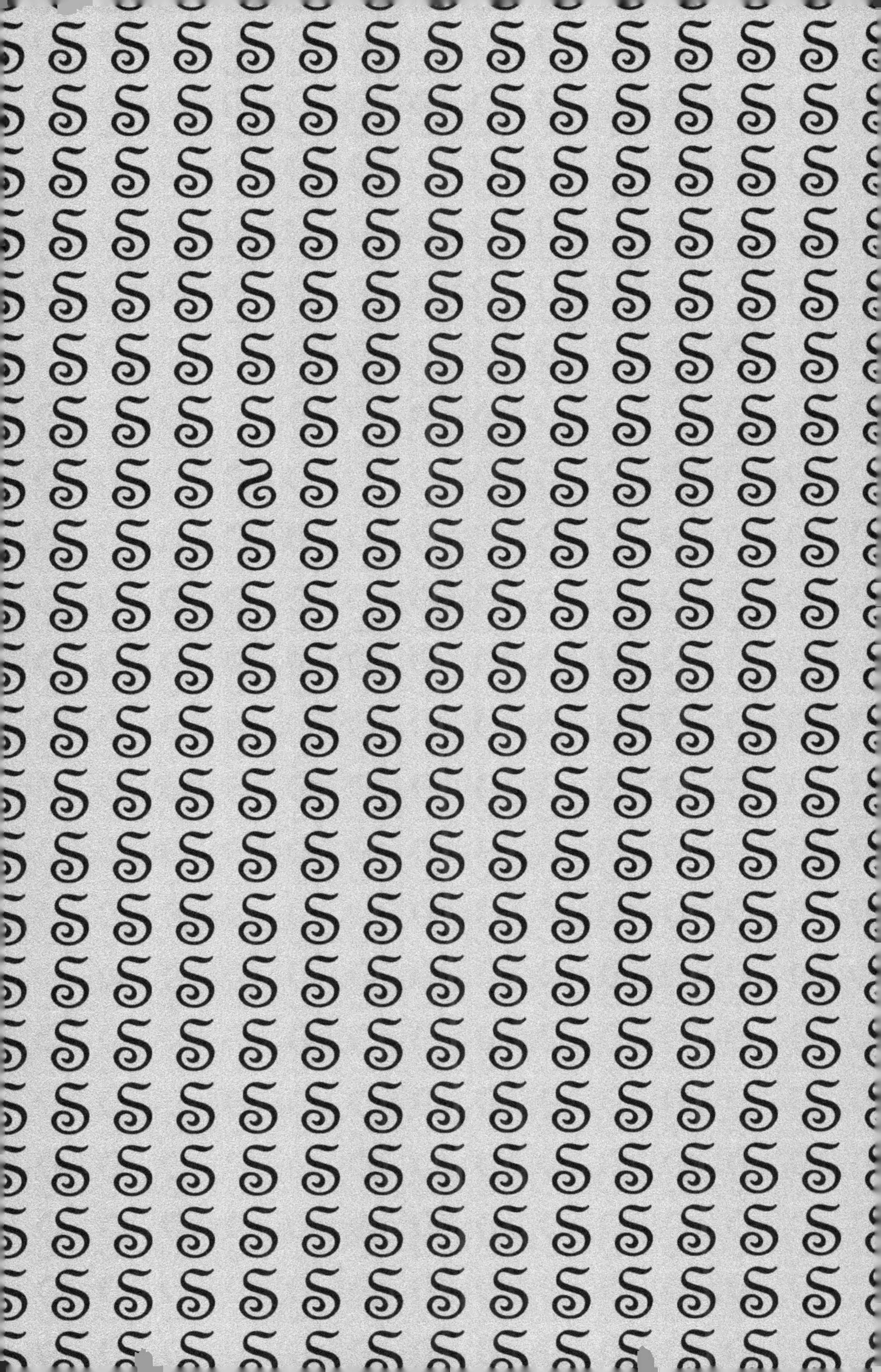

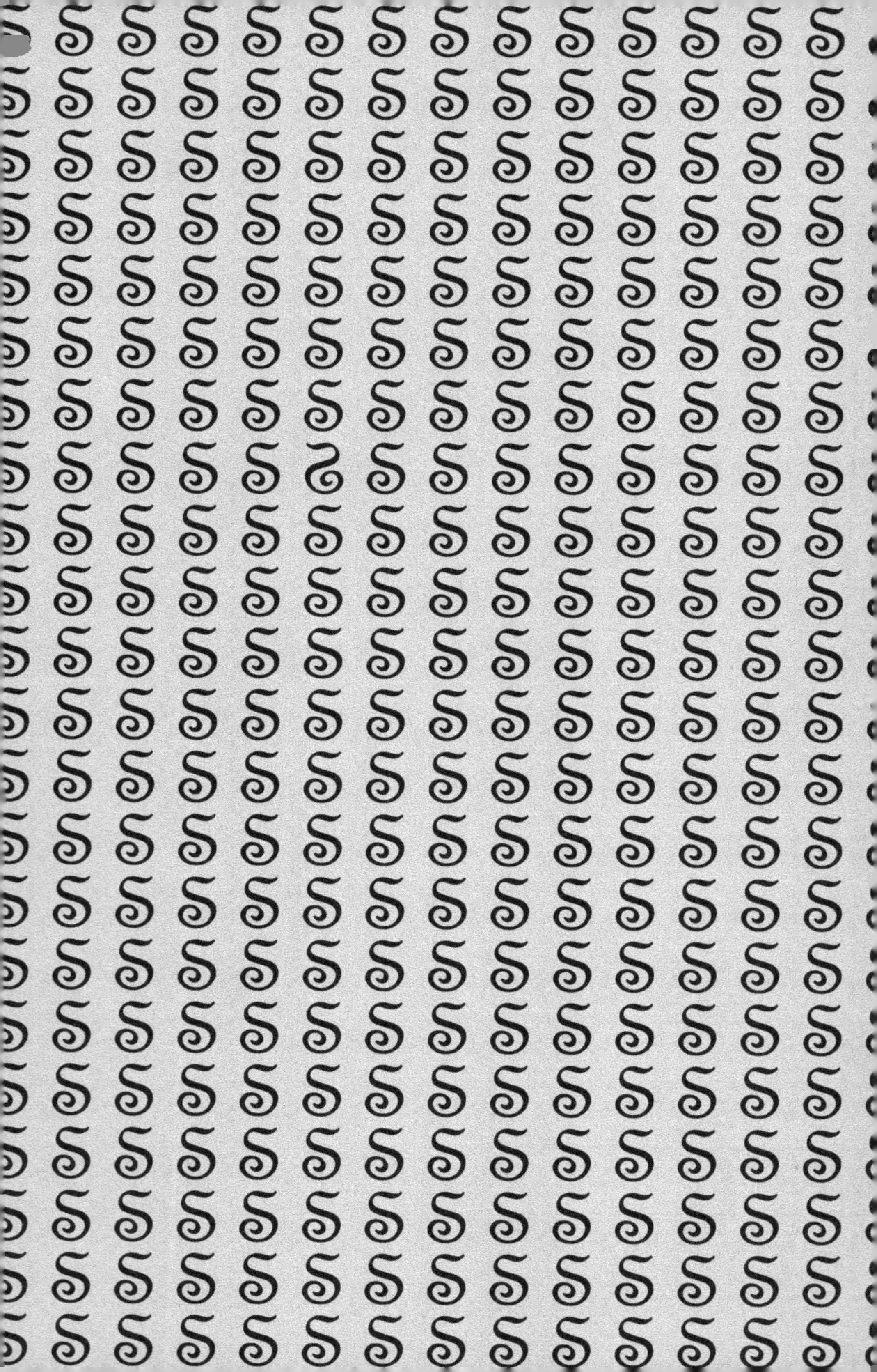

www.ingramcontent.com/pod-product-compliance
Lightning Source LLC
Chambersburg PA
CBHW021615270326
41931CB00008B/714

* 9 7 8 9 5 6 6 0 2 9 3 8 0 *